江苏"2011计划"：基础教育人才培养模式协同创新中心研究成果

江苏基础教育政策评论 2014

邵泽斌 主编

南京师范大学出版社
NANJING NORMAL UNIVERSITY PRESS

图书在版编目(CIP)数据

江苏基础教育政策评论.2014 / 邵泽斌主编. —南京：南京师范大学出版社，2015.12
 ISBN 978-7-5651-2365-8

Ⅰ.①江… Ⅱ.①邵… Ⅲ.①地方教育—基础教育—教育政策—研究—江苏省—2014 Ⅳ.①G639.20

中国版本图书馆 CIP 数据核字(2015)第 234244 号

书　　名	江苏基础教育政策评论 2014
主　　编	邵泽斌
责任编辑	左　宓　王　涛
出版发行	南京师范大学出版社
地　　址	江苏省南京市宁海路 122 号(邮编:210097)
电　　话	(025)83598919(总编办)　83598412(营销部) 83598297(邮购部)
网　　址	http://www.njnup.com
电子信箱	nspzbb@163.com
照　　排	南京理工大学印刷照排中心
印　　刷	兴化印刷有限责任公司
开　　本	787 毫米×960 毫米　1/16
印　　张	18.5
字　　数	310 千
版　　次	2015 年 12 月第 1 版　2015 年 12 月第 1 次印刷
书　　号	ISBN 978-7-5651-2365-8
定　　价	40.00 元

出 版 人　彭志斌

南京师大版图书若有印装问题请与销售商调换
版权所有　侵权必究

前 言

21世纪以来,江苏基础教育发展进入了一个新阶段,蕴含着新特征,彰显着新目标。这种新阶段体现为:经历了改革开放30年,特别是经过20世纪90年代以来教育的深化改革与科学发展,江苏基础教育在全国继续保持着领先地位,教育事业的规模和数量取得了快速的发展,并进入了全面推进教育内涵发展的新时期。与江苏教育发展这一新节点、新阶段相伴相生的新特征体现为:江苏教育正在由"数量和规模主导型"向"质量和效益主导型"转换,由被动"满足人民群众有学上的需求"向主动"回应人民群众上好学的诉求"转型。由此,"高水平普及15年基础教育"成为江苏2010—2020年教育发展的新目标。江苏基础教育的高起点定位与高质量推进,既内生于江苏"率先实现教育现代化、建成学习型社会和人力资源强省"的总体目标,也细化为"推进学前教育普及、提高义务教育优质均衡和普通高中优质特色发展"的具体目标。

这一"新目标"不但被正式写入了《江苏省中长期教育改革和发展规划纲要(2010—2020)》,而且通过出台系统化的配套政策予以保障,并完善结构化的制度体系加以扎实推进和落实。从这个意义上讲,江苏基础教育改革的关键是深化制度改革与政策创新,改革的难点是克服体制障碍和制度瓶颈,改革的重点是创新制度体系和改善政策供给。在这样的历史背景与时代条件下,开展江苏基础教育政策的分析与评论,就具有特殊的价值与意义,因为这种政策分析既不断地深化江苏基础教育改革的现实需求,也彰显着创新教育政策研究方式的学术指向。这样的政策分析主要表现为两种方式:一是通过分析江苏基础教育发展的现状,概括江苏基础教育发展的政策需求;二是通过考察江苏基础教育现有政策的运行状况,提炼江苏基础教育政策的运行特征,探寻江苏基础教育政策改革的重点与难点。

基于这样的认识、思考和使命，自2014年以来，依托"江苏2011计划：南京师范大学基础教育人才培养模式协同创新中心"和"江苏省教育学研究生创新与学术交流中心"等研究平台，笔者与南京师范大学、扬州大学等江苏省内部分教育学研究生们开展了长达一年的"有意义"的"艰难"探索。说它艰难，是因为无论是调查地点的选择、调查资料的整理，还是调查报告的撰写，都远远超出了预期的评估与判断。感谢这些研究生们对教育政策研究的深切情怀，感谢他们不断地克服研究困难，感谢他们虚心地听取批评，感谢他们耐心地修改研究成果。

今天呈现出来的这些研究成果是系列研究成果的一部分。选择这九份研究报告编辑出版，一方面是因为这些报告相对打磨得较为成熟，尽管这种"成熟"还体现着诸多的稚嫩与不足；另一方面是因为这些报告从总体上涵盖了江苏基础教育的不同层次、不同类别和不同领域，尽管这种"涵盖"还具有片面性与局限性。因此，本书主要包含三个方面的特点：一是在研究视角上突出政策性与实践性。本研究将发生在基础教育领域的真实的、典型的、具体的教育个案作为研究对象，突出研究的实践取向和政策视角。二是在研究涵盖的范围上，尽量兼顾基础教育的各个层次、分析各类领域、研究各类问题。就领域而言，主要围绕学前教育、义务教育和高中教育三个阶段选取研究对象；就类型而言，重点分析师资队伍建设、教育资源配置、教育信息化等；就问题的类型而言，主要是聚焦时代的典型问题，诸如流动儿童问题、农村教师队伍建设问题等。三是在研究的方法上，突出实证研究、实地研究与案例研究，重视研究的成果，用事实"讲话"、用数据"说话"、用案例"证实"，强化研究的扎实、务实与真实。在此基础上，运用政策的视角，对研究的成果进行分析、概括、提炼与反思，期望能为江苏基础教育改革提供相关的政策思考。

书稿完成以后，作为主编，我内心依然感到不安与忐忑。无论是研究资料的分析与整理，还是研究成果的分析与表述，都还存在着诸多粗糙与不足之处，期望读者给予批评与指正。

感谢南京师范大学出版社张春老师、左宓老师为书稿的策划编辑提供的真诚支持与辛勤劳动。

邵泽斌

二〇一五年九月九日

目 录

前　言 …………………………………………………………………… 1

流动的教育权:论我国城乡义务教育的"三元统筹"/ 邵泽斌 …………… 1

江苏学前教育五年行动计划的政策运行与反思——以镇江市为例/ 孙　意
………………………………………………………………………… 14

江苏省幼儿园规范管理的制度考察——以南京市为例/ 李晓敏 ……… 38

流动儿童融入城市教育的案例分析与政策反思——以南京地区为例/ 李　政
　　吕倩蕾　范平平　郝天聪 ……………………………………… 75

德育现状与政策议题——江苏初中德育现状调查/ 王　恒　王亚会
　　黎　峥 …………………………………………………………… 112

县域内"教师轮岗政策"运行评析——以徐州新沂市为个案/杨 雪………… 157

江苏省农村教师流动现状的政策考察——以南京市为例/荣 丽 姚 菲
　　郑晓丽……………………………………………………………… 189

义务教育优质均衡发展政策实施现况评析——以江苏省南京市建邺区
　　为例/秦 伟 蒋兴梅 魏亚星 李 然………………………… 223

江苏省基础教育数字化学习现状的调查与分析——以扬州地区为例/赵 静
　　郑婷婷 朱宝康……………………………………………………… 250

流动的教育权:论我国城乡义务教育的"三元统筹"

邵泽斌

(南京师范大学教育科学学院　江苏　南京　210097)

摘要:城镇化正成为当代中国社会发展的显著特征。在这一过程中,农村人口持续、规模化地向城镇流动,正在成为一种不可逆转的趋势。本文通过分析我国义务教育"城、郊、乡"三元结构的发生机制与表征,探讨城乡教育发展的趋势、存在的困难,并在立足于"流动社会"的基础上,为城乡教育制度改革提出建议。

关键词:义务教育;三元统筹;城乡教育;教育权

伴随着农村人口的流动,农村居民及其子女接受优质教育的诉求被唤醒,并出现了适龄儿童规模化地由农村到县镇和城市的就学流动。这种流动深刻地影响并改变着既往僵化、固化的城乡二元教育体系,表现出了新的教育特征,产生了新的教育问题和矛盾。本文在分析城乡教育新特征的基础上,阐释当前我国城乡义务教育关系的新形态,探索化解城乡义务教育新矛盾、推进城乡教育一体化发展的政策建议。

一、我国义务教育"城、郊、乡"三元结构的发生机制与表征

流动性,正在成为当代中国经济社会发展的典型特征。农村人口由农村到城市的规模化流动,对城乡义务教育产生了两个方面的重要影响。一方面,伴随着农民自身和家庭的流动,大量的农村儿童进入县城或城市读书,给城市义务教

育办学增加了新的压力；另一方面，在流动过程中，农村居民的教育权得到了唤醒。因为在日益开放的现代社会，农民获取现代信息、思想的机会和能力得到了普遍性增长，如吉登斯所言，现代性使得"某个边远乡村居民对当时所发生的事件的知晓程度，超过了一百年前的首相"[①]。其直接的后果是，农村居民对子女接受优质教育的需求日益膨胀。帮助自己的孩子到乡镇、县城或城市接受更高质量的教育成了一种重要的教育诉求，在有些地区甚至成了广泛的社会共识。2010年教育部基础教育一司委托国家教育发展研究中心等单位对从山西、内蒙古等11个省62个县所抽取的1.1万名学生家长的调查统计表明，61.3%的农村家长希望子女上"县城学校"，25.3%的农村家长希望子女上"镇上学校"，两者合计共86.6%。此外，调查结果还显示，对子女接受更好教育有"非常强烈"和"比较强烈"愿望的家长分别占被调查家长的57.5%和39.3%。[②] 正是在这样的背景下，农村适龄儿童出现了规模化的由农村到乡镇、县城和城市的就学流动，并表现出鲜明的时代特征和典型的连锁效应。

这种典型的连锁效应集中表现为，相较于以往义务教育质量、水平的城乡二元差异，当前我国义务教育的"城、郊、乡"三元差异开始显现，并主要表现在两个方面：

（一）与规模化的人口流动相伴，城乡间的"郊区教育"形态开始显现

随着城市的规模化扩张，农村劳动力由农村向城市转移，位于城市与乡村间的县镇逐渐成了城市的郊区地带。作为连接城市和乡村的中间地带，郊区有别于乡村，因为它具有城市的特征；郊区也区别于城市，因为其产业、商业和公共服务尚不完备，并渗透着乡村的文化特征与生产生活方式。大量的乡村居民汇集郊区购房、就业、就学，并通过各种方式将自己的孩子安置在办学条件、师资水平和教育质量相对优越的县镇学校就读，这直接造成了县镇公办学校的"大班额"现象，在不少地方还出现了学校"人满为患"的情形。

---

① [英]吉登斯. 现代性的后果[M]. 田禾，译. 南京：译林出版社，2000：67.
② 王定华. 关于我国农村义务教育学校布局调整的调查与思考[J]. 华中师范大学学报（人文社会科学版），2012(6).

当有限的公办教育资源无法满足乡村家庭的教育需求时,在某些地区,出现了大规模的县镇"教育扩张运动"。县镇教育扩张的形式和方式各有区别,诸如,扩大已有的公办学校规模、将乡村的公办学校向县镇归集和迁移、吸引民办学校到县镇办学等。县镇教育的规模扩张,在满足了大量的农村子女接受优质教育需求的同时,也吸纳了农村居民的城镇化转移,带动了县镇房地产业、服务业等产业的发展,并因此而受到农村居民和地方政府的积极响应与互动支持。县镇中小学规模的扩张,以及就学人数的膨胀,与乡村居民向县镇的规模化聚焦构成了一种"双向强化、彼此依托"的互动关系,这使得过去存在于城市和乡村的"二元教育形态"发生了结构性变化,这就是"郊区教育"形态的显现和成型。

之所以将这种教育形态称之为"郊区教育",主要是为了突出其与"乡村教育"和"城市教育"的区别和差异。郊区教育区别于城市教育,是因为在郊区就读的学生具有"户口在农村、就学在县镇"的特点。更为重要的是,郊区居住着大量"非农非城、似农似城"的农村家长,这些家长或以进城务工为目的,或以陪读为目的,或者两者兼而有之。但一个不变的事实是,他们"流动"的工作、生活和教育方式,改变着城乡的人口结构和教育形态。郊区教育区别于农村教育,是因为在事实层面上,农村儿童正在以特有的方式,接受着城市提供给他们的优于农村的教育内容和教育方式。

(二)与规模化的农村儿童"进城读书"相伴,乡村教育的"边缘化"显现

郊区教育的出现,使得城市与乡村的教育差距更加突出。这主要体现在乡村生源的萎缩、优质师资的流出以及教育质量的下降三个方面。其中,乡村生源的减少是乡村学校办学困难的根本性原因。因为生源减少的直接后果是乡村办学的规模效益降低、地方政府教育资源投入的动力降低,以及优秀师资在农村任教的意愿降低。我们在调研中发现,江苏北部的GN县,家长热衷于将孩子送往县镇就读,全县完全意义上的村小几乎不复存在,全县14个乡镇中,原有村小281所,现仅有村小63所,在许多教学点还出现了个别年级生源断层、无法保证每个年级都有学生的状况。

村小被"边缘化"的直接后果是教学质量的下降和就学人数的减少,两者的相互影响,加剧了乡村学校的"衰落"与"衰败"。并且,由于村小规模较小,教师

数量少且结构不合理,课程与教学改革难以切实推进,教学质量难以得到保障,这已成为制约我国义务教育优质均衡发展的瓶颈。

此外,无论是那些伴随进城务工父母到城市读书的儿童,还是那些基于接受优质教育而"进城读书"(这种情况一般是家长在县城陪读)的儿童,其共同的特点是家长对子女接受优质教育的需求的增强,以及家庭支持子女"进城读书"能力的增强。而对于那些能够成功进入城市优质公办学校读书的儿童而言,其家长还拥有着较为优越的社会资本。一个不争的事实是,那些"留守"和"坚守"在乡村小学的儿童,大多是家庭经济资本、文化资本和社会资本处于不利地位的弱势群体。这固化了乡村学校"坚守儿童"的教育弱势群体地位,强化了教育的城乡差异。

这样,在当代中国义务教育学校的总体布局中,分别出现了两类与城市学校相异的教育形态——乡村教育与郊区教育。有研究者将这种现象概括为"城挤、乡弱、村空"[①]。本文将这种区别于既往城乡教育"二元结构"的"城、郊、乡"教育形态称为城乡教育关系的"三元结构"。城、郊、乡三者在办学条件、师资水平和教学质量等方面有着不同的表现和特点。如果说城市学校面临着的"烦恼"是以追逐名校为特征的择校矛盾,那么乡村学校和郊区学校面临的"烦恼"分别是"空心化"现象和"大班额""巨型学校"现象。无论是乡村学校的"空心化"问题,还是郊区学校的"大班额"现象,都与城镇化过程中乡村人口向城市的规模化流动有关。随着城镇化进程的加快,城乡义务教育的"三元结构"将会在更多地区出现,并将在相当长的一段时期内持续存在。

二、"三元结构"体现了城乡教育一体化发展的新趋势

以上的分析表明,当前我国城乡义务教育表现出的"城、郊、乡"三元结构正在成为城乡教育关系的重要表征。那么,如何认识这种新表征?城乡教育三元结构的出现对城乡义务教育的一体化发展和城乡教育的统筹发展究竟意味着什么?是意味着城乡教育差距的加剧,还是意味着城乡教育差距的缩小?是意味着我国既往缩小城乡教育差距政策产生了积极的效应,还是意味着既往政策存

---

① 杨东平.新型城镇化道路对教育的挑战[J].基础教育论坛,2013(3).

在着缺陷和不足?

我们认为,城乡义务教育三元结构的出现,是我国城乡义务教育由既往僵化、固化和体制化的城乡二元结构向城乡教育一体化转型的中间阶段和过渡形态,是近年来我国深入推进城乡教育统筹发展、不断缩小城乡教育差距的一系列公共政策和教育政策作用的结果和效应。尽管这一结果和效应使得城乡义务教育的差异更为复杂,但我们有理由认为,城乡义务教育三元结构的出现,相对于既往僵化、固化和体制化的城乡二元结构,具有积极的政策意蕴和良好的政策效应。这主要表现在以下两个方面:

(一) 城乡"三元教育结构"是对既往城乡二元结构的否定与超越

我国长期以来实施的城乡分野的公共治理制度和教育政策设计,加剧了城乡义务教育的差异和差距,这是一个众所周知的事实。这一城乡分治的教育二元结构具有固化、僵化和体制化的特点。所谓固化,是指无论在理念上还是在表现形式上,城乡教育的二元差异在城乡间长期存在,在城乡居民间被普遍认可和广泛接受。所谓僵化,是指这种城乡二元结构的教育现状具有一定的稳定形态和持续作用的机制和方式。这种稳定的教育形态既与国家城乡分野的公共服务和经济发展政策相呼应,也有着教育自身的表现形式,诸如教育投入的城乡有别、师资配置的城乡差异、课程设置的城乡不同等。所谓体制化,是指城乡教育差异的固化和僵化根源于国家的制度设计和政策选择,是一种自上而下、"有意而为之"的政策结果。对既往城乡教育二元结构特征的"僵化、固化和体制化"表述,目的在于阐明改变这一城乡教育形态的任务异常艰巨。这不但是因为这一现状持续时间之长,也因为这一固化现象的结构之稳定和力量之强大。城乡教育三元结构的出现,清晰地表明了城乡二元结构的松动和变革。因为,城乡三元结构是以城镇化的推进为背景的,是以农村人口的规模化流动和转移为动力的,是以农村居民对优质教育的需求为导向的,是以国家一系列支持农村教育的公共政策和教育政策为驱动的。而以上四个方面的因素恰是契合了国际社会缩小城乡教育差异、推进公共教育均等化的共同趋势,具有积极的价值和意义。

毋庸置疑,当前我国农村义务教育,特别是局部地区的乡村义务教育依然面临着艰难的发展困境,出现了更为严峻的教育问题,甚至在某些地区城乡教育的差距还有扩大和加剧的趋势。但总体而言,这种差距和困难是城镇化的伴生现象,是城乡教育一体化发展的中间阶段和过渡环节,是城乡义务教育统筹发展的"生长之痛"和"成长中的烦恼"。因为现代化、工业化和城镇化作为一种不可逆转的发展趋势,其主要的特征是农村人口的减少和城镇人口的增加,以及由此伴生的产业和公共服务的城镇化、集中化和规模化。"随着人口增速的减缓和人口向东部城市地区的转移,中西部部分村落、乡镇甚至城市因人口减少、基础设施落后、缺少规模经营等原因而逐步萧条乃至废弃,这是必然趋势。"[①]正是在城镇化和现代化的进程中,特别是随着农村居住、文化和公共服务的城镇化推进,乡村教育规模的缩小和城市教育规模的扩张将成为中国城乡教育现代化的重要表征和推动力。因此,相对于既往城乡教育固化和僵化的"二元结构",城乡教育的"三元结构"体现了城乡教育关系的新调整、新组合和新方向,展现了城乡教育关系调整的"正在进行时"。诚然,这样的分析和判断并不是无视城乡教育发展面临的新问题和新困难,更不是默许城乡教育问题的存在并任其发展,而是表明,我们要在坚定信心、明确方向的前提下,采取有效的措施去减少和化解这些问题和困难。

(二)"三元教育结构"体现了近年来我国缩小城乡教育差距政策的积极效应

近年来,特别是新世纪以来,围绕着新型城镇化战略的实施,国家出台了一系列支持农村经济社会发展、加快推进城镇化建设的社会政策和公共管理政策,出台了一系列缩小城乡教育差距、推进城乡教育统筹的教育政策,诸如中小学布局调整政策、城乡教师交流政策、关爱留守儿童和流动儿童的教育政策等。这些公共政策和教育政策交互支持、彼此强化、综合作用,对改善城乡关系、缩小城乡教育差距起到了积极的效应。主要表现在两个方面:一是凝聚了支持农村教育的社会共识,营造了促进教育公平的政策环境,唤醒了广大农村居民接受优质教育的美好诉求;二是为缩小城乡差距、支持农村教育、推进农村教育现代化和农业现代化提供了物质支持和制度支持。

城乡教育"三元结构"作为缩小城乡教育差距、推进城乡教育一体化的"正在进行时",既是这一系列公共政策综合作用的结果,也是未来深化改革城乡教育

---

① 李立国.我国城镇化进程中的教育战略重点[J].现代教育管理,2013(5).

政策的基础和立足点。为此,我们必须进一步坚定推进城乡教育一体化政策的信心和决心,不断加大政策改革的力度,增强政策创新的意识,将城乡教育的一体化改革这一"正在进行时"不断推进。

三、"三元结构"增加了统筹城乡教育的难度和复杂性

在看到城乡教育"三元结构"积极政策意蕴的同时,也应该清醒地认识其给我国城乡教育发展带来的新问题和新挑战,从某种程度上讲,有些矛盾和问题还十分突出。重视和分析这些矛盾和问题,对于制定合理有效的城乡义务教育政策具有前提性意义和价值。

(一) 教育"资源不足与资源浪费"共生现象与城乡儿童新的"上学难"

这具体表现为,我国县域内城乡义务教育资源总体上还处于短缺状态,义务教育现有资源总量与人民群众对优质教育资源的需求还有较大差距,特别是乡村小学,由于经济文化的落后,长期处于优质资源的匮乏状态。同时,由于大量乡村中小学生的涌入,县城中小学校舍和教师资源处于短缺状态;与此相关,由于生源锐减,不少乡镇中小学校舍长期处于闲置状态,甚至在某些地区,由于受布局调整和儿童外出就学等影响,不少村小出现了校舍闲置、学校关闭等现象。

这种教育资源的总量不足与结构不合理的现象,基于城镇化进程中家长、儿童和教师由农村向城镇的大规模流动。这种流动,改变了以往静态、固定的人口结构和社会结构,使得学校生源长期处于不确定性的变动中。生源的不确定性,给办学资源的配置带来了困难和挑战,也引发并加剧了乡村儿童和进城读书儿童的新的"上学难"现象。就乡村儿童而言,学校距离更远、条件更差,是一个他们不得不接受的事实。特别是在居住分散、自然条件艰苦、经济发展落后的西部地区和少数民族地区,这种矛盾尤为突出。据报道,四川布拖县原有190所村小,到目前只有50所;四川省喜德县某乡原本有三四所村小,现在只剩一所乡中心校。从最远的村子徒步去中心校,走路要4个小时,海拔都在2 000米以上。[①]对于那些"舍近求远"到县城择校的幼小儿童而言,面临着寄宿、陪读等诸多困

---

① 庄庆鸿."中国式撤点并校"大凉山样本调查[N].中国青年报,2012-12-28(4).

难。调查显示,农村学生家长陪读的比例平均为22.7%,如重庆地区小学陪读的比例高达38.4%。陪读现象的出现,造成了农村家庭和儿童生活的不便,加重了农村家庭的经济负担和生活成本。①

从某种程度上讲,这种"上学难"与20世纪80年代时期因办学条件简陋、师资条件落后、学费难以承受等原因导致的农村儿童就学困难有着根本性区别。这种新的"上学难"由城乡教育的差距所引发,由农村家长和儿童对优质教育的追求所引发,由农民在由乡村到城市的流动过程中不断唤醒的教育需求所引发。因此,这种"上学难"现象影响更为深刻,解决起来难度也更大。

(二)"留守儿童教育问题"与"流动儿童教育问题"的共生现象长期存在

从某种意义上说,中国正在推进一项世界发展史上前所未有的城镇化进程。据统计,"截至2012年,中国城镇化率达到52.6%。联合国关于世界城市化展望的最新研究报告预计,中国城镇化从现在到2030年还将保持较快速度,届时城镇化率有望提高到65%—70%,目前我国每年从农村转移到城镇的人口约1 000万人"②。

中国城镇化进程的影响如此深远和深刻,不仅因为中国城镇化进程的人口众多,还因为中国的城镇化进程是在户籍制度、社会保障制度、升学就业制度等城乡分割的背景下进行的。无论是农村居民的举家迁移带来的流动儿童教育问题,还是农村居民进城务工将孩子留在农村的留守儿童教育问题,都构成了中国城镇化进程中的"特殊烦恼",从某种意义上讲,在现有的户籍制度以及与此相关的社会保障和教育就业等制度框架下,留守儿童和流动儿童教育问题共生的现象将长期存在。换言之,只要城镇化和人口流动这种种社会现象存在,中国的留守儿童和流动儿童教育问题共生现象将作为一种常态现象而持续存在。

诸多研究对留守儿童与流动儿童教育的问题与对策作了深入的分析,许多观点都具有启发性和创新性。诸如留守儿童的安全问题、亲情缺失问题,流动儿

---

① 齐国艳.21世纪教育研究院发布《农村教育布局调整十年评价报告》[N].社会科学报,2012-12-11(3).

② 李立国.我国城镇化进程中的教育战略重点[J].现代教育管理,2013(5).

童的教育公平问题、融入城市的障碍问题等。这里需要阐明的是,随着城镇化进程的加快,以及人口流动的规模和范围的扩大,作为一种与城镇化进程相伴随的留守儿童和流动儿童教育问题,不是被缓解了,而是不断加剧了,不是更容易解决了,而是更复杂和更难以解决了。为此,我们需要有一种"跳出教育"分析教育的思维方式,将留守儿童与流动儿童问题置于整个城镇化的社会背景中,以及与之相关的公共政策和社会政策的框架下整体加以设计和解决。

(三)农村教师"结构短缺"与"相对过剩"共生现象制约着乡村师资水平

伴随着乡村学校规模的萎缩、城市学校的"大班额"现象,以及郊区学校的"人满为患",乡村教师也出现了由农村到城市的规模化流动。促成这种流动的原因主要有两个方面:一是农村生活和工作条件艰苦,影响教师本人及其子女的生活和发展。如今农村教育对教师吸引力的降低已经不仅仅是靠提高待遇所能解决的,城乡在经济、社会、文化、公共服务质量等方面的差异,以及由此对教师及其子女生活和发展的影响,正在成为乡村教师流失的重要原因。这造成农村学校对优秀教师的吸引力不断降低,乡村优秀师资日益匮乏。二是城镇学校的规模扩张对优秀教师的吸引。当前,在不少地区,为应对不断增长的生源压力,城区学校利用农村教师对城市生活的追求和向往心理,开展了组织化、制度化的乡村教师进城招聘行动。这种招聘行动从根本上构建了一个弱化乡村教育的教师选择机制,其结果是将大量年富力强的优秀乡村教师吸纳到城区,让少数"年老体迈""知识技能老化"的教师滞留在乡村,进一步恶化了乡村教育的环境。

乡村教师由农村到城市的规模化流动造成的直接后果是,城乡教师的结构短缺与总量过剩并存。一方面,乡村优秀教师短缺、教师素质参差不齐,甚至部分学科无人任教;另一方面,不少城镇和城市学校教师相对过剩、人浮于事。调研中发现,江苏北部的 GN 县 2010、2011、2012 三年通过考试等形式,城区学校从农村学校选拔优秀教师 211 人。课题组在江西省某县的调查表明,仅 2008—2012 年 4 年间,该县由于城镇学校规模的扩大而招募乡村教师,先后将 235 位较为优秀的农村教师调入县城,这导致农村教育"元气大伤"。农村学校优质教师和生源的双重流失,导致一些农村学校"今不如昔",甚至呈现出一种"衰败"的状态。

四、立基"流动社会"特点,构建适应城镇化的现代城乡教育制度

城乡教育"三元结构"的出现,既为我们深入推进城乡教育一体化发展提供了机遇,也给我国城乡义务教育的一体化发展提出了新课题和新要求。这要求我们直面城乡义务教育发展的新特点、新矛盾与新任务,转换思维方式,创新政策供给,推进义务教育的"城、郊、乡"三元统筹,构建与城镇化相适应的现代城乡义务教育制度。

(一)重构农村教育的目标定位,推进城镇化与农村教育现代化的双向互动

流动性,正在成为当代中国经济社会发展的典型特征。这种流动既包括乡村农民进城的流动,也包括乡村学生进城读书的流动,还包括乡村教师的进城流动。与这种流动性相伴而生的是城乡义务教育的差距持续拉大。当优秀的生源、优秀的师资不断流向县镇和城市的时候,留在乡村的儿童就在经济资源(留下来的儿童的家庭大多不具备流动的经济能力)和教育资源两个方面与其他阶层拉开了差距。

我们要高度关注城乡义务教育与城乡经济、文化和公共服务发展的深刻关联性。特别是今天的农村义务教育,其变革与发展受城乡在经济、文化和公共服务事业质量和差距的深刻影响。因为,当城镇化发生的时候,城乡在公共服务、经济发展水平、文化样态等方面所具有的差异,将不断诱导乡村居民和家庭向城市转移。就教师队伍而言,城市学校对他们的"诱惑"不仅包括更好的物质待遇,还包括更好的专业发展机会和更大的子女发展空间。鼓励和勉励农村教师扎根农村、服务农村固然十分重要,但城镇化对向城市转移的诱导力量将更加强大。更为重要的是,乡村与城市的巨大差异,使得乡村吸纳优秀教师的能力持续减弱。当乡村教师不断外流,优秀毕业生不愿流入现象出现的时候,农村教育发展将更加艰难。从这个意义上讲,未来中国农村教育的兴衰与波动,很大程度上取决于城乡经济社会的发展状态,不断缩小城乡经济社会发展差距,高质量地推进城镇化,全面缩小城乡差异,是统筹城乡教育发展的前提和基础。

与这种流动性相伴随的还有乡村居民和学生向城镇的规模化转移,这种流

动造成了农村生源的减少、教育资源的闲置,甚至出现了农村教师的相对过剩。在某些相对落后的边远乡村地区,村小和办学点的教学异常艰难,正在成为当下农村教育发展的"新伤痛"。当城镇化成为一种趋势,流动性成为一种社会特征的时候,我们首先要重新思考乡村教育的功能定位,乡村教育要培养为农、务农的新型农民,为农村发展培养新型的劳动者,但更要服务于城镇化和现代化建设,培养更多适应现代化生产和生活的新市民。因为就国家层面而言,有步骤地减少农民、有序地推进农村居民向城镇转移,是城镇化坚定的目标和必然的趋势。当代中国农村教育必须直面这一时代需求,将服务城镇化、工业化和服务农村劳动力转移作为重要目标。确立这一目标定位,不仅要求我们变革教学内容和教学方式,还要求我们在学校教育制度上进行合理建构。

（二）构建与城镇化相匹配的动态、灵活、有弹性的现代乡村教育制度

反思以往的中小学布局调整,不难发现,近年来我们遭遇着一种艰难的冲突性选择,一方面,为不断缩小城乡教育差距,改善农村办学条件,在广大的农村地区,特别是边远地区兴建和改建了大量的现代化校舍和设备;另一方面,随着布局调整的深入推进,以及农村适龄儿童的减少,这些学校出现设备的闲置和浪费的现象,甚至是有些建设条件较好的学校遭遇了被废弃的命运,这直接造成了教育资源的浪费。于是,我们在究竟是建设更多的乡村学校满足农村儿童就学需要,还是引导农村儿童到城市就学,有步骤地撤并乡村学校这个问题上陷入了冲突和矛盾,这也成了当代农村教育发展面临的新挑战。

化解这一矛盾和冲突,需要用动态、灵活和开放的思维规划和设计现代农村教育制度,既要在城市、县镇等地集中建设好规模化的义务教育学校,为引导、支持和帮助农村居民城镇化提供配套的公共服务;又要将建设好乡村学校和教学点作为一项长期的任务,为留在乡村小学的每一个家庭、每一个儿童提供优质的教育条件和教育资源。即在坚持农村教育制度和农村教育布局服务城镇化和现代化的总体框架下,要将因地制宜地办好乡村小学和教学点作为一项长期的政策设计,持续抓好。这不但为未来农村教育的发展提出了新的课题和挑战,也为我们进一步创新和变革农村教育制度提出了新的要求。

（三）深化农村教育改革，为乡村学校的发展提供特别性支持

乡村学校办学条件落后，优质师资匮乏，适龄儿童就学人数持续减少，这给乡村教育的办学和发展带来了困难和挑战。乡村学校承载着那些家庭经济条件落后、无力进城读书的弱势家庭儿童的教育期待。支持乡村教育的发展，对于关注弱势儿童成长、促进教育公平具有重要意义和价值。从一定意义上讲，没有乡村学校的优质发展，就没有中国义务教育的均衡发展；不关注农村"边缘群体"子女的教育权利，就没有城乡教育的公平发展。

支持乡村学校的发展，首先要实施乡村学校教育经费的"特别保障"。要改变村小教育经费和公用经费单纯按照生均人数拨付的预算机制，根据农村小学优质运行和发展的实际需要，对村小教育经费实施特别预算；要针对不同规模的村小，制定村小建设的国家标准，加强验收和检查，建立中央、省、县共担的经费保障机制。其次是实施村小教师队伍建设的"特别待遇"。在做好城乡教师交流、优秀大学生支援农村教育工作的同时，立足于培养扎根农村、优质稳定的乡村教师队伍。一是要针对农村生活和工作条件艰苦的特点，大幅度增加村小教师的工资待遇，吸引优秀教师留在农村任教，确保村小教师工资大幅度领先于在县镇工作的同级别教师；二是重视农村教师的本地化和乡土化建设。通过招聘、转岗、培训等方式，鼓励具有本地户籍的大学本科以上学历人员在家乡任教，为他们提供特殊的住房、医疗和社会保障政策。总之，支持乡村学校的建设和发展，需要我们增强政策的关怀意识、创新政策的改革思路，采取多种措施加以综合推进。

（四）将办好少数民族地区和贫困地区小规模学校列为支持农村教育的长期选择

由于历史和自然条件等方面的原因，我国少数民族地区、山区和贫困地区义务教育办学条件十分落后，办学资源十分匮乏，吸引优秀师资的能力较为薄弱。特别是随着城镇化过程的推进，这些地区人口居住更加分散，学龄儿童减少趋势更为明显。山大沟深、自然条件恶劣的状况，造成这些地区对优秀教师的吸纳能力持续降低。更为重要的是，基于贫困的经济状态，仅有的少数留守儿童面临着物质、精神和文化上的多重发展困难。在东部地区大部分中小学努力办好高质

量义务教育，推进教育现代化的同时，贫困地区的义务教育还面临着发展性困难和生存性困难，这要求我们采取更加有效的政策措施，支持贫困地区义务教育发展，不断缩小义务教育的地区差距和城乡差距。

少数民族地区、山区和贫困地区适龄儿童减少、居民居住分散的状况，决定了在这些地区办好小规模学校的必要性和重要性。农村小规模学校不仅表现为学校人数和班级数量少，而且表现为每一个年级和班级人数少。可以考虑在这些地区建设拥有自主管理权的"特许学校"，对于小于100人的村小实施"特许学校"制度。"特许学校"在接受县、乡教育主管部门指导的同时，接受省级或市级教育主管部门的备案管理。"特许学校"享有特殊的师生比配置、特殊的设备配置标准；"特许学校"由相关村民代表和教师代表组成的校务委员会负责管理，在教育政策制定等方面，享有自主权，未经校务委员会讨论，以及省级教育主管部门批准，任何组织和个人不得随便撤并。随着我国城镇化进程的加快，尽管贫困地区小规模学校数量将不断减少，但贫困地区长期存在，以及贫困儿童长期存在的事实，要求我们在办好农村小规模学校的过程中，必须将办好贫困地区小规模学校列为支持农村教育的长期选择。这是落实不让一个儿童掉队的具体举措，也是办好人民满意教育的重要前提。

参考文献

[1] [英]吉登斯. 现代性的后果[M]. 田禾,译. 南京:译林出版社,2000.

[2] 李立国. 我国城镇化进程中的教育战略重点[J]. 现代教育管理,2013(5).

[3] 齐国艳. 21世纪教育研究院发布《农村教育布局调整十年评价报告》[N]. 社会科学报,2012 - 12 - 11(3).

[4] 王定华. 关于我国农村义务教育学校布局调整的调查与思考[J]. 华中师范大学学报(人文社会科学版),2012(6).

[5] 杨东平. 新型城镇化道路对教育的挑战[J]. 基础教育论坛,2013(3).

[6] 庄庆鸿. "中国式撤点并校"大凉山样本调查[N]. 中国青年报,2012 - 12 - 28(4).

江苏学前教育五年行动计划的政策运行与反思
——以镇江市为例

孙 意

(南京师范大学教育科学学院 江苏 南京 210097)

摘要:我国学前教育行动计划对我国学前教育的发展具有重要的影响。镇江市作为国家学前教育改革试点地区,其学前教育五年行动计划随实施情况不断调整,并在实际实施过程中取得了较为丰硕的成果,如幼儿数量增加、入园率提升、财政经费持续投入、落实教师编制、颁布配套政策等;但也存在地区间学前教育水平不均衡、优质资源分布不均衡、经费尚待专项投入等问题。

关键词:学前教育;行动计划;镇江市;调查研究

学前教育是终身学习的开端,是国民教育体系的重要组成部分,是重要的社会公益事业。[①] 学前教育事业不仅对人的个体、家庭具有重要意义,同时也是国家社会发展中关乎民生的重要一环。但由于种种原因,相对于其他阶段或领域的教育事业(基础教育、高等教育等),学前教育仍属于我国教育事业中的薄弱环节。学前教育事业中的各项工作发展都需要倾注更多的精力、获得更多的支持。全国范围内开展的学前教育行动计划正是出于这样的目的。

在过去几年里,行动计划的确给我国学前教育事业带来了发展契机和较为

---

① 国务院. 国务院关于当前发展学前教育的若干意见[EB/OL]. 中华人民共和国中央人民政府网. http://www.gov.cn/zwgk/2010r11/24/content_1752377.htm,2010-11-24/2014-9-2.

显著的改变,但也发现了更多需要解决的问题以及需要优化的方面。时值各省第一个三年行动计划陆续结束,国家也在启动第二个学前教育三年行动计划。江苏省正在进行中的学前教育五年行动计划可以在总结现有实施情况的基础上,结合其他省市工作开展的经验与困惑,对接下来的工作作进一步的调整,以促进学前教育事业向着更加科学、合理、长效的方向发展。

根据《国务院办公厅关于开展国家教育体制改革试点的通知》(国办发〔2010〕48号)中关于学前教育发展方面的内容,江苏省作为专项改革试点[①],主要承担"明确政府职责,完善学前教育体制机制,构建学前教育公共服务体系"与"加强幼儿教师培养培训"两项任务。而镇江市则作为"明确政府职责,完善学前教育体制机制,构建学前教育公共服务体系"这一重点任务的试点地区。这就进一步明确了镇江市推进学前教育工作的重心,同时也有外在的推动力。因此,笔者将镇江市作为典型对象,通过分析其学前教育五年行动计划的实施情况来透视江苏省学前教育事业的推进状况。

一、镇江市学前教育五年行动计划制订与实施的政策背景

国家层面与江苏省层面的相关文件共同构成了镇江市学前教育事业推进的政策背景。这些政策文件具有明确工作方向的作用,同时也是规划、实施的依据,更是推进工作的保障。

(一)国家相关政策文件

《国家中长期教育改革和发展规划纲要(2010—2020年)》(以下简称《教育规划纲要》)与《国务院关于当前发展学前教育的若干意见》(国发〔2010〕41号)(以下简称"国十条")是全国学前教育行动计划的宏观背景。

《教育规划纲要》提出三条对学前教育事业的规划,分别为"基本普及学前教

---

① 国务院.国务院办公厅关于开展国家教育体制改革试点的通知[EB/OL]. 中华人民共和国教育部. http://www.moe.gov.cn/publicfiles/business/htmlfiles/moe/moe_1778/201101/114499.html, 2010-10-24/2014-09-2.

育、明确政府职责与重点发展农村教育"。①"国十条"提出的"把发展学前教育摆在更加重要的位置、多种形式扩大学前教育资源、多种途径加强幼儿教师队伍建设、多渠道加大学前教育投入、加强幼儿园准入管理、强化幼儿园安全监管、规范幼儿园收费管理、坚持科学保教,促进幼儿身心健康发展、完善工作机制,加强组织领导"等原则是对这三个方面的延伸、补充和进一步细化。而"国十条"对各地制订实施"学前教育三年行动计划"倡导的工作重点在于解决"入园难"问题,这也是以往学前教育工作的核心任务,也是部分省市地区现在与未来的目标与工作重点。

国家相关政策通常是指明宏观工作方向,只要对其内容的表述进一步分解,就能理解目前所面临的艰巨任务并不是仅仅在三年五年内能完成的。发展学前教育是一项长期的事业,包含了多项工作,需要多方面的配合,并在一段时间内有重点、有计划地推进。除此之外,还需要让国家宏观要求与地方实际相结合,将其具体化、可操作化、易检测化,且不流于形式。

(二)江苏省相关政策文件

在国家颁布的政策背景之下,全国各省提出制订本省"发展学前教育的若干意见",并在此基础上,以区县为单位进行发展学前教育行动计划的拟订与实施。而除少数省市与江苏省同样制订五年计划外,其余省市均制订的是"学前教育三年行动计划(2011—2013)"。江苏省作为国家教育体制改革试点②,在发展学前教育方面做出了很多努力。

结合前述两份在国家层面进行规划的重要文件,江苏省出台了《江苏省中长期教育改革和发展规划纲要(2010—2020年)》(以下简称《江苏省教育规划纲要》)与《省政府办公厅关于加快学前教育改革发展的意见》(苏政办发〔2010〕136号),以结合实际情况对本省学前教育事业发展进行规划,明确江苏省学前教育

---

① 国务院. 国家中长期教育改革和发展规划纲要(2010—2020年)[EB/OL]. 中华人民共和国教育部. http://www.moe.gov.cn/publicfiles/business/htmlfiles/moe/moe_838/201008/93704.html, 2010-07-2/2014-09-2.

② 国务院. 国务院办公厅关于开展国家教育体制改革试点的通知[EB/OL]. 中华人民共和国教育部. http://www.moe.gov.cn/publicfiles/business/htmlfiles/moe/moe_1778/201101/114499.html, 2011-01-13/2014-09-2.

事业发展需要遵循的指导思想、基本原则及需要达成的主要目标,并提出体制机制建设的方向。

1. 江苏省学前教育五年行动计划的主要目标

依据《江苏省政府办公厅关于加快学前教育改革发展的意见》(苏政办发〔2010〕136号),江苏省学前教育发展目标主要有以下三方面:

第一,建设优质学前教育资源。巩固普及学前三年教育,扩大学前教育优质资源,全面提高学前教育保障水平和保教质量。截至2012年,每个乡镇至少办一所省优标准的公办中心幼儿园,将村级幼儿园都建成合格园。

第二,建立科学合理的学前教育体系及优质幼儿园师资队伍。到2015年,在全省建立起布局合理、充满活力、质量优良、人民满意的学前三年教育体系;每所幼儿园均有中级以上职称专任教师,全省幼儿教师专科及以上学历者达90%以上;办园行为进一步规范化,教师、保育员、保健人员等各类人员全部持证上岗。

第三,关注早期教育与家庭教育。0—3岁婴幼儿早期教育指导服务取得新进展,学龄前儿童家长和看护人普遍受到科学的家庭教育知识辅导。①

2. 江苏省学前教育五年行动计划目标分解

为达成上述目标,江苏省进一步出台《江苏省学前教育与改革发展示范区建设主要指标》(苏政办发〔2011〕144号),从制度体系建设、财政投入与优质学前资源建设三个维度将工作具体化、指标化(参见表1)。通过对主要目标及其具体化的指标分析发现,江苏省五年行动计划不仅要解决"入园难、入园贵"问题,也提出了优质学前教育资源的建设目标,包括优质园建设、师资培养、督导监督等,还关注到学前教育"低质量"这一亟待解决的重要问题。

---

① 江苏省政府办公厅. 江苏省政府办公厅关于加快学前教育改革发展的意见[EB/OL]. 江苏省人民政府. http://www.jiangsu.gov.cn/xxgk/bgtwj/whjy/201105/t20110520_597107.html,2010-5-16/2014-8-21.

表1 江苏省学前教育改革发展示范区建设主要指标维度划分表①

维度	主要指标	具体内容
制度体系建设	政府责任全面落实	办园体制:政府主导、社会参与、公办民办并举,体现公益性、普惠性; 科学规划、合理布局:每1万左右常住人口配建1所幼儿园; 县级统筹,县乡(镇、街道)共建:县级教育行政部门对幼儿园统一规划、准入和监管; 完善联席会议制度。
	公办幼儿园加快发展	新建园以政府统筹为主,办成公办园或委托办成普惠性民办幼儿园; 合理确定新建公办幼儿园的数量和规模; 教办园、其他部门办园和集体幼儿园等实行统一事业编制教师配置政策。
	民办幼儿园扶持措施有力	公办、民办幼儿园实行统一行业管理; 扶持民办幼儿园的政策措施落实到位; 采取选派优秀教师执教、安排奖补资金等方式,支持普惠性、低收费民办园办学。
	安全保障体系完善	幼儿园安全、卫生制度健全,安全措施落实,保安等人员及设备配备到位; 3年内无安全责任事故和重大恶性案件; 园区周边无污染,无不健康、不稳定因素。
财政投入	经费保障机制基本建立	加大财政投入,拓宽投入渠道; 学前教育财政预算单列,新增教育经费向学前教育倾斜; 财政性学前教育经费在统计财政性教育经费中占合理比例并逐年提高; 指定学前教育生均经费标准和生均财政拨款标准; 根据发展重点设立学前教育专项经费; 健全资助制度; 幼儿园收费规范、合理。

---

① 江苏省办公厅.江苏省学前教育与改革发展示范区建设主要指标[EB/OL].中国国情. http://www.china.com.cn/guoqing/gbbg/2012-05/22/content_25446832.htm,2012-5-22/2014-8-21,有改动。

(续表)

维度	主要指标	具体内容
优质资源建设	事业发展水平高(入园率)	学前3年毛入园率达96%以上； 3—6岁幼儿基本实现就近入园； 保障流动人口子女、经济困难家庭儿童、孤儿和残疾儿童入园。
	优势资源比例不断扩大	新建园按省优标准筹建； 县域内省级优质幼儿园占比达70%以上； 大力发展农村幼儿园，农村、城镇优质园占比大体相当。
	保教质量明显提高	明确幼儿园独立法人资格，幼儿园办园行为规范，实行标准班额办园； 无证办园现象全面消除； 幼儿园以游戏为主，保教并重，"小学化"倾向基本遏制； 家庭和幼儿园合作密切； 科研和管理水平不断提升； 全面推进"园园通"，幼儿园基本信息实现电子化动态管理。
	队伍建设成效显著	配齐配足各类专业人员并实行持证上岗； 公办幼儿园有一定比例的事业编制教师； 编外聘用教师实行人事代理制度，在任职资格、岗位聘用、在职培训、职称评定等方面参照事业编制教师相关制度执行，其社保经费由财政给予一定比例补助，工资待遇按有关规定由双方协商约定； 实行每5年一周期的教师全员培训； 专科及以上学历教师比例达90%。
	社会满意度较高	"入园难、入园贵"问题基本解决； 县域内幼儿家长、社会对学前教育满意度达90%以上。

3. 江苏省学前教育五年行动计划配套政策文件

为促进上述目标的有效达成，江苏省颁布了一系列与《江苏省政府办公厅关于加快学前教育改革发展的意见》相配套的政策文件，包括:《江苏省学前教育条例》①、《江苏省财政厅江苏省教育厅关于加大财政投入支持学前教育发展的通知》(苏财教〔2011〕218号)②、《江苏省学前教育家庭经济困难儿童政府资助经费

---

① 2012年1月12日江苏省第十一届人民代表大会常务委员会第二十六次会议通过。
② 江苏省财政厅教育厅.关于加大财政投入支持学前教育发展的通知[EB/OL].江苏财政厅官网 http://www.jscz.gov.cn/pub/jscz/zfxxgk/zfxxgkml/ywgz/dwgnywwj/201111/t20111116_21713.html, 2011-11-16/2014-8-20.

管理暂行办法》《江苏省学前教育改革发展示范区建设督导评估实施办法》等。这些文件从不同角度支持全省学前教育事业发展。此外,省政府层面的联席会议制度以联合政府各相关部门力量的方式保障学前教育事业的发展。

二、镇江市学前教育五年行动计划目标及政策措施

镇江市结合前述文件及本市学前教育发展现状,出台了《关于贯彻国家和省中长期教育改革和发展规划纲要(2010—2020年)的实施意见》(镇发〔2010〕35号)与《关于做好国家学前教育体制改革试点工作的实施意见》,明确作为国家教育改革试点地区工作的总体要求、目标与任务。

(一)镇江市学前教育五年行动计划目标

在"明确政府职责,完善学前教育体制机制,构建学前教育公共服务体系"的总体要求下,镇江市的学前教育事业到2015年要达成的总目标为:以建设学前教育公共服务体系为重点,完善辖市(区)统筹,提供"广覆盖、保基本、有质量"的学前教育公共服务,扶持和规范民办学前教育发展,形成"多元化、可选择、可持续"的协调、健康发展新格局。① 该目标涵盖了"提升入园率、建设0—3岁早教指导中心(站)、新建幼儿园、建设优质园、创新办园机制、强化教师队伍建设、完善学前教育经费投入保障机制"等内容。

镇江市五年行动计划的目标虽然涵盖内容广泛,涉及具体工作繁多,但却并不空泛,且呈现出如下两个特点:

第一,内涵具体化。行动计划目标所涉及的各方面工作都有具体数量可视化的要求。此外,镇江市政府还发布了《做好国家学前教育体制改革试点工作重点任务分解方案》②,将各项重点工作具体落实到相关单位。

第二,不断调整性。随着行动计划实施工作的不断推进,镇江市也根据实际

---

① 镇江市人民政府.镇江市人民政府关于做好国家学前教育体制改革试点工作的实施意见[EB/OL].中国镇江.http://www.zhenjiang.gov.cn/xxgk/zfwj/szfwj/201106/t20110607_512263.htm,2011-4-12/2014-8-20.

② 镇江市人民政府办公室.关于印发做好国家学前教育体制改革试点工作重点任务分解方案的通知(镇政办发〔2011〕208号)[EB/OL].中国镇江.http://www.zhenjiang.gov.cn/xxgk/zfwj/szfwj/201106/t20110607_512263.htm,2011-4-12/2014-8-19.

情况不断调整着学前教育行动计划的工作方向和重点任务。截至2014年,镇江市共出台三份阐明发展目标的文件,分别是《关于做好国家学前教育体制改革试点工作的实施意见》、《关于进一步深化学前教育体制改革试点工作的意见》及《2014年深入推进学前教育体制改革工作要点》。这三份文件分别阐述了在学前教育行动计划进程中不同阶段的任务。

通过对上述三份文件的整理分析发现,镇江市在推进学前教育五年行动计划进程中对目标的不断调整与细化,可以从"制度体系建设""财政投入"和"优质学前教育资源建设"三方面进行梳理。

1. 落实制度体系建设

镇江市从强调学前教育服务体系建立的提出,到提出相应的建设标准,再到督导评估机制的建立,一步步将体系从构想落实到工作中,并通过评估机制来不断完善。监督与评估机制不仅能更好地促进学前教育事业的发展,也为之后的工作调整提供了参照。

2. 不断丰富财政投入内涵

"加大学前教育投入"的内涵不断被丰富:对教育投入进行分类量化,区分教育经费与生均公用经费,关注生均公用经费标准;强调财政性教育经费投入比例,并强调保持投入及设施方面投入比例,引导经费流向;关注普惠性民办幼儿园发展的经费支持,提升经费投入的效率;同时提出拓宽投资来源,以减轻政府财政负担;此外,学前教育事业发展过程中,对教师资源发展的经费投入及农村幼教事业的投入也给予一定重视,更有免费教育的举措。所有这些变化也体现了专项教育经费向财政预算规划转变的倾向。

3. 学前教育资源建设增加新目标

学前教育资源建设方面变化较大,2014年提出的工作目标添加了相对较多的新内容。目标中所提到关于学前教育资源的内容主要包括"幼儿园资源"和"教师资源"两个方面,而这两方面也存在普及型教育资源与优质教育资源两个方面。

(1) 幼儿园资源建设。

"保基本"与优质建设并重。镇江市在最初制定目标时就秉承着"保基本"与优质资源建设并重,并力求不断提升优质资源在现有教育资源当中的比重,旨在更好地促进教育公平;逐步推进公办幼儿园与普惠性民办幼儿园的建设,并逐渐加大对普惠性民办幼儿园的管理力度,提升学前教育建设效率;在强调入园率、关注幼儿园覆盖率方面,渗透了对幼儿园资源的规划理念,能促进资源更加科学合理的配置;此外,协调城市与农村幼儿园发展,关注流动人口子女入学等都遵循了均衡发展促进教育公平的理念。而对早期教育的关注则有些后劲不足,但也不适宜跨太大步子,可与3—6岁阶段协调发展。

(2) 教师资源建设。

多方面建设,加强制度保障。镇江市从教师编制、教师学历、教师职称等多个方面加强教师队伍建设,并逐步增加免费师范生、非在编教师人事代理制度等举措来充实教师队伍;为提升师资队伍质量,制定教师的分层培养、教师培训周期制度及教师培训经费的规定。教师资源建设从某种程度上反映了镇江市学前教育资源建设中心由硬件设施建设向软件(教育教学质量)倾斜。这也是保证学前教育事业健康长效发展的必然趋势。

(二) 镇江市学前教育五年行动计划配套政策措施

学前教育事业发展是一项较为复杂的工作,不仅仅需要教育部门承担主要工作,财政、市政、工商、卫生等多个部门都要参与其中;学前教育事业也包含着多方面的工作,需要更为深入的规划和相关政策的进一步支持。根据《关于做好国家学前教育体制改革试点工作的实施意见》及《关于进一步深化学前教育体制改革试点工作的意见》所述内容,为配合完成前述目标,在行动计划推进过程中,镇江市所采取的政策措施在不同阶段也有一定变化。后一阶段的政策措施往往是在前一阶段的基础上的补充与深化,对前一阶段工作的结果及在工作中反映出的规划遗漏之处进行填补。例如,镇江市2011年颁布的《关于做好国家学前教育体制改革试点工作的实施意见》中提出了一个较为宏观的政策措施框架,总体内容较为丰富。而在工作过程中会有很多细节需要补充,同时也会发现要解决的新问题,而2012年《进一步深化学前教育体制改革试点工作的意见》所提出的深化改革措施就起到了这样的作用。此外,为推进五年行动计划,市政府和各县(区)政府也在相关文件指导下颁布了多项政策予以支持。

根据前面对目标任务的分析,政策措施仍可以从"制度体系建设""财政经费投入"及"学前教育资源建设"三个维度进行分析。

1. 制度体系建设：健全机制，加强管理

这方面要关注"健全学前教育管理机制"与"加强对学前教育事业的领导与管理"两个方面。

（1）健全学前教育管理机制。

第一，突出政府主导责任。在统筹规划、政策引导、制度建设、标准制定、投入保障、评估督导、日常监管等方面，各级政府都要切实履行责任，着重强调要将学前教育纳入规划、促进就近入园。政府同时也是创办幼儿园的主力，暗含公办幼儿园资源建设的需求，与此同时政府还要提出"多元办园、扶持和规范社会力量办园"的要求。在2012年深化事业改革措施中，也进一步说明要"健全公办民办协调发展机制"。这不仅可以满足人民群众对不同层次学前教育的需求，对普惠性民办幼儿园的扶持还可以将政府投入的效率提升，也可以吸引更多的力量加入到发展学前教育事业当中。

第二，建立统筹分管机制。辖市（区）政府负责统筹本地区学前教育事业发展，而辖市（区）镇（街道）负责具体工作，二者相互协调统筹分管机制，更有助于规划与资金投入。

第三，完善工作机制要政府统筹协调各部门，对全市学前资源统一规划管理。各职能部门分工合作可以形成推动学前教育发展的合力。教育部门要完善政策，制定标准，充实管理和教研力量，加强对学前教育的监督管理和科学指导；编制部门要确保公办幼儿园教职工编制不低于省定标准；发改部门要把学前教育纳入当地经济社会发展规划，支持幼儿园建设发展；财政部门要加大财政投入，制定支持学前教育的优惠政策；规划、国土和住建部门要落实城镇新建小区和农村新社区配套幼儿园的规划、用地；人社部门要制定幼儿园教职工的人事（劳动）、工资待遇、社会保障和技术职称（职务）评聘政策；价格、财政、教育部门要根据职责分工，加强幼儿园收费管理；综治、公安部门要加强对幼儿园安全保卫工作的监督指导，整治、净化周边环境；卫生部门要监督指导幼儿园卫生防疫保健工作；民政、工商、质检、安监、食药监等部门要根据职能分工，加强对幼儿园的指导和管理；妇联、残联等单位要积极开展对家庭教育、残疾儿童早期教育的宣传指导；要充分发挥村、居委会作用，建立社区和家长参与幼儿园管理和监督的机制。

(2) 加强对学前教育事业的领导与管理。

第一,建立并完善联席会议制度。各部门分工更要联动,镇江市成立了由分管副市长为组长,市教育、发改、财政、人社、编制、规划、国土、住建、公安、卫生、物价、妇联等部门参加的学前教育改革发展联席会议[①],联动学前教育发展所需部门,并根据人员变动适时对会议进行调整。通过联席会议协调各部门之间的工作,便于更好地统筹协调。

第二,结合实际需要,设立专职部门、人员及示范区。各地区相应设立专职部门,配备专门人员[②],健全学前教育管理网络;进行示范区建设,表彰先进,推广经验,营造事业发展氛围。以辖区(市)为单位进行五年行动计划制订,结合本区域经济社会发展状况和适龄人口分布、变化趋势,科学确定发展目标,合理分解年度任务,切实落实经费投入等保障措施,大胆探索,不断总结,培植典型,提供经验,形成特色。

第三,建立评估机制。评估机制可以确保发展学前教育的各项举措落到实处,取得实效。在2012年深入发展学前教育的各项举措中,政府提出了对幼儿园管理的进一步强化措施:严格准入制度及探索学区管理制度,同时再次强调了对无证办园现象的整治,并坚持完善联席会议的工作制度。此外,政府为配合学前工作的开展,在学前教育事业规划、幼儿园创办及管理、督导评估等方面颁布了具体文件,以进一步推进这几个方面工作的实施。

2. 财政经费投入:扩大投资渠道,建立投入机制

镇江市政府提出"多渠道加大学前教育投入,建立健全学前教育投入保障机制",积极尝试建立较为完善的资金投入机制。首先要保障经费投入,在此基础上保证经费科学合理使用。

(1) 保障投入。

无论是2011年还是2012年所提措施,都在强调要加大财政性经费投入。财政性经费投入是纳入政府预算的经费,不同于专项经费,是常规性质的投

[①] 镇江市人民政府.关于建立省学前教育联席会议的通知[EB/OL].中国镇江.http://www.zhenjiang.gov.cn/xxgk/zfwj/bgswj/201106/t20110607_517054.htm,2011-4-21/2014-9-2.

[②] 各辖市(区)教育部门要配备学前教育专职管理干部和教研员,镇(街道)中心幼儿园至少要配备1名学前教育辅导员,承担本辖区学前教育行业管理和业务指导的职责。

入。对于学前教育发展来说,是有保障的经费。而在保障财政性经费投入的前提下,也要建立专项经费,根据级别不同,其用处也不同。第二项被反复强调的措施是"多元投入",这可以减轻政府的财政负担。第三项为"健全成本分担制度"。初期根据幼儿园的不同性质,拟采用不同的收费标准,在后期深化改革时要明确政府、社会投资及家庭参与分担并确定分担参照的标准;"按非义务教育阶段"标准进行分担,该标准随学前教育事业的不断发展还有可以发展的空间。

(2)加强经费管理。

在保障投入的基础上,确保经费落到实处而且是被有效率地使用。2012年深化改革时还提出了对弱势群体的扶持,以及对部分地区免费教育的期待。

3. 学前教育资源建设

学前教育资源建设方面的措施,主要集中在"扩大学前教育资源"与"提升学前教育质量与水平"两个方面,而这又包括了学前教育资源(幼儿园资源与早教资源)和师资建设。

(1)学前教育资源角度。

由强调数量到强调合理规划布局,更加科学合理地提供教育资源;反复强调农村幼儿园建设,旨在促进城乡间教育资源的均衡化发展;将早期教育资源与3—6岁资源共同规划,更有助于协调发展。

(2)教师资源。

突出编制核定、强调严格准入和师资培养都是在根本上保证学前教育的质量,而相关人员的持证上岗更是对学前教育工作专业化的肯定。

三、镇江市学前教育五年行动计划实施情况及问题

在明确了学前教育发展目标与具体措施的前提下,纵观2011年至2012年镇江市学前教育情况,学前教育发展任务完成率达百分之百,部分地区超额完成任务。下面根据幼儿园事业发展情况、教师队伍建设中编制转岗教师与财政经费投入等情况进行说明。

(一) 镇江市五年行动计划实施情况

1. 幼儿园资源建设

截至2013年,镇江市新建、改扩建幼儿园74所,新增学位13 000多个;现有266所幼儿园(办园点)中,公办幼儿园比例为72%,省优质园比例为74%;园覆盖常住人口1.4万人;学前教育三年毛入园率在99%以上;在园幼儿67 390人中,在公办幼儿园就读幼儿比例为76%,在省优质园就读的幼儿比例为80%。

(1) 各类幼儿园数量及所占比例。

如图1,自2010年起,镇江市全市幼儿园的总数、成型幼儿园数量、公办园及非普惠性民办幼儿园数量不断增长,普惠性民办幼儿园数量有所减少;但从不同类型幼儿园所占比例来看,公办幼儿园的比例有所下降,普惠性民办幼儿园所占比例持续下降,而非普惠性民办幼儿园所占比例呈上升趋势。

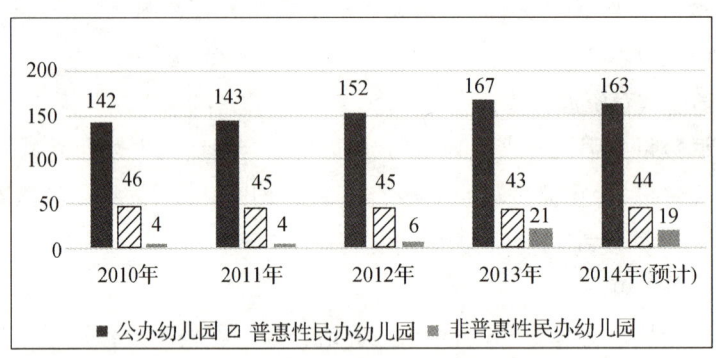

图1 镇江市幼儿园组成

(2) 优质园数量及所占比例。

在不断扩大幼儿园数量的同时,镇江市也在加强对优质幼儿园的建设,省优质园的数量在不断地攀升;在幼儿园总数中的比例也在不断升高;在省优质幼儿园就读的幼儿数量与比例不断提升,优质资源不断扩大(详情参见图2、图3)。

此外,镇江市不断推进学前教育均等化服务水平,开展了包括村园建设、小区配套园建设及扶持民办园建设在内的三个专项工作。

在建设农村园方面,镇江市把幼儿园建设纳入新农村公共服务设施统一规划,优先建设。2011年至今,投入近1.5亿,新建农村幼儿园11所、改扩建18

所,新增占地面积 144 391 平方米,新增建筑面积 149 852 平方米,新增学位 3 689 个,基本上每个镇均有 1—2 所以上的省优质公办园幼儿园。

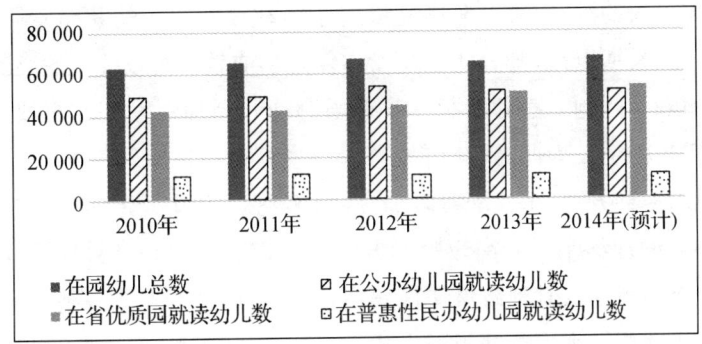

图 2　镇江市在园幼儿数量图

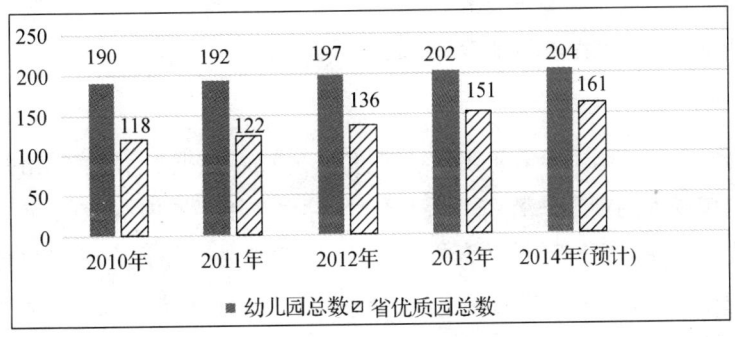

图 3　镇江市省优质园建设

在推进小区配套园建设方面,出台《镇江市区住宅小区配套学前教育设施建设管理实施办法》。近两年来,共新建小区配套幼儿园 14 所(其中公办 6 所,普惠民办 6 所),已交付使用幼儿园 13 所,投入近 11 554 亿,新增占地面积 77 250 平方米,新增建筑面积 59 151 平方米,新增学位 3 587 个。

在扶持民办幼儿园方面,采取政府购买服务、减免租金、以奖代补、派驻公办教师等方式,完善民办公助机制,引导和支持民办幼儿园提供普惠性服务。两年来,新建民办园 9 所,其中 7 所办成普惠民办园,对 3 所普惠民办园进行改扩建,共新增占地面积 65 432 平方米,新增建筑面积 45 550 平方米,新增学位 2 268 个。

2. 教师队伍建设

学前教育事业的发展与幼儿园建设并非仅仅是指房屋建设、设备购买。教育一定是关于人的活动,师资队伍建设对学前教育发展与幼儿园发展有着至关重要的意义。长期以来,师资队伍建设不仅是学前教育行政改革的突破口,更是不好解决的棘手问题。教师编制一直是限制幼儿园师资发展的瓶颈,影响师资队伍的充实与稳定。为此,镇江市教育行政主管部门以有利于区域幼教发展为出发点,利用多种方法、手段配置教师资源,实现幼儿园师资"增量"与"保质"的双重目标,从增加编制与转岗教师两方面入手,充实教师队伍,从数量上保证师资。同时,参照镇江市其他政策文件发现,镇江市还推行了非编制教师人事代理政策,通过保证相同水准待遇吸引人才。此外,在转岗教师培训、在职教师培养、优秀教师培养等方面也提出了相应措施。对教师学历、教师资格证持有率等方面也提出了相应要求。截至2013年,镇江市新增在编教师416人,公办教师比例为70%,公办园中在编教师占43%。

3. 财政投入

根据"2011—2013年学前教育经费投入一览表"数据显示,镇江市每年在学前教育领域投入的资金总数在不断上升、预算也在逐年增加;各地学前教育财政性经费投入及在同级财政性教育投入占比、财政性教育投入在学前教育投入所占比例均逐年提升,并在2012年有一个飞跃。从前述措施看,经费保障机制上"政府主导"凸显。分析数据发现:在学前教育经费来源方面,坚持以政府财政性经费投入为主导,财政性学前教育经费在同级别财政性教育经费中占比增长明显;在学前教育经费拨付方式方面,在形式多样的专项经费拨付基础上,当地积极探索生均公用经费等投入方式,并逐步着眼于人员投入;学前教育财政责任分担方面,以区县财政为主导,市级财政辅助。

(二) 镇江市五年行动计划实施过程中的问题

镇江市积极发展学前教育事业,促进布局合理、质量优良的学前教育体系的建立,不断加强事业的统筹规划、经费投入、监管力度。但在取得成果的同时仍然存在一定问题,如各辖区间发展存在差异,政府投入力度不同;硬件设施建设投入为主,财政经费后续投入如何继续发挥导向作用与如何监测经费使用不明确;外来流动人口带来的负担逐渐显现,地方财政压力过大;非普惠性民办幼儿园的发展如何协调监管;等等。

1. 幼儿园资源建设方面

(1) 普惠性民办幼儿园数量减少。

此阶段的学前教育行动计划强调"政府主导、大力创办公立幼儿园",公立幼儿园数量增加是必然现象,而由于公立幼儿园资源的增加,普惠性民办幼儿园生源会受到一定影响。如果政府相应的扶持政策无法跟上,必然导致普惠性民办幼儿园资源的流失。从幼儿在园数量及所占比例也可以看出相同的趋势,在公办幼儿园的幼儿数量的比例在上升,但普惠性民办幼儿园在园幼儿数量的比例却在下降(详情参见图2)。因此,要制定与普惠性民办幼儿园相关的政策措施,加大对其的经费支持,通过"购买服务"等方式加强对普惠性民办幼儿园的管理,从而促进政府经费投入使用效率的提升。

(2) 非普惠性民办幼儿园的跟风增长。

随着学前教育事业的发展,有很多投资者看到了商机,将经费投入到学前教育事业当中,但目的与政府兴建公办幼儿园不同,这就导致非普惠性民办幼儿园的数量增长。虽然不同阶层的家庭,对学前教育的需求不同,但大多数家庭需要的是具有普惠性质的学前教育服务,因此要加强对非普惠性民办幼儿园的监管。

(3) 无证办园问题解决的困境。

无证办园的情况依然存在,在这一方面未能完成2012年所制定的目标。无证办园是一个复杂的问题,需要寻求系统的解决方案,并非设立目标"一刀切"就能杜绝无证办园现象的出现。

(4) 流动人口涌入扩大需求缺口。

镇江市的入园率超额完成,成园覆盖人数也在不断下降。这一方面说明幼儿园资源逐渐合理分布,而另一方面也说明了外来人员进入镇江,加重了幼儿园建设的任务。在保证工作持续进展的同时,要将流动人员单独考虑,另谋对策,或与人员输出省份共同建设。

2. 教师队伍建设

正如前面所说,教师队伍建设一直是学前教育事业当中的短板。进一步扩大公办教师比例,提升教师待遇是今后应继续加强的工作内容。而"人事代理"

制度在很大程度上是一种应急措施,在当下不能给予更多公办教师编制的情况下补充教师队伍。而除了同等待遇外,如何保证以这种方式吸引的人才能长期留在教师队伍中?这些教师职业发展的前景如何?是否有相同的职业发展空间呢?这是需要进一步思考的问题。此外,教师的在职培养是需要进一步有政策支持的。现在的教师队伍中并非全部都是合格教师,仍有部分没有教师资格证的教师,在引进新生力量的同时,也要注重原有师资资源质量的开发与提升,合格教师专业能力提升也同样重要。而这些在过去的工作中未提升到与补充教师数量同等重要的地位。

3. 经费投入情况

在经费投入方面,镇江市各辖市(区)之间并不均衡,力度不一致,这会造成地区间发展差异。而在2012年经费激增源于专项投入,但学前教育事业发展欠账较多,需要的是不断的投入,后期还应加大投入来弥补之前的差距。企业办学与民办资金投入也在不断增加,但所占比例较少,扩大投资渠道必须重视企业办学与民间办学力量。此外,对于成本分担需要进一步理清、核算,找到政府投入与家庭支出之间的平衡点。

综上所述,镇江市学前教育行动计划在各项可量化的指标上完成的任务可观,幼儿园建设、经费投入、师资队伍建设都取得丰硕的成果,此外,在管理机制与学前教育体系建设方面也提出了很多政策,与之前所提措施并无二致。有部分政策需要进一步深化实施,如进一步规划调整学前教育资源布局,扶持普惠性民办幼儿园等。而出台《镇江市幼儿园办园水平督导评估实施方案》,则有利于建立学前教育督导评估制度,强化评估结果运用,促进学前教育质量的提高。

四、进一步发展镇江市学前教育事业的建议

通过对镇江市学前教育五年行动计划制订与实施情况的了解与分析,我们发现镇江市的学前教育事业基本上已经解决了"入园难"的问题,学前教育资源正在不断丰富,质量也在不断提升,政府财政经费支持力度较大,措施较为完备,但在促进教育优质均衡发展方面仍需进一步努力。在不断坚持实施之前行之有效的政策措施之外,针对现有状况与问题可提出进一步发展的建议。

(一) 加强幼儿园管理,促进行业规范发展

经过前一阶段的发展,镇江市的幼儿园数量已经有了明显的提升,但随着"单独二孩"政策这一新情况的出现及外来流动人口的迁入,创办幼儿园依然是工作任务之一。有了前面的基础,不断完善学前教育行政管理体系,规范办园行为,可以促进学前教育行业更加科学规范地发展。

1. 继续学前教育设施布局调整和建设

根据人口自然增长规律和城市人口流动趋势等,需要不断修改完善学前教育设施布局规划,并对已经建成的地理位置或规模不够科学合理的幼儿园进行改建或搬迁。此外,新建的学前教育设施主要集中在镇江市京口区、丹徒区等几个地区,今后新建项目重点应向农村和新城区倾斜。

学前教育作为一项重要的民生工程,为适龄儿童及家庭提供便捷的教育服务、帮助其就近入园是其功能的重要体现。随着国家社区工程的建设,严格落实《镇江市区住宅小区配套学前教育设施建设管理实施办法》(镇政办发〔2012〕155号),重点落实小区配套幼儿园"四同步"管理,即同步规划、同步建设、同步验收、同步交付使用,建好、管好、办好小区配套幼儿园,可以更好地促进幼儿园的合理布局,提升幼儿园的覆盖率,同时也减少了政府兴建幼儿园的工程量,提高政府事业推进的效率。

2. 扶持普惠性民办园

目前,镇江市幼儿园数量增长主要是由公办幼儿园和非普惠性幼儿园两种幼儿园数量增长造成的。非普惠性幼儿园虽然能提供学位,但与广大人民群众的需求切合度不高,也会增加家庭的投入负担,而兴建公办幼儿园,政府则需要大量的经费。考虑到镇江市流动人口的数量,如果全部兴办公办幼儿园无疑会对政府的财政造成不小的负担。而扶持普惠性民办幼儿园可以吸引多元化的资金进入到学前教育事业,也可以提升政府财政投入的使用效率。在之前的工作规划文件中也提到关于普惠性民办幼儿园扶持发展的内容,但从统计数据来看普惠性民办幼儿园并没有增长,相反却有下降的趋势。因此,扶持普惠性民办幼儿园建设发展,并加强对其的规范管理应是接下来的工作重点。制定出台民办幼儿园设立、变更、终止相关规定及普惠性民办幼儿园认定与管理办法,对民办

幼儿园与公办幼儿园实行统一的行业管理制度，在审批登记、分类定级、评估指导、教师培训、职称评定、资格认定、表彰奖励等方面享有与公办园同等的待遇，鼓励社会力量以多种方式投资兴办幼儿园。建立健全幼儿园财务管理和会计核算制度，以"委托管理""购买服务"等方式，加大公共财政对普惠性民办幼儿园的扶持力度。派遣优秀公办教师到普惠性民办幼儿园进行帮扶。此外，对经过认定并签订协议的普惠性民办幼儿园和未纳入事业单位机构编制管理范围的企事业办园、集体园，在生均公用经费、园舍维修经费、教师培训经费以及实施人事代理教师的社会保险费、人事代理费等方面，享受与公办园同等的待遇，建立普惠性民办园玩教具更新补贴标准。允许普惠性民办园适当上浮收费标准，并报当地物价部门备案。

3. 完善督导与评估机制

督察监管可以促进学前教育事业的发展，可以检验措施是否真正落实到位，并能帮助政府更加科学合理地进行今后的学前教育规划。镇江市已经颁布实施了督导评估制度，将学前教育纳入各级政府年度工作目标考核内容中进行督导。但随着工作的深入，新建、改扩建的幼儿园已经开始投入使用，加上优质学前教育资源建设的需要，将督导评估工作进一步科学化，不单单是对园所数量、教师数量、经费投入等具体数字进行评估，而是要深入督导幼儿园各项工作，加强对教学质量、教师培训质量、经费使用效率等方面进行监测。同时，贯彻落实《江苏省学前教育条例》，严格执行督导、收费、年检、经费投入、办园质量"五公示"制度，接受社会监督。开展市学前教育优质均衡发展区创建，对考核通过的辖市(区)给予表彰奖励。建立幼儿园办园水平等级评定动态督导评估制度，将政府督导结果、评估监测结果等作为幼儿园等级评定、收费等级确定和经费投入的重要依据，与园长、教职员工工作绩效以及资源配置、干部任用和表彰奖励相挂钩。

(二)坚持加大财政经费投入，扩大投资来源

政府的财政经费投入是学前教育事业发展的核心要素，镇江市在学前教育上的经费投入不断上升，但专项经费等短期投入在整体学前教育投入中占有较大比例。学前教育事业的发展是一个长期的过程，短期经费的注入固然重要，但

要让现有的发展成果长期保持,学前教育工作得到持续的资金支持,就必须不断加大财政性教育经费在学前教育领域投入的比例。这就需要不断完善学前教育投入机制。

因为多年来学前教育经费投入的缺失,学前教育财政预算须单列,以辖市(区)财政为主,配合五年行动计划实施,而市级财政以奖补方式扶持学前教育发展。镇(街道)也要安排一定的学前教育经费,用于支持本地学前教育事业发展,具体比例由各辖市(区)自行确定。落实《关于进一步深化学前教育体制改革试点工作的意见》(镇政发〔2012〕56号),确保学前教育财政性经费占同级财政性教育经费的比例达5%以上,新增教育经费向学前教育倾斜。核定的学前教育财政性经费与现有经费的差额部分,逐年补足。根据在编教师人数核定需投入的经费,落实《江苏省学前教育条例》第39条规定,建立生均经费标准、生均财政拨款标准,形成生均公用经费财政拨款标准动态调整机制。公办园(含农村集体幼儿园)和普惠性民办园中实施人事代理的非在编教师的社会保险费、人事代理费,财政分别按一定标准进行奖补,其中市财政承担奖补,其余部分由辖市、区财政承担。奖补经费由各辖市(区)根据教育督导部门对幼儿园的年度评估结果发放。此外,要结合本地区实际情况,参照小学阶段标准核定公办园和普惠性民办园生均财政拨款标准、园舍维修经费财政拨款标准等经费投入。继续实施困难儿童、残疾儿童保教费减、免、补助政策,鼓励有条件的辖市(区)实施在园农村幼儿免除一年保教费政策。

(三) 提高学前教育质量,在硬件建设投资基础上提升软件实力

镇江市近年来对幼儿园的建设一直秉承着"数量与质量并重"的原则,但在硬件设施快速发展过程中难免会出现软件实力相对落后的情况,而对于已经建成多年或改扩建而来的幼儿园,又可能在硬件设施方面存在不符合标准的情况。因此,对于学前教育资源的建设重点在于优质发展,即幼儿园的硬件达标、提升软实力,让大多数城乡适龄幼儿获得在省优质园就读的机会。

1. 硬件设施——幼儿园资源建设

幼儿园基础设施(园舍、场地面积等)、保教所需设备、玩教具投入等都属于硬件设施投入,是推动幼儿园教育的物质基础。

(1) 继续增加幼儿园数量,维持现有入园率。

随着"单独二孩"政策的实施、人口的自然增长,加之镇江市有一定数量的流动人口,仍须新增幼儿园。而《2010—2013年镇江市幼儿园事业发展情况统计表》表明,镇江市学前教育入园率已经超过百分之百,要进一步核算本地区(不含流动人口)的入园率,再确定需要达到的入园率水平。

(2) 加强幼儿园设施设备的配备。

一定比例成型幼儿园的设施设备须参照《江苏省幼儿园教育技术装备标准》Ⅰ类标准进行配备,但要结合地区实际情况,不能过高设定,也要防止某些幼儿园的过量配置。

(3) 设定玩教具更新补贴标准。

幼儿园教育教学具有特殊性,对玩教具的需求不同于小学,因此建议在生均公用经费外单独设立玩教具更新补贴项目。

2. 软实力发展——师资建设、优质园建设、促进工作专业化

所谓幼儿园的软实力即保教质量,而保教质量的保障是教师的素质、工作人员的专业化水平,综合体现为幼儿园的整体品质。

(1) 促进师资建设。

首先,要保证师资来源,充实教师队伍。制订学前教育专业师资委托培养计划,多途径解决新任教师来源问题。其次,要关注教师素质。对专任教师的学历要求要保证至少是大专学历,其他学历人员根据园所发展需求进行配置,鼓励教师在职提升学历。同时,必须持教师资格证上岗。通过职称评定等方式促进优质师资的发展。其三,要注重教师的可持续发展,健全教师培养培训体系。建立分层次、按需求、梯度式的保教人员培训体系,重点加强农村幼儿园、民办幼儿园园长和教师的业务培训,并设立培训经费。依托高校、名师、名园长基地和工作室,构建骨干教师学习成长的平台。其四,继续推进编制核定与人事代理制度,保障教师队伍稳定。根据《江苏省公办幼儿园机构编制标准》(苏编办发〔2013〕3号)要求,幼儿园教职工按照国家和省有关规定配备,公办幼儿园事业编制按师生比1∶16的比例核定事业编制总数,逐年增加进编计划,用于招录骨干教师和管理人员。不断扩大公办园中编制内教师所占比例;公办园非在编教师和普惠性民办园教师实施人事代理制度,其工资待遇参

照区域内公办幼儿园在编在职教师的平均工资。逐步缩小不同身份教师之间的收入差距。参加人事代理的教师,其养老、失业、医疗、工伤、生育等保险和住房公积金按城镇企业职工社会保险的规定执行,业务培训、职称评定、评优评先等方面享有与在编教师同等的待遇。

(2) 推进保教工作改革,提升保教质量和优质幼儿园比例。

推进幼儿园现代管理制度建设,明确幼儿园独立法人资格,园长为法人代表,附属于小学的公办幼儿园实现独立建制。规范幼儿园办园行为,严格执行国家、省定标准班额规定。探索建立办园点分类管理制度,引导无证办园点完善办学手续,彻底消除无证办园现象。充分发挥省优质园以及名特优教师的引领和辐射作用,探索建立幼教联盟、片中心教研组、幼教导师团等新机制,深化幼儿园课程游戏化保教活动研究,注重内涵发展,大力推进省优质园创建,努力缩小区域、城乡和园际的差距,全面提高各级各类幼儿园的办园水平。

(3) 提升幼儿园各项工作的专业化。

要保证幼儿园的教育教学质量,必须保证幼儿园的专业化程度。对师资队伍的建设就是提升教师专业化的过程,此外通过加强与高校以及国(境)内外学前教育机构的交流与合作,可以从理念、视野角度提升幼儿园整体专业化水平。而幼儿园工作中还会涉及如婴幼儿保健、饮食营养卫生等其他有专业需求的工作内容,这些工作的专业化程度也影响到幼儿园的整体发展品质。因此,首先要加强医教合作共建。制定出台《镇江市托儿所、幼儿园卫生保健管理办法》,建立由教育、卫生等部门共同参与的幼儿健康水平监测和评估机制,定期向家长及社会发布幼儿健康发展状况。为有接受普通教育能力的学龄前残疾儿童提供融合教育和指导服务,提高适龄残疾儿童接受学前教育的比重。按照每班"两教一保"要求配备保育员,保育员要具有幼师或高中以上学历,按照150名幼儿配备1名专职保健员的比例要求配备保健员,且必须具有国家认可的中专以上医学学历。保育员、保健人员、炊事员要做到持证上岗,定期接受当地妇幼保健机构组织的卫生保健专业知识培训①。鼓励保健员报考营养师资格考试。

---

① 教育部卫生部. 托儿所幼儿园卫生保健管理办法(卫生部教育部令第76号)[EB/OL]. 政策法规司. http://www.moh.gov.cn/mohzcfgs/s3576/201010/49391.shtml,2010-10-26/2014-09-2.

（四）推动学前教育城乡间、地区间、园所间均衡发展，促进教育公平

镇江市学前教育发展受多种因素的影响，地区之间发展并不均衡，导致适龄幼儿接受优质学前教育资源的机会不完全均等，此外不同性质水平的学前教育也需要平等的专业发展机会。因此，要促进城乡之间、园际之间均衡发展，保教质量和服务水平大体相当；适龄幼儿就近接受优质教育的机会均等，不同性质的幼儿园和不同身份的教师拥有平等发展的机会。要不断扩大市现代化先进幼儿园和省优质幼儿园所占比例，促进各辖市（区）均创建成省学前教育改革发展示范区、市学前教育优质均衡发展区。同时加强农村公办幼儿园建设，加大城郊接合部、农村偏远地区中心园分园、办园点的建设力度，颁布奖补标准。不断缩小城乡之间省优质园占比的差距，各地区公办园和民办园中省优质园占比大体相当。

五、结语

总之，学前教育事业的发展离不开国家政策的支持，江苏省推行的学前教育事业"五年行动计划"是国家学前教育事业"三年行动计划"的具体化。而镇江市作为这项工作推广的试点区域，结合本地区实际情况，将行动计划更加细化，在取得一定成绩的同时，也给今后工作开展指引了方向。在数量与硬件设施上满足民众对学前教育的需求后，如何提升学前教育质量，提供优质师资与专业教育，增强政府政策推行的有效性与针对性等问题应成为下一步事业开展的方向。而教育公平依旧是相关工作开展的前提与最终目的。

参考文献

[1] [日]大宫勇雄.提高幼儿教育质量[M].李季湄,译.上海:华东师范大学出版社,2009.

[2] 杜丽花,夏双辉.对学前教育三年行动计划中经费投入的反思[J].早期教育(教科研版),2014(04).

[3] 李季湄,冯晓霞.《3—6岁儿童学习与发展指南》解读[M].北京:人民教育出版社,2013.

[4] 李生兰.学前教育法规政策的理解与运用[M].南京:南京师范大学出版社,2012.

[5] 刘晖,张庆勋.两岸教育政策评论(第1辑)[M].广州:暨南大学出版社,2014.

[6] 刘小蕊,庞丽娟,沙莉.美联邦学前教育投入的特点及其对我国学前教育的启示[J].学前教育研究,2007(3).

[7] 柳倩,钱雨.国际学前教育公共投入的国家行动计划比较研究[J].全球教育展望,2009(11).

[8] 柳倩.普及学前教育政策的国际发展趋势述评[J].外国教育研究,2011(1).

[9] 庞丽娟,夏靖,孙美红.世界主要国家和地区弱势儿童学前教育扶助政策研究[J].教育学报,2010(5).

[10] 宋映泉.不同类型幼儿园办学经费中地方政府分担比例及投入差异——基于3省25县的微观数据[J].教育发展研究,2011(17).

[11] 孙代文.创新发展机制确保学前教育的公益性和普惠性[J].人民教育,2012(Z3).

[12] 王培峰.我国学前教育的五大结构性矛盾及其政策应对——兼论残疾儿童等弱势群体学前教育安排的政策思路[J].教育发展研究,2011(6).

[13] 邬志辉.中国农村教育评论:教师政策与教育公正[M].北京:北京师范大学出版社,2013.

[14] 虞永平."小学化"现象透视[J].幼儿教育,2011(10).

[15] 虞永平.试论政府在幼儿教育发展中的作用[J].学前教育研究,2007(1).

[16] 虞永平.完善体制机制深入推进学前教育三年行动计划[J].人民教育,2012(11).

[17] 虞永平.学前教育三年行动计划"重在行动"[J].人民教育,2011(6).

[18] 钟映.学前教育三年计划的成果以及对我国制定政策的启示——以甘肃省承办的国培计划为例[J].成功(教育),2013(7).

[19] 朱慕菊,李季湄.幼儿园教育指导纲要(试行)解读[M].南京:江苏教育出版社,2002.

江苏省幼儿园规范管理的制度考察

——以南京市为例

李晓敏

(南京师范大学教育科学学院 江苏 南京 210097)

摘要:加强幼儿园的规范管理,是提高学前教育质量的重要途径,也是促进学前教育事业健康发展的应有之义。本研究以南京市为例,通过调查问卷、访谈的方法搜集有关南京市幼儿园规范管理的信息,帮助"摸底"江苏省幼儿园规范管理的现状,探微管理过程中存在的问题,并从正式制度规约和非正式制度规约两个视角探讨完善幼儿园规范管理的路径,也为教育行政部门制定有关幼儿园管理政策提供决策咨询。

关键词:规范管理;政府投入;园长管理能力;教育督导

一、研究问题与相关概念

(一)研究背景

近年来,学前教育事业迅猛发展,为了规范幼儿园管理,国家先后出台了《幼儿园工作规程》、《幼儿园管理条例》、《幼儿园教育指导纲要(试行)》、《民办教育促进法》、《教育部关于规范幼儿园保育教育工作 防止和纠正"小学化"现象的通知》、《幼儿园收费管理暂行办法》等法律法规,在这些法律法规的规约下,幼儿园管理逐步走上制度化和规范化的道路。但是,幼儿园办学力量的多样化以及幼儿园入园人数的迅速增加,在促进我国幼教事业发展的同时也带来了一系列的问题。在办园条件方面,部分幼儿园的园舍、环境和设施并不符合国家卫生标准和安全标准;在保教工作方面,出现了"重教轻保",忽视游戏活动,体罚以及变相体罚幼儿等现象,且屡禁不止;在师资方面,有些幼儿园教师并未经过专门的培训和考核就上岗;在收费问题上,某些幼儿园存在乱收费的现象等。这些问题严重影响了学前教育事业的正常发展,加强幼儿园的规范管理变得迫在眉睫。

幼儿园管理之于幼儿园就如耕耘之于田地,辛勤耕耘过的田地岁稔年丰,疏于管理的田地五谷不升。幼儿园的管理直接关系到幼儿园的质量,具体地说,幼儿园的管理直接影响到幼儿的健康成长。规范的幼儿园管理,能够保障学前教育事业的健康发展,更重要的是能为幼儿的健康成长提供良好的成长环境。所以,本研究希冀探究江苏省幼儿园规范管理的现状,"摸底"幼儿园规范管理的整体水平,为本省幼儿园的管理提供可靠的信息,为教育管理政策的制定提供一定的参考价值。

(二)以南京市为例的缘由

本研究之所以以南京市为例基于两点原因。首先,南京市幼儿园的发展在江苏省具有一定的代表性。通过查阅《江苏省教育年鉴》获悉,南京市的幼儿园发展起步最早,其中陈鹤琴于1923年创办的鼓楼幼稚园是中国历史上第一所开展教育科学研究的幼儿园。1927年陶行知创办的第一个乡村幼稚园——燕子矶幼稚园奠定了南京市在江苏省学前教育史上的地位。这样悠久的幼儿园历史,加上新时期多种办园力量的汇集,使得南京市的幼儿园包容了城市和郊区、民办与公办、省市级及一般园等各种层次的幼儿园,这也使得南京市的幼儿园管理情况具有很强的代表性。其次,对于研究者而言,因为对南京市幼儿园比较了解,把南京市作为研究对象,在获取研究资料方面具有近便性和可靠性。

(三)概念界定与理解

1. 幼儿园管理的起源与目的

"管理"一词起源于西方的工业社会,管理是指一定组织中的管理者,通过实施计划、组织、人员配备、指导与领导、控制等职能来协调他人的活动,使别人同自己一起实现既定目标的活动过程。管理旨在有效地发挥有限的资源,达到组织的目标或最大限度地获取利益。对幼儿园进行管理也是近代才出现的活动,幼儿园管理的目的是有效组织配备幼儿园的各种资源,以期获得最好的效益。但对不同的利益群体而言,"效益"有着不同的含义。对私立幼儿园而言,效益可能更侧重经济效益;对公立幼儿园来讲,幼儿园的效益指最大限度地促进幼儿的发展。现实中虽然私立幼儿园侧重经济效益,但长远来讲,促进幼儿的充分发展是追求经济效益的前提。所以,无论什么类型的幼儿园,理应把幼儿的充分发展作为管理追求的目标。

2. 幼儿园管理概念

由于幼儿园管理是教育管理的下位概念,因此,对幼儿园管理的概念解释,应首先对教育管理的概念进行解释和界定。

教育管理[1]是运用科学手段,对各级各类教育行政机关和各级各类学校的各种工作所进行的计划、组织、指挥、协调、控制和评价,以最大限度地发挥人力、物力、财力、时间、空间、信息、声誉等各种要素的作用,从而使学校与社会以较小的投入获得较大的成果。对教育领导机关的管理又称为教育行政,对学校的管理又称为学校管理或学校运营。从上述概念可知,幼儿园管理是教育管理中学校管理的一个分支。

幼儿园管理是幼儿园为了实现教育目标,通过计划、执行、监督、总结等过程,协调组织机构内部所有资源,有效实现国家所规定的培养目标和幼儿园的工作任务而进行的所有一般职能活动[2]。幼儿园的管理主要包括两大方面:一是幼儿园内部管理,诸如保健工作、教育教学工作、组织机构和规章制度的建立与完善、总务后勤工作等;二是幼儿园工作的教育行政管理,比如幼教专业人才的培养规划和管理、教育事业的发展规划与计划管理、教育结构与分布管理等。对幼儿园园长而言,更侧重于前者;对于教育行政部门而言,更侧重于后者。

容易与幼儿园管理相混淆的是学前教育管理这一概念。学前教育管理是整个教育管理的组成部分,它是指学前教育行政人员和学前教育机构管理者遵循国家教育方针、保教工作客观规律,以管理原则为指导,采用科学的管理方式和

---

[1] 林崇德. 中国中学教学百科全书·教育卷[M]. 沈阳:沈阳出版社,1990:64.
[2] 张燕,邢利娅. 幼儿园组织与管理[M]. 北京:北京师范大学出版社,2000:24.

手段,将学前教育机构的财、物等资源合理组织,调动各方积极性,优质高效地达成培养目标的活动。从管理对象的范围来看,学前教育管理有三个层次:宏观的学前教育管理活动是指管理全国的学前教育活动,是指国家通过制定教育方针,并根据教育方针制定学前教育的政策;中观的学前教育管理活动,是指国家或政府对某一层次和某一方面进行的教育管理活动;微观的学前教育管理活动,是指学前教育行政机构内部和园所内部的教育管理活动。

从上述分析可知,幼儿园管理是指微观层次上的学前教育管理,本研究也采用此观点,即幼儿园管理是指幼儿园为了实现教育目标,通过计划、执行、监督、总结等过程,协调组织机构内部所有事务的活动。

3. 幼儿园规范管理

"规范"一词,有名词、动词等词性。作为名词,意指明文规定或约定俗成的标准。幼儿园规范管理取其动词之用,是指按照既定标准、规范的要求进行操作,使某一行为或活动达到或超越规定的标准。幼儿园规范管理,是指幼儿园按照国家和政府相关政策要求和幼儿的身心发展规律,管理、协调、组织幼儿园内部所有事务的活动。

二、研究方法与研究工具

(一)研究方法

本研究采用的主要研究方法是问卷调查法和访谈法。问卷调查的对象是3—6岁在园幼儿家长,从中获得有关幼儿园管理状况的宏观信息,并以对个别家长、幼儿园老师、园长的访谈作为辅助,深入了解幼儿园管理存在的问题。问卷调查法和访谈法相互辅助、相互佐证,使获得的信息更加全面、准确和可靠。

(二)幼儿园规范管理包含的内容及依据

幼儿园管理是一个宏大的系统,一般而言,幼儿园管理包括保育管理、教育管理、安全、卫生保健管理、房屋设施设备管理、财务管理、人事管理、后勤管理、家长工作管理、班级用品管理等多个方面,这些方面的管理对于幼儿园的正常运营都很重要。但是其中最能反映幼儿园管理水平和现状的是与幼儿和家长密切相关的保教工作管理、安全卫生管理、收费管理三个大的方面,这三个方面的管理在《幼儿园管理条例》、《幼儿园工作规程》、《教育部关于规范幼儿园保育教育工作 防止和纠正"小学化"现象的通知》,以及江苏省《托儿所、幼儿园卫生保健管理办法》(征求意见稿)、《南京市学前教育管理办法》、《关于南京市幼儿园收费管理实施意见的通知》等相关的法律法规中也占据着非常重要的地位。

研究者在编制"南京市幼儿园规范管理调查问卷(家长版)"以及"南京市幼儿园规范管理访谈提纲(教师或园长版)"中涉及的规范管理的内容以及规范管理的标准,都是参考、采纳以上法律法规的。

(三) 问卷的编制

1. 问卷编制的原则和内容来源

本研究使用自编问卷"南京市幼儿园规范管理调查问卷(家长版)"。问卷在编制的过程中坚持两个原则。首先,题目的设置以《幼儿园工作规程》、《幼儿园管理条例》以及《南京市幼儿园管理暂行办法》等指导性文件为依据,选取关键的、与幼儿及其家长密切相关的部分作为问卷题目的母体;第二个原则是以幼儿及其家长的切身利益为中心。幼儿园的管理涉及范围比较广,幼儿园各方面的工作开展对幼儿的发展的效用不是完全对等的,本问卷挑选与幼儿及其家长利益密切相关的方面进行调查,集中主要力量解决关键问题。

问卷主要以《幼儿园管理条例》(以下简称《条例》)、《南京市幼儿园管理暂行办法》为依据。《条例》是针对幼儿园的管理问题而制定颁布的,目的在于使幼儿园的管理有章可循,推动幼儿园管理的科学化和法制化,使幼儿教育事业朝着健康、正确的方向发展。《条例》对整个学前教育管理有重要的引导价值,这也成了研究者重要的参考文件。

《条例》中涉及幼儿园微观层面的管理主要包括保育和教育工作的管理,具体包括五个方面:① 保教结合原则,促进幼儿的全面和谐发展;② 幼儿园招生和编班的规定;③ 游戏应成为幼儿园的基本活动形式;④ 尊重幼儿道德权利,严禁体罚和变相体罚幼儿;⑤ 幼儿园的安全、卫生保健制度。除了以上五个方面,在《条例》中对幼儿园的收费及财务管理也作了明确的规定。

2. 问卷的维度设计和说明

《条例》中有关幼儿园管理的内容为本问卷提供了基本的内容框架,通过参考《幼儿园工作规程》、《南京市幼儿园管理暂行办法》等相关的法律法规丰富、完善问卷细节,并在相关专家的帮助下,最终形成问卷成稿。问卷问题包括三大部分。第一部分为导入语部分。第二部分为基本信息题。该部分的题目设置旨在了解幼儿园的规模、办园性质、幼儿园等级等基本信息。第三部分为规范管理现状题。本部分的问题围绕以下主题展开,主题一:幼儿家长对幼儿园管理的哪些方面比较满意,哪些方面不满意;主题二:幼儿园的保育与教育管理,具体包括教育内容、教育形式、班额、教师配备、教师资质等方面;主题三:安全卫生管理,具体包括幼儿园接送安全、安全逃生演习管理、食品安全、心理安全、医护人员的配备、定期体检的情况;主题四:幼儿园收费管理,主要了解幼儿园收费是否合理、收费标准是否有经公示、是否有变相收费的现象。

本问卷设计包含四个维度(见表1)。维度一:考察幼儿家长对幼儿园管理整体情况的满意度,体现在问卷中的第5、6题项上;维度二:考察的是幼儿园保教管理方面,体现在问卷中的第7、8、9、10、11、12题项上;维度三:考察的是安全卫生管理,体现在问卷中的第13、14、18、19、20、21、22、23、24题项上;维度四:主要考察的是幼儿园的收费管理,体现在问卷中的第15、16、17题项上。第一维度的计分是选择某选项得1分、没有选择某选项得0分,主要用来分析家长满意的方面和不满意的方面的频次。问卷第二、三、四维度的计分方法是根据规范管理达标的程度分为4个等级;3分是完全达标;2分是基本达标;1分是不达标;0分是完全不达标。如在问卷的第22题,您孩子所在的幼儿园组织定期体检的情况是:A. 每学年2次以上;B. 每学年2次;C. 每学年1次及以下;D. 从来没有体检。如果选A得3分;选B得2分;选C得1分;选D得0分。所以下文涉及项目管理平均分时满分不超过3分。

3. 问卷的发放与回收

据南京市教育局的统计数据显示,南京有550多所幼儿园。研究者在各区的大商场、快餐厅及公园分发问卷,对象主要是有幼儿在场的家长。通过随机抽样的方法对随机遇见的南京市各区幼儿家长进行不记名的调查问卷和个别访谈,对同意给予配合的家长,研究者会赠送幼儿一张贴画作为奖励。这一问卷先在小范围进行试测,之后对一些问题进行修改,最后再在大范围内进行发放。研究人员共发放问卷 130 份,回收问卷 130 份,剔除废卷 12 份,得到有效问卷 118 份。本研究所有的数据均采用 spss17.0 软件进行分析处理。

表 1 "南京市幼儿园管理情况调查问卷(家长版)"的维度说明

维度	考察目的	题项	计分方式
维度一	家长对幼儿园管理的满意情况	5、6	第 5 题满意得 1 分 第 6 题不满意得 1 分
维度二	保教管理	7、8、9、10、11、12	第 9 题根据选项和幼儿所在的班级的匹配情况计分,其他题目正向计分。
维度三	安全卫生管理	13、14、18、19、20、21、22、23、24	正向计分
维度四	收费管理	15、16、17	正向计分

三、制度规约下幼儿园规范管理的分析结果

(一)南京市幼儿园规范管理概况

1. 家长对幼儿园规范管理整体情况的满意度

幼儿园管理是个系统的工程,任何一个方面的管理不善都会影响幼儿健康、全面的发展。保教管理、安全卫生保健管理、收费管理、房屋设施管理、人事管理、后勤管理等是幼儿园管理的重要组成部分。幼儿及家长作为幼儿园管理的密切利益相关群体,他们的满意度在一定程度上反映了幼儿园规范管理的状况。

为了了解家长对南京市幼儿园管理整体的满意度,问卷中设计 3 道题目调查该满意度。首先让家长在 9 项幼儿园管理内容中选出非常满意的几项,再从 9 项管理中选出不太满意的几项。其中,安全卫生保健管理与人事管理的差异最明显(如图 1 所示)。幼儿家长对安全卫生保健管理、教育管理、保育管理 3 项的满意度最高,其中安全卫生保健管理的满意度高达 88%。

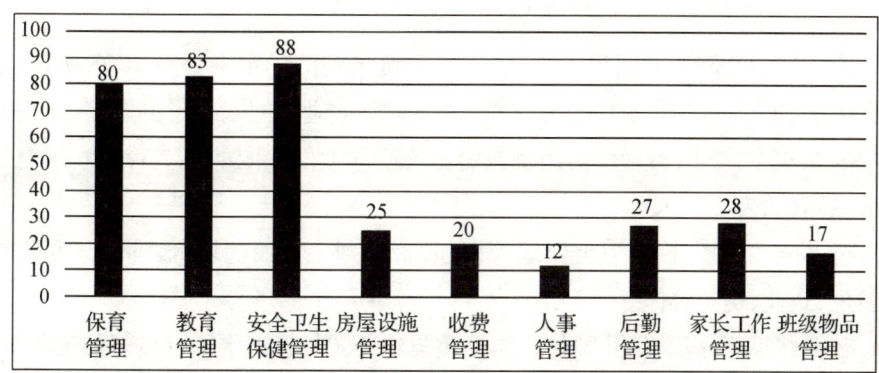

图1 幼儿家长比较满意的管理项目频次分布

幼儿家长不满意的管理方面显示了幼儿园管理工作中存在的问题,家长不满意的管理项目差异不是太明显(如图2所示),其中房屋设施管理的不满意程度最高。在访谈过程中了解到,让家长不满意的是私立幼儿园活动面积小,幼儿活动设施设备不健全。有的家长还反映,幼儿园房屋老旧,楼梯、窗户等设施存在安全隐患。数据显示,其中有60位家长对幼儿园管理工作没有不满意的地方。

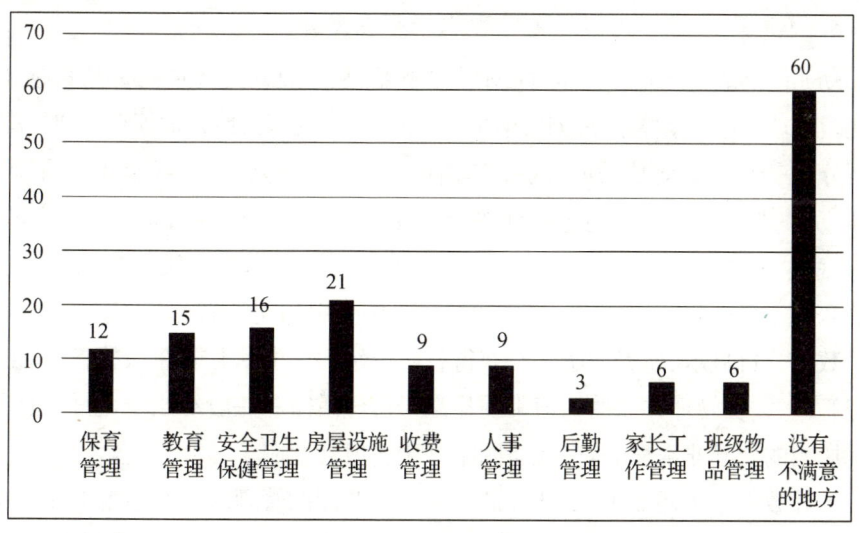

图2 幼儿家长不满意的管理项目频次分布

2. 不同性质的幼儿园规范管理状况

南京市幼儿园的办园力量多元,本研究搜集到的样本中公办园65所,占总样本的55.1%;私立园46所,占总样本的39%;企业、单位、街道办园7所,占总样本的5.9%。办园力量所占用资源的不均衡导致幼儿园的规范管理水平有明显的不同(如表2所示)。

公办园在保教管理、卫生保健管理、收费管理三方面的均分,均高于私立园和单位、企业、街道办园。

数据结果还显示,幼儿园的办园性质与幼儿园的管理水平有显著的正相关,即公办园的规范管理整体水平最高,单位、企业、街道办园次之,私立幼儿园规范管理水平最低。

表2 不同性质的幼儿园规范管理均值分布

幼儿园性质	保教管理均值	卫生保健管理均值	收费管理均值	管理总分均值
公办园	2.33	2.45	2.28	7.04
私立园	2.24	2.29	2.1	6.63
单位、企业、街道办园	2.31	2.25	2.19	6.77

3. 不同等级的幼儿园规范管理水平存在差异

幼儿园等级是幼儿园整体质量水平的标签,从一般意义上讲,办园质量越高的幼儿园管理工作的整体水平应该越高。南京市的幼儿园按照评估等级评估标准评定可分为三个等级:省优质园(或省实验园、示范园)、市优质园(或市实验园、示范园)以及一般幼儿园(没有通过任何等级评定)。在118个样本中,一般幼儿园38个,占总样本的32.2%;市优质园46个,占总样本的39%;省优质园34个,占总样本的28.8%(如图3所示),三个等级的幼儿园所占比重分布较为均衡。

数据分析显示(如表3所示),获得省级等级评定的幼儿园在保教管理、卫生保健管理、收费管理方面的均值都明显高于市优质园和一般幼儿园,省优质园与市优质园的差异非常显著,市优质园略好于一般幼儿园。

统计数据结果还显示,幼儿园的等级与幼儿园的管理水平有显著的正相关,即省优质园的规范管理整体水平最高,市优质园次之,一般幼儿园规范管理水平最低。

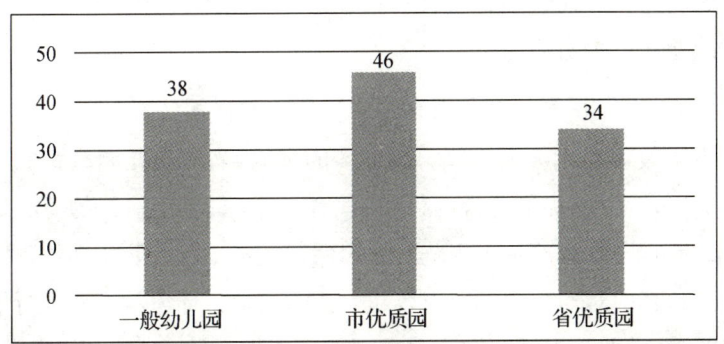

图3 样本中不同等级幼儿园的分布

表3 不同等级幼儿园规范管理均值分布

幼儿园等级	保教管理均值	卫生保健管理均值	收费管理均值	管理总分均值
省优质园	2.42	2.48	2.34	7.24
市优质园	2.31	2.38	2.18	6.87
一般幼儿园	2.24	2.28	2.12	6.64

(注:每项管理的平均数满分为3分,管理总分均值为9分)

(二)南京市幼儿园各方面规范管理情况探微

1. 安全卫生管理状况良好,保教管理次之,收费管理稍有失范

保教管理、安全卫生管理两者直接关系到幼儿的健康、全面发展,收费管理是影响家长对幼儿园工作满意度的重要影响因素。数据分析显示(如表4所示),安全卫生管理的均值为2.37分,标准差为0.641;收费管理的均值只有2.2分,标准差0.78。保教管理居于中间位置。

表4 幼儿园管理各方面统计量

统计量	保教管理	安全卫生管理	收费管理
平均数	2.28	2.37	2.2
标准差	0.664	0.641	0.78

(注:平均数满分为3分)

数据结果显示,安全卫生管理在家长中的满意度较高,且不同幼儿园在保教管理得分之间的差异性较小。而收费管理工作有失规范,公办幼儿园和私立幼儿园之间的差异更为明显。

2. 保教管理工作整体情况良好,但超班额的现象仍然存在

由于应试教育和社会上一些不良宣传的影响,当前幼儿园教育"小学化"的现象日益突出,严重干扰了正常的保育、教育工作,损害了幼儿的身心健康。为此,教育部颁布了《教育部关于规范幼儿园保育教育工作 防止和纠正"小学化"现象的通知》,其中对幼儿的学习内容、学习方式、学习环境等方面进行了明确的指示。对照《教育部关于规范幼儿园保育教育工作 防止和纠正"小学化"现象的通知》中有关"小学化"倾向的特点,调查数据表明,南京市幼儿园"小学化"倾向不明显。

数据统计结果显示(如表5所示),幼儿学习内容的得分为2.39,意味着大多数幼儿园的教育内容以语言、科学、艺术、健康、社会方面的启蒙教育为主,但是较大的标准差透漏出以"读、写、算"为主的教学活动还是存在的。教育方式得分2.09,这一分值代表的意义是幼儿学习的方式是"集体教学与自由游戏各占一半"。教师配备和教师资质两项得分较高,这一结果表明大多数幼儿园都能严格按照《幼儿园教职工配备标准(暂行)》配备幼儿园教师,保证每班有2教1保的师资配备,教师也具备相应的幼儿园教师资格证和保育员证。《幼儿园工作规程》规定:幼儿园大班35人,中班30人、小班25人。数据显示,幼儿园班额得分1.48,即在调查中小班人数超过25人、中班人数超过30人、大班人数超过40人的情况普遍存在,更有甚者,小班人数超过40人。也就是说,大部分的幼儿园班额都没有达到国家制定的标准,超额班现象普遍存在。

表5 幼儿保教管理各项目统计量

统计量	幼儿学习内容	教育方式	班额	教师配备	教师资质
平均数	2.39	2.09	1.48	2.77	2.69
标准差	0.85	0.62	0.72	0.52	0.61

(注:平均数满分为3分)

将保教管理各项目得分进行相关分析,其相关矩阵见表6,幼儿的学习内容与保教教师资格具有显著的正相关,也就是说,具备保教教师资格的教师,在保

教活动中更能遵循幼儿的身心发展特点,合理科学地安排教学内容,有效地遏制"小学化"倾向。

保教教师人数与班额呈负相关,原因在于每班教师人数相对固定,但是无限制地扩大班额,就会导致保教人数与班额呈负相关的现象。

数据分析还显示,幼儿园规范办学行为与保教教师人数呈显著的正相关。如果幼儿园在教师人员配备上达标,均配有3名保教教师,这在一定程度上说明幼儿园办学行为规范,这也就意味着幼儿园在招聘工作人员的时候也会严格遵守幼儿园人员资质要求;相反,如果幼儿园工作人员配备不健全,说明幼儿园力量薄弱,在一定程度上限制了其招聘合格工作人员的行为。

表6 保教管理各项目相关矩阵

项目	学习内容	学习方式	班额	保教教师人数	保教教师资质
学习内容	1	0.113	−0.003	0.154	0.568**
学习方式	0.113	1	0.014	0.161	0.181
班额	−0.003	0.014	1	−0.216*	−0.165
教师人数	0.154	0.161	−0.216*	1	0.323**
教师资质	0.568**	0.181	−0.165	0.323**	1

(注:** $P<0.01$,* $P<0.05$)

3. 幼儿园安全卫生管理整体水平较高,但各项目之间参差不齐

幼儿园的安全卫生保健管理直接关系到幼儿的生命健康,不慎的管理可能给幼儿的整个人生带来不可挽回的损失。校车、食品卫生、体罚与变相体罚等危害幼儿身心健康的现象时有发生,如何加强幼儿园安全卫生保健管理成为非常重要的议题。

安全卫生的有效管理可以为幼儿的健康成长提供一个良好的大环境。在问卷中,对安全卫生管理中的体罚、接送安全、意外事故、心理卫生等方面的得分很高,特别是心理卫生得分2.87,说明几乎没有幼儿在幼儿园受到老师的嘲笑、训斥、恐吓、冷落等。调查结果还显示,在幼儿园发生的意外事故极少,意外事故情况得分2.8,这在所有的项目得分中是非常少见的高分(如表7所示)。

表 7 安全卫生保健管理各项目的统计量

统计量	体罚情况	逃生演习	接送安全	意外事故	饮食安全	心理卫生	保健人员配备	体检频率	传染病应急
平均数	2.55	1.91	2.66	2.8	2.61	2.87	1.86	1.9	2.2
标准差	0.79	0.61	0.64	0.51	0.59	0.46	1.07	0.72	0.5

(注:平均数满分为3分)

《托儿所、幼儿园卫生保健制度》中明确规定,要为幼儿提供新鲜、营养均衡的饮食;幼儿园的小朋友每半年进行一次常规体检,每一年进行一次全面体检;要设置相应的保健室,配备合格的保健人员;建立突发疾病和传染病的应急隔离机制。南京市保健人员配备相对不太规范,《托儿所、幼儿园卫生保健工作规范》有关保健人员配备的规定是按照收托150名儿童设1名专职卫生保健人员的比例配备。而调查结果显示(如表7所示),南京市保健人员配备得分1.86,标准差1.07,这说明有大部分幼儿园保健人员配备不达标,并且幼儿园之间的差别很大。

表 8 安全卫生保健管理各项目相关矩阵

项目	体罚情况	逃生演习	接送安全	意外事故	饮食安全	心理卫生	保健人员配备	体检频率	传染病应急
体罚情况	1	0.009	0.229*	0.118	0.044	0.327**	0.329**	0.066	−0.084
逃生演习	0.009	1	0.272*	0.053	0.023	0.048	0.108	0.414**	0.046
接送安全	0.229*	0.272*	1	0.095	0.235*	0.417**	0.208*	0.297**	0.104
意外事故	0.118	0.053	0.095	1	−0.037	0.211*	0.021	0.243*	0.032
饮食安全	0.044	0.023	0.235*	−0.037	1	0.131	0.088	0.084	−0.014
心理卫生	0.327**	0.048	0.417**	0.211*	0.131	1	0.196*	0.101	0.082
保健人员	0.329**	0.108	0.208*	0.021	0.088	0.196*	1	0.231*	0.048
体检频率	0.066	0.414**	0.297**	0.243*	0.084	0.101	0.231*	1	0.215*
传染病应急	−0.084	0.046	0.104	0.032	−0.014	0.082	0.048	0.215*	1

(注:** $P<0.01$,* $P<0.05$)

幼儿定期体检可以帮助家长和幼儿教师监控幼儿的身体发育情况,对幼儿生长发育过程中出现的问题及早发现、及时治疗。《托儿所、幼儿园卫生保健工作规范》中规定:幼儿园的小朋友每半年进行一次常规体检,每一年进行一次全面体检。统计结果显示,幼儿定期体检的得分为1.9,整体水平较低,标准差为0.72,不同幼儿园之间的差别比较大。深入分析发现,公办幼儿园会定期组织常规体检,而私立幼儿园一般很少组织体检。

安全卫生保健管理各项目之间具有一定的相关性。数据显示(如表8所示),幼儿园的体罚情况与心理卫生之间相关系数为0.327**,呈显著的正相关,原因是这两者之间具有内在的一致性。教师对幼儿的不良教育行为,包括体罚和心理惩罚,这两者常伴随产生,素质较低的教师在对幼儿进行身体惩罚的同时也会伴有语言上的训斥、挖苦等心理惩罚。

统计结果显示,保健人员配备与体检频率之间的相关系数为0.231*,保健人员的配备比较健全的幼儿园在一定程度上表现出对幼儿健康状况的关注,这样一来,定期组织幼儿体检也成为幼儿园安全卫生保健工作的重要组成部分。同时,保健人员的主要职责是监测幼儿的健康状况,配备了保健人员,幼儿的定期体检工作必然得到关注;相反,保健人员配备欠缺的幼儿园,幼儿的定期体检工作也会受到影响。

其中要作出特别说明的是,虽然数据显示接送安全与逃生演习、饮食安全、心理卫生、体检频率之间呈明显的正相关,这是因为这几个项目都是呈正态分布,分数走向趋势相近,但几个项目之间没有实质上的相关关系。比如说,接送安全得分高的幼儿园,饮食安全不一定得分高,因为这是两种不同性质的管理层面。数据中出现的相关关系是一种偶然,并不能说明问题的实质。

4. 收费管理整体良好,但也存在部分乱收费现象

收费问题直接关乎千家万户的经济利益。学前教育阶段没有纳入义务教育范围,这意味着幼儿的学费实行的是"成本分担制",政府、幼儿园、家长各担负部分的学费,家长力量单薄,所以对幼儿园收费问题特别敏感,如果此问题解决不好,直接关系到社会稳定。总而言之,收费问题的管理是一个非常敏感的社会问题。《南京市幼儿园收费管理实施意见》中不同级别的幼儿园的收费标准、收费标准公示、是否存在乱收费现象则被用作衡量幼儿园管理情况的风向标。

统计结果显示(如表9所示),南京收费是否合理得分为2.6,这里的费用主要是幼儿在园的保教费用,通过参阅《南京市幼儿园收费标准》,不难发现,保教

费用比较合理。但是0.8的标准差从另一个侧面反映了不同幼儿园收费标准的差异,公立幼儿园收费相对较低,而个别"天价幼儿园"和"贵族幼儿园"严重影响了幼儿园的市场秩序。

幼儿园收费公示制度,是指幼儿园应在醒目位置通过设立公示栏、公示牌、公示墙等形式,向社会公示收费项目、收费标准等相关内容,做到明白收费、公开监督,这是家长监督幼儿园收费信息的重要窗口。数据显示,南京市幼儿园收费公示的情况比较良好,但是0.85个单位的标准差意味着仍有部分幼儿园不敢公示自己的收费标准,不敢直面社会的监督。

表9 收费管理各项目的统计量

统计量	收费标准是否公示	收费是否合理	是否存在乱收费现象
平均数	2.37	2.6	1.64
标准差	0.85	0.8	0.7

(注:平均数满分为3分)

最值得担忧的是幼儿园的乱收费现象,统计结果显示,幼儿园乱收费现象在南京市还比较普遍,主要表现在如,幼儿园开设兴趣班或特长班强迫幼儿参加,从而收取费用,等。这些现象可以从是否存在乱收费项目平均数为1.64得以证明。这一数据说明,在"是否存在乱收费现象"这一题项中选择"有特色班,强迫参加,参加收费"这一选项的人数居多。

统计结果还显示(如表10所示),幼儿园收费是否公示与收费标准是否公示有明显的正相关。如果幼儿园收费完全符合规范管理的规定,就不会畏惧公示自己的收费标准,接受社会的监督;相反,收费不符合规定,过高收取保教费用,幼儿园也不敢公然面对社会的舆论和监督。

表10 收费管理各项目相关矩阵

项目	收费标准是否公示	收费是否合理	是否存在乱收费现象
收费标准是否公示	1	0.374**	−0.058
收费是否合理	0.374**	1	0.069
是否存在乱收费	−0.058	0.069	1

(注:** $P<0.01$,* $P<0.05$)

四、存在问题

(一) 南京市幼儿园规范管理整体情况良好

通过对多方资料的分析,研究者认为,南京市幼儿园规范管理总体情况良好,主要表现在两个方面:首先,管理机制健全,集中体现在管理工作有章可循;其次,家长和教师的满意度较高。

通过查阅南京市有关幼儿园管理的文件和通知发现,南京市教育行政部门和相关管理部门有关幼儿园管理的文件比较齐全,涉及的范围也比较广泛,例如,《南京市学前教育管理办法》《关于南京市幼儿园收费管理实施意见的通知》《南京市学校食品卫生安全监督管理手册》《南京市学校和托幼机构传染病防控工作规范》《南京市学校预防和控制突发公共卫生事件长效管理办法》等,这些文件和通知涉及管理工作的方方面面,为幼儿园管理自身工作提供了规范,使得幼儿园的各项管理工作有据可依。在访谈过程中,多名幼儿园教师表示,自己所在幼儿园有多达 10 项以上的规章制度,幼儿园的管理工作都是有章可循的。

调查数据也显示,幼儿家长对幼儿园安全卫生保健管理、教育管理、保育管理 3 项的满意度最高,其中安全卫生保健管理的满意度高达 74.6%。这 3 项工作与幼儿的健康成长关系最为密切。家长对幼儿园最不满意的方面所占的比重只有总体的 17%。

(二) 不同性质的幼儿园规范管理水平差异显著

多种力量办园在减轻政府负担、满足幼儿多种教育需求等方面起到了非常重要的作用。调查结果显示,公办园在保教管理、卫生保健管理、收费管理三方面的均分均高于单位、企业、街道办园和私立园。

幼儿园的性质与幼儿园的规范管理水平呈正相关的原因在于:三者所拥有的教育资源分配不均衡。公办园除了有政府投入作为强有力的后盾、硬件设施优越外,也容易吸引优秀的园长和教师任职。优秀的园长和教师是幼儿园管理不可取代的宝贵资源。园长丰富、先进的管理经验,以及高素质的工作搭档,都是幼儿园管理中的优势。另一方面，公办园作为政府出资的幼儿园，教育行政部门对其的监督和管理相对比较严格，这在一定程度上促进了公办园不断提高其管理水平。与之形成鲜明对比的就是私立园，私立园必须接受市场的挑战，在保证基本的保教工作的同时必须尽可能多地降低人力成本，这就导致私立园教师队伍整体素质相对较低，领导班子队伍薄弱，这一切都直接导致园长工作压力大，各方面的管理工作就会有漏洞。同时，政府鼓励社会力量办园，而对幼儿园的注册管理监督不够，导致一些幼儿园基础设施设备存在安全隐患，幼儿园教师配备不达标，这些因素都使得私立园的管理水平整体较低。

（三）幼儿园的等级与幼儿园的管理水平呈显著正相关

幼儿园的等级与幼儿园的管理水平呈显著正相关，幼儿园等级越高规范管理水平就越高。省优质园与一般幼儿园在管理水平上存在显著差异。省优质园在保教管理、卫生保健管理、收费管理方面的均值都明显高于市优质园和一般幼儿园，省优质园与市优质园的差异非常显著，市优质园略好于一般幼儿园。

幼儿园等级与幼儿园管理水平具有内在的一致性，幼儿园管理水平是幼儿园整体质量的重要表现，管理工作是幼儿园整体工作的重要组成部分。两者的内在一致性主要表现在两个方面：第一，南京市幼儿园等级评估中，管理工作是重要的评估指标。幼儿园要达到一定等级水平，管理工作的水平起重要的支撑作用。此外，定期的幼儿园等级复查工作对幼儿园的各项工作，包括管理工作起到了监督作用。另一方面，获得相应等级的幼儿园会得到政府相应的奖励，这种奖励一般是资金投入，这对幼儿园提升其整体工作质量是一种有效的激励，幼儿园为了上升等级或保持最高的等级一定会不断完善其管理工作，提高规范管理水平。然而，一般幼儿园无法通过等级评定，完善其管理水平的动机较弱，抱着"得过且过"的心态，缺乏改善管理水平的动机，更有甚者，有些幼儿园为追求最大限度的经济利益，不惜违规运行。近年的幼儿园校车超载、喂药事件都是这种现象的最好佐证。

（四）保教管理水平整体较高，但幼儿园班额超标现象必须加以重视

保教水平是幼儿园管理水平的集中体现，是家长选择幼儿园的首要参考标准，也是衡量一个城市的幼儿园整体质量的重要指标。调查结果表明，南京市幼

儿园保教管理水平比较高,但仍需要努力完善的是要控制幼儿园的班额。

南京市幼儿园保教工作中每班教师的配备、教师资质、保教内容、保教方式4个方面均呈现良好的状态,这些因素为幼儿园的全面发展创造了一个良好的环境。但对照《幼儿园工作规程》的规定(幼儿园大班35人,中班30人,小班25人),大部分幼儿园班额都没有达到国家制定的标准,超额现象普遍存在。

大班额的现象为保教质量的提升埋下了隐患。美国对班级人数和儿童成长关系的调查研究表明:在小班额的班级生活中,特别是当其带班教师又是受过幼儿专业培训的情况下,儿童在活动和协调性方面呈现明显的优势。保育者接纳并激励儿童,儿童处于主动学习的状态,并和其他人保持着良好的关系。可以推测,体验和亲历这样类型的保教经历的儿童能够很快地掌握在标准测试中所测量的那些知识技能。与此相反,大班额中的儿童,如果带班教师本身没有接受过幼儿教育专业的培训,那就呈现出完全不同的情况。适当的班额不仅便于幼儿园教师的组织和管理,更关键的是教师能与每一位幼儿进行良好的沟通和互动,这对幼儿的全面发展是非常重要的。

(五) 安全卫生保健管理呈良性发展,但要避免忽视逃生演习、定期体检带来的安全卫生隐患

安全卫生保健管理关乎幼儿的生命健康,安全卫生事故一旦发生将造成不可挽回的后果,幼儿园的安全卫生管理应本着"防患于未然"的原则,做好安全卫生教育。

幼儿身体和心理发展不成熟,在遇到地震、火灾等突发的安全事故时保护自身生命安全的能力弱,往往会造成严重的后果。调查结果呈现的数据显示:南京市幼儿园逃生演习教育频次不够。

根据人类大脑皮层活动规律中的动力定型原则[①],整个幼儿园阶段1—2次的逃生演习根本不能教会幼儿在突发事件中采取有效的自我保护行动。根据这种特点,逃生演习对年龄越小的幼儿越要经常进行并不断提醒。

---

① 动力定型原则是指:当身体内外部的条件刺激按照一定的顺序多次重复不变以后,大脑皮层的兴奋和抑制过程在时间、空间上的关系就固定下来,当前一种活动成为后一种活动的条件刺激,条件反射的出现就越来越恒定和精确。

幼儿的定期体检可以对幼儿身体生长发育情况进行有效的监控和干预,特别是牙齿、身高、体重、视力等常规项目的体检。现在越来越多幼儿肥胖、近视、龋齿,因此就更要求幼儿园及时监控幼儿的生长发育情况,早发现、早干预、早治疗。

(六)幼儿园收费监管不力,乱收费现象难以根除

收费问题是幼儿园管理中的顽疾,南京大部分幼儿园收费管理很规范,严格按照上级部门的要求收取保教费用,并合理地使用教育经费。但收费问题仍须得到特别的关注。

调查结果显示,部分幼儿园收费管理混乱,具体表现为:幼儿园收费标准的公示制度不完善;部分家长表示收费偏高,变相收费的现象普遍存在。幼儿园收费问题是影响家长满意度的重要因素。

变相收费和收礼现象严重。在调查过程中研究者发现,乱收费现象有两种。第一种:幼儿园开设特长班或兴趣班进行变相收费。幼儿园开设特长班、兴趣班满足了拓展幼儿兴趣爱好的需要,但是幼儿园强迫幼儿参加特长班、兴趣班进行收费的现象还是存在的。有家长表示,幼儿园开设特长班、兴趣班名义上不会强制幼儿报名,但是幼儿教师会在正常教学活动中冷落幼儿,给幼儿施加心理压力。对未参加兴趣班的幼儿,教师会通过在日常课堂上联系或讲授兴趣班的内容,孤立幼儿,从而达到让家长妥协的目的,最终把幼儿圈进幼儿园自己开设的特色班或兴趣班。第二种:教师变相收取家长的礼品。部分家长心态不端正,为了使孩子在幼儿园受到特殊的待遇,会在一些特殊的节日,如教师生日、教师节等节日送给教师贵重的礼物,其他家长不甘"落后",纷纷给教师送礼。送过礼的孩子在幼儿园会受到青睐,而没有送礼的孩子有时会受到不公平的待遇。

收费偏高的现象一般出现在私立幼儿园。公立幼儿园由于政府投入较多,会严格执行上级物价部门关于收费的规定。私立幼儿园收费偏高的原因有三:首先,政府投入不足是宏观原因;其次,私立幼儿园办园成本较高;最后,由私立幼儿园的性质决定。而其中政府投入不足是私立幼儿园收费过高的根本原因,但也不排除存在个别私立幼儿园恶意高收费以迎合家长需求的因素。

五、教育政策执行视角下探究幼儿园规范管理的经验、问题与对策

幼儿园规范管理的实质是幼儿园执行、实施相关政策法规的过程,学者邓旭

认为,教育政策的执行受到正式制度和非正式制度的双重影响。"制"确立教育政策执行的边界,"度"给教育政策执行留下了空间。正式制度是以国家强制的法律法规为手段,通过科层制的平台执行教育政策。正式制度对教育政策的规约表现出强制性、规范性、科层制和理性的特征。正式制度之外,非正式制度中的潜规则、人际关系与教育信仰对政策的执行有重要影响力。南京市幼儿园规范管理中呈现出来的问题,可以从政策执行的研究视角找到其根源。

(一)制度和非制度规约下南京市幼儿园规范管理成功经验探索

学前教育相关政策从出台到教育行政部门以及幼儿园层面的政策宣传、政策传达直至幼儿园和教师的政策具体执行过程,是一个不断的"交易、谈判和政治互动"的复杂过程。正式制度的规约为幼儿园规范管理提供了"刚性"的框架,南京市健全的管理制度为学前教育政策提供了法律的保障。这主要包括:全面的管理法规和文件、严格的管理督导体制、幼儿园园长过硬的业务素质。这些硬性因素的保障是南京市幼儿园规范管理整体水平较高的重要原因。

南京市的幼儿园管理整体水平良好,在学前教育领域堪称是学习的典范,良好的管理水平来源于政府、教育行政部门、幼儿园园长和家长等各方的相互配合与协调。政府的投入支持和引导是幼儿园规范管理的领路人;教育行政部门的监督和督导是幼儿园规范管理的重要保障机制;幼儿园园长较高的管理能力是幼儿园规范管理的关键力量;家长正确的育儿观念是对幼儿园规范管理的重要支持。

1. 不断跟进政府对学前教育的投入

2013年南京市在全国率先全面实施普惠性的"幼儿教育助学券"制度,秋季学期开始对包括流动人员子女在内的全市13.3万符合兑现条件在幼儿园就读的适龄幼儿,按照每人每年2 000元标准享受政府发放的幼儿助学券,投入经费达1.33亿元。2014年市委市政府联合出台了《中共南京市委市政府关于促进学前教育普惠优质发展的实施意见》明确从2014年秋季新入学的小班幼儿开始,全年全市各区统一实行"学前一年基本免费"制度,保持了原助学券政策在惠民济困方面的联系性和稳定性,这一举措在全国同类城市和全省都走在前列。

"学前一年基本免费"制度是南京市学前教育投入的一个缩影,充分的学前教育投入为幼儿园的规范管理提供了坚强的后盾。

2. 健全的管理、监督和激励机制

南京市教育行政部门对学前教育的管理体制是分区管理、分工负责。南京市设立专门的教育督导机构——教育督导室。教育督导室在学前教育领域的主要任务是:制订全市教育督导工作计划并制定有关规章制度,代表市人民政府对区级人民政府和教育行政部门、学校(幼儿园)贯彻执行教育方针、政策、法律法规情况和教育管理工作进行监督、检查、评估和指导。

南京市还通过设立幼儿园评级制度鼓励幼儿园提高幼儿园整体质量,对通过相应等级的幼儿园进行专项政府资助,这在一定程度上激励幼儿园不断完善自身工作,提高办园整体质量。

有效的督导和激励机制,将引导幼儿园的规范管理,鼓励幼儿园提高其管理水平。

3. 健全的幼儿园管理制度

幼儿园规范管理要有"法"可依,没有统一的幼儿园管理规范,各类幼儿园各行其道,势必导致幼儿园管理陷入混乱状态。南京市对幼儿园的管理,有比较全面的幼儿园管理规范(如前所述)。这些幼儿园管理规范基本覆盖了幼儿园管理的各个方面,为幼儿园的规范管理提供了依据。

教育行政部门的规范管理,具体要落实到幼儿园的各项管理制度的制定,指导幼儿园具体管理工作的开展。调查南京某市级优质园,该幼儿园处于郊区,共有各项管理制度42项,包括三大类:园务管理制度、保教工作制度、家长工作制度,覆盖了幼儿园各项活动开展所应遵循的制度。幼儿园自身健全的管理规章制度,使幼儿园的管理工作井然有序。

4. 园长管理能力较强

南京市幼儿园园长管理能力整体较强,这是南京市幼儿园规范管理的关键因素。南京市主要通过以下几个途径加强园长管理能力。首先,会定期对园长进行培训。这是园长获得管理知识和才能的主要途径。南京市定期组织园长进行专题培训,使园长掌握了系统的、全面的幼儿园管理方面的知识。其次,对新出台文件精神的传达。教育行政部门会组织集体学习,对文件的精神进行传达,以便园长能更好地落实。最后,幼儿园园长也自发组织民间的园长协会和团体,就幼儿园管理问题进行交流、学习和分享。

就教师"收礼"的问题对南京某些幼儿园教师进行访谈得知,园长在处理这一问题时各有妙招。访谈记录如下:

调查者:大家过教师节或者一些特殊的节日是否会收到过家长的礼物?都有些什么东西?

教师A:家长和小朋友一起做的贺卡,家长订的花。

教师B:还有巧克力!

教师C:听以前的同事讲,她们还收到了家长给的购物券。

调查者:你们所在的幼儿园都是什么性质的幼儿园?公办还是私立?

教师A:公办园。

教师B:我们是集体园。

教师C:私立园。

调查者:听一些家长反映,有些幼儿教师会收一些手机、香水啊等名贵的礼物,你们怎么看?

教师A:我们幼儿园管得很严的,我们每次开学都要签订一份承诺书,不能收家长的礼物和以个人名义找家长办私事。

教师B:我们幼儿园每年都会让家长给教师一个评议,不记名,家长如果举报了你,你就完蛋了,园长就会开除你。

教师C:我们要求没那么严,但是园长经常吓唬我们,说有的幼儿园教师收了人家的礼,结果小孩出了事,家长跑到学校扇了教师耳光,说:"给了你钱你还照顾不好我家孩子。"结果,人家把老师告了。

调查者:从在座各位的个人立场上讲,你们觉得应不应该收家长的礼?如果相关部门不管的话!

教师A:可以收小朋友自己做的礼物,不能收钱、手机、购物券啊!要是我,我不收,收了人家的手短啊!再说如果小朋友知道了,会给他们留下不好的印象。

教师B:说白了,咱们工资这么低,真是"拿着卖白菜的钱,操着卖毒品的心"！天天累死了！但是如果收了，我们就把污浊的社会风气带进了幼儿园！良心上过不去啊！幼儿家长也是，给我们送礼就是不相信我们，不相信我们能平等地对待每一个孩子。家长也有责任！

教师C：我觉得收礼是个别人的行为，但是如果"个别人"太多了，就会形成行业风气。送礼在哪一个行业都有，我们的社会大风气就这样。有的教师可能会嘴上说不收，但是如果幼儿园的其他教师都收了，她也会经不住诱惑。

调查者：谢谢你们的合作！

从南京市幼儿园园长在教师收礼问题上的解决方式，就可以看出园长们的管理素质。他们机智地运用承诺书、家长监督、思想教育等手段捍卫了这一行业的清誉。

（二）制度和非制度规约下南京市幼儿园规范管理中存在问题的缘由探析

从研究结论部分获悉南京市规范管理中突出的问题是：收费乱象、班额超标、定期体检意识较差。问题的表象掩盖了这些问题的本质原因：政府投入不足、监管不力与园长管理素养不高。南京市幼儿园管理不规范的症结之一就是制度系统存在着各种各样客观上的和主观上的"纠结"。在一个市场化的社会中，哪怕是最公益化的政策，在实践的过程中都要遭遇与现实的对话，受各种利益群体的重新解读，在解读中各种利益群体的诉求相互碰撞，相互磨合，才成为这个政策在现实中的实际定位。我们的幼儿园管理工作在很多情况下是对策性管理，发现问题，出台政策，希望毕其功于一役。但是在教育政策执行的过程中，管理部门常常打"遭遇战"，碰到很多意想不到的干扰，其中一些干扰来自"体制"的那些因素，也可能来自对象群体形成的利益情结、愿望、习惯等因素。

1. 制度规约下探讨南京市幼儿园规范管理存在问题的症结

（1）政府投入和监管——"偏向与默许"。

我国的幼儿园的管理体制是"地方负责，分级管理"和"有关部门分工负责"。地方负责即政府负责，强调各地方政府把幼儿教育事业当作基础教育的重要环节来抓,要贯彻国家有关幼儿教育的方针政策、规章制度,对地方幼教事业的发展做出规划和布局方案,管理当地幼儿园。所以南京市政府是南京幼儿园管理的重要的领导力量,教育局是教育工作管理的主要阵地。政府的力量对幼儿园管理起着引领性的作用,这就将幼儿园管理过程中突出的收费管理欠佳主要原因指向政府。

首先,政府对私立幼儿园的扶持力度不够。这种政府对公办园与私立园投入的偏向是私立幼儿园收费参差不齐的首要原因。公办园的收费机制是分担制,政府、幼儿园、家长三方分担,其中政府分担的比重较大,家长所缴纳的费用相对较少。而私立幼儿园的本质是以营利为目的,政府投入太少,幼儿园的成本主要由家长来承担,这就导致部分私立幼儿园收费偏高,还有部分幼儿园以各种兴趣班和特长班为名义吸引家长,增加家长的教育支出。政府也试图对私立幼儿园乱收费现象进行整治,但在市场经济大环境下,幼儿园收费管理还是相对混乱,备案制度形同虚设,民办幼儿园的公益性逐渐弱化,部分民办幼儿园采取降低投入成本,增加收费项目,提高收费额度等手段,以牺牲幼教质量为代价,追求经济利益的最大化。这些现象之所以没能得到根本改善,是因为政府没能抓住导致收费混乱的真正原因。

另外,政府的监督力度不够。主要在于,政府的监督对不同类型的幼儿园监督的重点不同。对于私立幼儿园,在增加政府投入的过程中,要规范对私立园收费的监督,激烈的市场竞争使幼儿园收费备案制度形同虚设,管理制度出现"反弹",时松时紧,对私立园收费监管不能只停留在突击检查和举报监督层面,要形成对收费管理的长效机制,对收费违规的幼儿园进行严厉的惩罚,真正使监督成为强有力的干预手段。

(2)优质教育资源需求与供给的矛盾短期内无法消解。

政策层面良好的目标和理念与现实执行层面的实际需要是很难契合的,南京市优质教育资源较同类城市相对比较充足,但优质幼儿园结构性紧缺,就我国学前教育发展水平来讲,优质教育资源需求与供给的矛盾短期内无法消解。现实中,优质幼儿园和一般幼儿园之间的巨大差距仍然是不争的事实。这种资源的不平衡为"收取赞助费"的不良社会现象提供了生长的温床。

2. 非制度规约下探讨南京市幼儿园规范管理存在问题的症结

微观政治学认为,教育政策执行潜规则的种种现象归根结底是基于利益获得的博弈和冲突①。面对有限的教育资源,特别是优质教育资源,正式制度的某些常规力量,如法律法规、组织制度和教育机制有时显得特别苍白,非正式制度的不良人际关系便慢慢滋生,导致信息不对称和暗箱操作,形成了学前教育管理过程中的潜规则,潜规则的执行导致了"赞助费"这种管理过程中的异化现象。

(1) 家长、园长与教育行政部门之间的"潜规则"。

在功利取向为主导的市场经济下,信仰的缺失必然造成人无法对生活及对生命的意义进行完整的解读,缺乏对规则的敬畏。尽管管理部门明令禁止收取"赞助费"的行为,但是"潜规则"在优质教育资源相对不足的情况下对正式制度的法力起着消解作用。"潜规则"是指没有成文但已是心照不宣的某些规矩,它不公开,但在各个领域却得到大多数人的默许和遵守,成为相关法律法规之外的另一套行为准则和规范,是各行业游离于法律之外的"行规"和"惯例"②。

随着社会的进步与发展,独生子女的家庭越来越多,竞争日益激烈的社会环境也促使了家长对子女提出了更高的要求。为了让孩子能够取得成功,可以说受教育者的竞争从孩子一开始接受教育时便开始了,一个优质幼儿园的择校费用比得上一所好的高中,在这种观念的指引下,家长在孩子的教育投资上可以说是不惜血本。南京市近 600 所幼儿园,其中省级优质园和市级优质园共有 353 所③,约占总园数的 58%,但这并不能解决家长的需求,市级优质园并不是幼儿园家长目光的终点,竞争促使他们优中选优。

(2) 部分园长的职业素养有待提高。

我国对幼儿园的管理实行园长负责制,《幼儿园管理条例》第二十三条规定:"幼儿园的园长负责幼儿园的工作。幼儿园园长由开办幼儿园的单位或个人聘任,并向幼儿园的登记注册机关备案。"《条例》明确了幼儿园实行园长负责制。园长负责制是指幼儿园在上级的宏观领导下,以园长全面负责为中心,同党支部保证监督、教职工民主管理有机结合,为实现幼儿园的工作目标、充分发挥领导职能的三位一体的管理新格局。园长是幼儿园主要行政领导,对幼儿园的工作

---

① 邓旭.教育政策执行的研究:一种制度分析的范式[M].北京:教育科学出版社,2010:177.
② 邓旭.教育政策执行的研究:一种制度分析的范式[M].北京:教育科学出版社,2010:165—166.
③ 南京市教育局.省级优质幼儿园一览表[EB/OL].中国南京. http://www.nanjing.gov.cn/zxfw_6528/xinzhutifuwu/jyfw_20963/xqjy/sjyzyeyylb/201310/t20131024_1856611.shtml,2013-10-24/2014-8-20.

全面负责,是园所工作的计划者和组织者,在完成幼儿园工作中处于关键地位。

幼儿园的保教工作、安全卫生保健管理工作、收费管理工作等都需要园长的组织和把关,园长的自身素养对幼儿园的管理工作有很大的影响。首先,园长具备的管理知识和经验直接影响幼儿园的管理水平。全面、系统的管理支持体系帮助园长在错综复杂的工作中理出思路,建立常规管理途径。其次,园长的个人业务素质对幼儿园管理的影响也比较大,能否站在幼儿园长远利益的立场上考虑问题,能否在是非问题上确定立场,这都关系到一个幼儿园的发展方向,做出这些判断仅仅依靠丰富的管理知识是不够的,这需要园长具有处理幼儿园业务的丰富的个人业务素质,这些业务素质的积累主要来源于园长自己的工作经历。

南京市幼儿园规范管理水平提升的关键除了政府的投入到位外,作为幼儿园的管理者,园长的素养也需要不断地提升和拓展,特别在幼儿园数量快速增加的时代,园长对幼儿园整体质量的提升至关重要。除了完善园长的准入制度外,还要为新园长的在职培训进行规划,促使新园长成为学习型园长。

(三)完善幼儿园规范管理的路径探索

探究完善幼儿园规范管理的途径是对南京市幼儿园规范管理现状调查的落脚点。针对调查研究发现的问题,可以通过以下措施来完善南京市幼儿园规范管理。

1. 增加政府的有效投入

南京市政府对幼儿园的投入在全国同类城市和全省都位于前列,但为了切实解决幼儿园规范管理中的问题,政府投入的发力点有二:其一,增加优质教育资源,缓解"超班额"的现象;其二,增加对私立幼儿园的投入。

"超班额"的问题为幼儿园质量的提高埋下了隐患,班额太大并不是实质性的幼儿过多,而是结构性的班额太大。优质资源的相对有限性,导致家长的竞争,这就导致好幼儿园班额过大,而一般的幼儿园(如私立幼儿园)还面临着招生难的局面。政府应加大对一般幼儿园的投入,把潜在的优质资源挖掘出来,通过增加一般幼儿园的投入,分配优质的园长和教师,达到增加优质幼儿园资源的目的,从而缓解班额过大的危机。

私立幼儿园为本市学前教育的普及作出了很大的贡献,但在收费问题上却引起了争议。政府要打压部分"天价"幼儿园,但对于私立幼儿园学费普遍高于公办幼儿园收费的现象,政府要做的是对私立幼儿园进行适当的投入,使得私立幼儿园在维持幼儿教育质量的基础上有适当的盈利,这样做的长远目的是为私立幼儿园的幼儿的健康成长提供良好的环境。

2. 对收取"建设费"的行为和收礼行为进行有效监督和严格处理

收取"建设费"不仅仅是一个教育问题,也是一个社会问题。教育行政部门没有办法去干预家长的不端正心态,但对于幼儿园违规收费的行为应该进行查处。对这种严重危害教育事业健康发展的不良现象,教育行政部门和财政部门不能再"视而不见",政府的这种"不作为"的行为只能助长幼儿园这种收取"建设费"行为愈演愈烈。

幼儿园是对幼儿进行启蒙教育的场所,教师的失范行为不仅对幼儿成长产生不利的影响,还会污浊整个行业的风气。部分教师的收礼行为,要及早发现,避免此类现象在整个幼儿园蔓延,以防造成整个幼儿园行业的教师不规范行为。园长要对此类教师进行批评教育,对已收取的财物进行退还。园长也应利用"家长教育学校"或者"家长开放日"对家长进行教育,使其明白每一个幼儿在幼儿园都会平等地得到老师的关爱,促使其为幼儿的健康成长树立好的榜样。

3. 提高园长的整体素质

(1) 加强对私立幼儿园园长的管理业务培训。

上述南京市对幼儿园园长进行的定期管理培训,对新颁布的法律法规、通知进行集体的学习等教育行政部门组织的活动多是以公办幼儿园园长为对象,私立幼儿园园长学习分享的机会比较少,但是他们要面临的管理问题要比公办园多,园长自身的管理能力将决定该私立园的管理水平,为了整体提高幼儿园园长的管理素质,教育行政部门对公办园和私立园的园长在教育培训方面要一视同仁,并且在条件允许的情况下对私立幼儿园进行专门的培训和指导。

(2) 坚定园长和幼儿教师的教育信念。

信念从哲学层面上理解:"价值是意识形态的观念形式之一,是人们对某种现实和观念抱有深刻信任感的精神状态。它常常是行为和思想中被恪守的东西。"①由此可知,教师的教育信念是教师对教育活动观念具有深深信任感的精神状态,是思想和行为中被恪守的价值理念和坚信不疑的认识,是从事实践活动的精神支柱,是人们自觉行动的激励力量。幼儿园管理过程中,教师和园长的信念是影响教育管理水平的重要因素,幼儿园和教师能否按照相关规定履行义务,能否抵制利益的诱惑,在很大程度上取决于他们的职业信念。

信念作为心理层面的品质是不能通过教育直接奏效的,教育信念的树立主要通过教师和园长自我反省。除此之外,通过开展对优秀教师先进事迹的学习,也可感染幼儿教师和园长的情感,坚定幼儿教师的职业信念。

六、结语

南京市作为江苏省的一个典型,南京市幼儿园规范管理做得好的方面,江苏省其他市要学习和借鉴;南京幼儿园规范管理有待提高的方面,其他市要自省、审查,借鉴提高。具体地讲,江苏省幼儿园规范管理情况整体良好,其中保教管理、安全卫生管理得到家长的认可,但是仍然存在个别方面管理失范,影响了江苏省幼儿园规范管理的整体水平。江苏省幼儿园规范管理的重点应该放在对私立园、农村幼儿园的建设、投入、管理和督导以及对部分幼儿园收取高额"建设费"、教师收取礼品的现象,进行严格的监管,以提升江苏省的幼儿园规范管理水平。

参考文献

[1] 陈孝彬.教育管理学(修订版)[M].北京:北京师范大学出版社,1999.

[2] [日]大宫勇雄.提高幼儿教育质量[M].李季湄,译.上海:华东师范大学出版社,2009.

[3] 国家教育委员会.国家教委关于实施《幼儿园管理条例》和《幼儿园工作规程(试行)》的意见[EB/OL].法律图书馆. http:// www.law-lib.com/law/law_view.asp? id=6195,1989-12-16/2013-11-18.

---

① 王卫东.教师的职业信念问题探索[J].华东师范大学学报(社会科学版),2000(4).

[4] 国务院办公厅. 国务院办公厅转发教育部等部门（单位）关于幼儿教育改革与发展指导意见的通知[EB/OL]. http://learning.sohu.com//2004/04/12/06/，2004-04-12/2013-11-20.

[5] 教育部. 教育部关于规范幼儿园保育教育工作 防止和纠正"小学化"现象的通知[EB/OL]. 中华人民共和国教育部. http://www.moe.gov.cn/publicfiles/business/htmlfiles/moe/s3327/201201/129266.html，2011-12-28/2014-07-14.

[6] 南京市教育局. 关于下发《南京市学校和托幼机构传染病防控工作规范》的通知[EB/OL]. 中国·南京. http://www.nanjing.gov.cn/njszf/bm/wsj/200802/t20080226_1214610.html，2008-02-26/2014-07-14.

[7] 南京市教育局. 预防和控制突发公共卫生事件长效管理办法[EB/OL]. 南京校园安全信息网. http://www.njedu.gov.cn/default.php?mod=article&do=detail&tid=669758，2008-06-22/2013-01-25.

[8] 溧水区教育局. 关于溧水县幼儿园收费管理实施意见的通知[EB/OL]. 中国·南京. http://www.nanjing.gov.cn/njszfnew/qzf/lsq/lsqjyj/200803/t20080318_1889273.html，2006-06-26/2014-07-14.

[9] 南京市人民政府. 南京市学前教育管理办法[EB/OL]. 中国·南京. http://www.nanjing.gov.cn/njszf/szf/200803/t20080307_1180391.html，2005-09-07/2014-07-14.

[10] 卫生部解读《卫生部·托儿所幼儿园卫生保健工作规范》[EB/OL]. 中华人民共和国中央人民政府. http://www.gov.cn/gzdt/2012-05/22/content_2142742.htm，2012-05-22/2014-07-14.

[11] 王卫东. 教师职业信念问题初探[J]. 华东师范大学学报（教育科学版），2000(4).

[12] 邢利娅，张燕. 幼儿教育管理理论与实践[M]. 北京：北京师范大学出版社，2002.

[13] 国家教育委员会. 幼儿园管理条例[EB/OL]. 中华人民共和国教育部. http://www.moe.edu.cn/publicfiles/business/htmlfiles/moe/moe_620/200409/3132.html，2013-03-20/2014-07-14.

[14] 国家发改委,教育部,财政部.关于印发《幼儿园收费管理暂行办法》的通知[EB/OL].中华人民共和国教育部.http://www.moe.edu.cn/publicfiles/business/htmlfiles/moe/s7503/201201/129509.html,2011-12-31/2014-07-14.

[15] 张燕.学前教育管理学[M].北京:北京师范大学出版社,1995.

[16] 周三多.管理学[M].北京:高等教育出版社,2000.

附录一 南京市幼儿园规范管理调查问卷(家长卷)

尊敬的家长:

您好!

本人系"江苏省幼儿园规范管理情况的调查研究"课题组的成员,为了研究我省幼儿园管理情况,为规范幼儿园管理建言献策,特制订此问卷。**本研究仅供研究使用,不涉及任何利益问题,我们会恪守科研道德,为您提供的信息严格保密**,请您放心填写。您所填写的信息的真实性对本研究有着十分重要的作用,希望您能如实填写,确保信息的准确性。

谢谢您的支持与合作!

基本信息题:

1. 您孩子上的幼儿园在:(请在相应的方框内划√)

   □ 玄武区　　□ 鼓楼区　　□ 建邺区　　□ 秦淮区
   □ 江宁区　　□ 栖霞区　　□ 浦口区　　□ 雨花台区

2. 您孩子上的幼儿园的性质是:
   A. 公办园　　　　　　　　　B. 私立园
   C. 企业、单位、街道办园　　D. 其他

3. 你孩子所在班:
   A. 小班　　B. 中班　　C. 大班　　D. 幼儿园刚毕业

4. 您孩子所在的幼儿园类型是:
   A. 一般幼儿园,没有任何等级　　B. 市优质园、市实验园
   C. 省优质园、省实验园　　　　　D. 其他

客观现状题:

5. 您认为您孩子所在的幼儿园,哪些方面的管理您比较满意:(可多选,请

在相应的方框里打√)

- ☐ 保育管理
- ☐ 教育管理
- ☐ 安全、卫生保健管理
- ☐ 房屋设施设备管理
- ☐ 收费管理
- ☐ 人事管理
- ☐ 后勤管理
- ☐ 家长工作管理
- ☐ 班级物品管理
- ☐ 其他

6. 您认为您孩子所在的幼儿园,哪些方面的管理不尽如人意:(可多选,请在相应的方框里打√)

- ☐ 保育管理
- ☐ 教育管理
- ☐ 安全、卫生保健管理
- ☐ 房屋设施设备管理
- ☐ 收费管理
- ☐ 人事管理
- ☐ 后勤管理
- ☐ 家长工作管理
- ☐ 班级物品管理
- ☐ 其他

7. 您孩子所在的幼儿园学习的内容是:

A. 以读、写、算为主

B. 以语言、科学、艺术、健康、社会方面的启蒙教育为主

C. A 和 B 都有,不分主次

D. 几乎什么都没学

8. 您孩子在幼儿园学习的方式是:

A. 以教师的集体教学为主　　B. 以孩子的自由游戏为主

C. 集体教学与自由游戏各占一半　　D. 不太清楚

9. 您孩子所在的班有多少个小朋友?

A. 19 人及以下　　B. 20—25 人　　C. 25—30 人

D. 30—35 人　　E. 35 人及以上

10. 您孩子所在的班有几名保教教师?

A. 2 教 1 保　　B. 1 教 1 保

C. 1 教半保(保育员与其他班共用)　　D. 不清楚

11. 您孩子的保教教师是否有相应的资格证书？

   A. 教师和保育员都有资格证

   B. 教师和保育员并不是全部都有资格证

   C. 都没有相应的资格证

   D. 不太清楚

12. 您的孩子在幼儿园是否遭遇过教师的体罚、变相体罚等伤害？

   A. 没有   B. 有过体罚或变相体罚

   C. 有过变相体罚   D. 不太清楚

13. 您孩子所在的幼儿园进行逃生演习方面的安全教育的情况是：

   A. 每学年 3 次以上   B. 每学年 1—2 次

   C. 几乎没有这方面的教育   D. 不太清楚

14. 您孩子所在的幼儿园接送孩子的制度是：

   A. 必须是指定的监护人接送，其他人无法把孩子接走

   B. 如果孩子认识该人，就可以把孩子接走，无须登记

   C. 如果孩子认识该人，就可以把孩子接走，进行严格登记

   D. 不太清楚

15. 据您所知，您孩子所在的幼儿园，是否有过安全事故？

   A. 从来没有过

   B. 有过，但是没有造成很大的伤害

   C. 有过，并且造成了很大的伤害

   D. 不太清楚

16. 您孩子所在的幼儿园的收费标准的公示情况是：

   A. 在校门口显眼的位置有公示

   B. 有公示，但在很不显眼的位置

   C. 没有明显的公示

   D. 不清楚是不是有公示

17. 您孩子所在的幼儿园的收费情况是：

   A. 与幼儿园等级相匹配，收费合理

   B. 与幼儿园等级不匹配，收费偏高

   C. 不太清楚是否合理

18. 下面哪种情况比较符合您孩子所在幼儿园的情况?
    A. 有特色班,强迫参加,参加收费　　B. 有特色班,自愿参加,参加收费
    C. 有特色班,自愿参加,不收费　　　D. 没有特色班

19. 您孩子在幼儿园的饮食情况是:
    A. 新鲜、安全、营养丰富　　　　　B. 安全、但营养一般
    C. 曾出现过食物中毒情况　　　　　D. 不太清楚

20. 您的孩子在幼儿园是否遭遇过粗暴训斥、讽刺、挖苦等伤害幼儿身心发展的对待?
    A. 没有　　　　　　　　　　　　　B. 有过体罚
    C. 有过变相体罚　　　　　　　　　D. 不太清楚

21. 您孩子所在的幼儿园配备专职医护人员的情况是:
    A. 有 2 名以上的医护人员
    B. 有 1 名医护人员
    C. 与其附属小学或其他幼儿园共用 1 名医护人员
    D. 没有专职医护人员

22. 您孩子在幼儿园进行定期体检的情况是:
    A. 每学年 2 次以上　　　　　　　　B. 每学年 2 次
    C. 每学年 1 次及以下　　　　　　　D. 从来没有体检

23. 您孩子在幼儿园遭遇流行传染病时,幼儿园是怎么做的?
    A. 有很好的预防机制,当周围的幼儿园遭遇传染病时,孩子所在的幼儿园没有这种情况
    B. 有很好的应急机制,传染病来时,及时通知家长,并且疏散幼儿,隔离患病儿童
    C. 没有应急和防御机制,导致传染病扩散
    D. 还没遇到过这种情况

再次感谢您的合作!

附录二 幼儿家长访谈记录

访谈记录一：

访谈时间：2014年6月9日

地点：玄武区某小区内

人物：玄武区某女士

调查者：这位家长您好,我们是南师大学前教育专业的研究生,现在在做一项南京市幼儿园规范管理的调查,主要是调查您孩子所在的幼儿园的管理方面的情况,本访谈不涉及任何个人和幼儿园信息,您有时间配合我的调查吗?

家长三：嗯。

调查者：您孩子现在上的幼儿园管理方面您觉得不太满意的地方是?

家长三：幼儿园的房子太不安全了。

调查者：为什么这么说呢?

家长三：他们幼儿园是民办的,幼儿园租的房原来是民房,楼梯、窗户什么的都挺让人害怕的。

调查者：还有其他方面吗?

家长三：其他方面还好。

调查者：谢谢您提供的信息。

访谈记录二：

访谈时间：2014年6月9日

地点：南大校园内

人物：鼓楼区某女士

调查者：这位家长您好,我们是南师大学前教育专业的研究生,现在在做一项南京市幼儿园规范管理的调查,主要是调查您孩子所在的幼儿园的管理方面的情况,本访谈不涉及任何个人和幼儿园信息,您有时间配合我们的调查吗?

家长四:哦,可以啊!

调查者:您孩子现在上的幼儿园管理方面您觉得不太满意的地方是什么?

家长四:都挺好的,就是幼儿园没有特长班,孩子还得去别的地方找特长班,也不知道好坏,希望幼儿园能有自己的特长班。

调查者:哦,其他方面的管理您还满意吗?

家长四:我孩子所在的幼儿园是非常好的,其他方面我都特别满意。

调查者:哦,这样啊!谢谢您提供的信息。

访谈记录三:

访谈时间:2014年9月12日

地点:南京某幼儿教师培训机构

访谈对象:三位幼儿园老师

调查者:各位老师好,我们是南师大学前教育专业的研究生,现在在做一项南京市幼儿园规范管理的调查,主要是想了解一下您所在的幼儿园的管理方面的情况,本访谈不涉及任何个人和幼儿园信息,非常感谢大家的配合。

调查者:你们所在的幼儿园都是什么性质的幼儿园?公办还是民办?

教师A:公办园。

教师B:我们是集体园。

教师C:私立园。

调查者:你们所在的幼儿园都有哪些方面的管理制度?

教师A:我们有班级物品、一日生活管理制度、饮食管理、安全管理等,其实大家都差不多!

教师B:她说的我们也有,我们还有关于后勤管理、应急管理、教研管理、教师管理的制度等。

教师C:我们幼儿园还有收费管理、财务管理、后勤管理。

调查者:你们幼儿园的这些制度执行得怎么样?

教师A:我们幼儿园有3个园长,每个人负责几个方面,如果教师或者其他工作人员做得不好,园长会找她谈话。

教师B:我们的制度执行挺严的,幼儿园会检查。

教师C:我们还好,主要在学期初的时候强调一下,没有发生什么事儿,这学期就过去了!

调查者:大家过教师节或者一些特殊的节日是否会收到家长的礼物?都有些什么东西?

教师A:家长和小朋友一起做的贺卡、家长订的花。

教师B:还有巧克力!

教师C:听以前的同事讲,她们还收到了家长给的购物券。

调查者:听一些家长反映,有些幼儿教师会收一些手机、香水啊等名贵的礼物,你们怎么看?

教师A:我们幼儿园管得很严的,我们每次开学都要签订一份承诺书,不能收家长的礼和以个人名义找家长办私事。

教师B:我们幼儿园是每年都会让家长给教师一个评议,不记名的,家长如果举报了你,你就完蛋了,园长就会开除你。

教师C:我们要求没那么严,但是园长经常吓唬我们,说有的幼儿教师收了人家的礼,结果小孩出事了,家长跑到学校扇了教师耳光。

调查者:从在座各位的个人立场上讲,你们觉得应不应该收家长的礼?如果相关部门不管的话!

教师A:可以收小朋友自己做的礼物,不能收钱、手机、购物券啊!要是我,我不收,收了人家的手短啊!再说如果小朋友知道了,会给他留下不好的印象。

教师B:说白了,咱们工资这么低,真是"拿着卖白菜的钱,操着卖毒品的心"!天天累死了!但是如果收了,我们会把污浊的社会风气带进幼儿园!良心上过不去啊!幼儿家长也是,给我们送礼就是不相信我们,不相信我们能平等地对待每一个孩子。家长也有责任!

教师C:我觉得收礼是个别人的行为,但是如果"个别人"太多了,就会形成行业风气。送礼在哪一个行业都有,我们的社会大风气就这样。有的老师可能会嘴上说不收,但是如果幼儿园的其他老师都收了,她也会经不住诱惑。

调查者:谢谢你们的合作!

流动儿童融入城市教育的案例分析与政策反思
——以南京地区为例

李 政 吕倩蕾 范平平 郝天聪

(南京师范大学教育科学学院 江苏 南京 210097)

摘要:随着工业化、城市化和现代化进程的不断加快,中国城乡之间、城际之间出现大规模的人口流动。本研究选取南京市的2所政府开放公立学校和3所农民工子弟学校,以其中就读的流动人口子女为调查对象,分析流动人口子女接受城市教育状况和融入城市教育状况。并从学习融入、环境融入、心理融入三个方面入手,分析流动人口子女在城市教育融入上具体的影响因素。

关键词:流动人口子女;教育的城市融入;南京市;影响因素

一、研究背景

改革开放三十余年来,流动人口呈现出总量迅速增长和在城市居住时间不断延长的主要趋势,大批进入城市的流动人口,已经不再仅仅是以追求生存收入、获取务工回报为目标,而是渴求享受正常家庭生活、渴求子女受到良好教育的新"移民"群体,流动形态日益呈现出家庭化的主导模式。大规模的人口流动迁移是我国工业化、城镇化进程中最显著的人口现象。国家统计局公布的数据显示,2012年我国流动人口数量达2.36亿人,相当于每六个人中就有一个是流动人口。据预测,至2020年,我国农民工数量将进一步扩张,农民工随迁子女数量将达到2000万左右。从流动人口的总量上看,新生代流动人口已经成为流动人口的主体,流动人口正在经历代际更替。2010年第六次人口普查时,新生代流动人口已经超过流动人口半数,总量达1.18亿。全国流动人口动态监测数据显示,2012年流动人口的平均年龄约为28岁,超过一半的劳动年龄流动人口出生于1980年以后。与上一代相比,新生代流动人口的外出年龄更小,流动距离更长,流动原因更趋多元,也更青睐大城市。新生代流动人口在20岁之前就已经外出的比例达到75%,在有意愿落户城市的新生代流动人口中超过七成的人希望落户大城市。从流动迁移模式上看,家庭化迁移成为人口流动迁移的主体模式,新生代流动人口表现更为突出。超过六成的已婚新生代流动人口与全部核心家庭成员在流入地共同居住。但大多数家庭不能一次性完成核心家庭成员的整体迁移,近七成的家庭中,家庭成员为分次流入,夫妻首先流入,再把全部或部分子女接来同住是最常见的方式。家庭化迁移使得流动人口在流入地更容易产生归属感,有利于增强其幸福感。制定流动人口相关的政策要适应家庭化流动趋势,满足流动人口家庭而非个人的需求。从流动人口就业收入来看,流动人口收入稳步提升。但是中国的流动人口面临着现实的挑战,流动人口的基本公共服务的均等化特别需要关注。在教育方面,流动人口子女不能就读当地学校,也不能参加当地的高考,这些都成为滋生流动人口不满情绪并导致社会动荡的源泉。具体而言,主要包括"城市教育资源紧张""城市教育规划缺乏前瞻性""部分公办学校入学'门槛'过高""农民工子弟学校的校园安全和教学质量令人忧虑"以及"流动人口子女接受学前教育和高中阶段教育问题日益突出"等五大问题。这些问题都是流动人口子女在城市能否平等享有教育资源、享受公平待遇、接纳和融入城市教育特性的多元表现,其最终都归结为农民工随迁子女教育融城这一问题。

  流动人口子女规模日益扩大,国家强调解决流动人口子女义务教育问题"以流入地政府管理为主,以全日制公办中小学为主",简称"两个为主"政策,是国务院办公厅于2003年9月转发教育部等六部委的《关于进一步做好进城务工就业农民工子女义务教育工作的意见》中提出的。流动儿童义务教育供求矛盾已悄然转变,研究的关注点从最初的入学机会公平问题,逐步扩展为教育过程公平问题。也就是说,流动人口子女在城市接受教育的质量成为进一步考量我国是否解决好这一问题的关键所在。流动人口子女能否真正地融入城市教育的大环境之下,能否成为受益于城市优质教育资源的一员,从根本上反映了一个地区对于适龄儿童公平接受义务教育的认识,同样也影响着诸多儿童的身心健康、学业发展乃至全社会的稳定。如果单一地注重学生入学而并不关心在现有教育资源条件下能否使流动人口子女充分利用和融入教育环境,那么机械式地"完成任务"将不仅不能解决问题,反而能够为其他问题的产生和发展提供机会。

关于流动人口子女在落户城市公平接受义务教育的问题,国家层面已经着手进行顶层设计和制度建设。国务院印发的《关于进一步推进户籍制度改革的意见》中提出,建立城乡统一的户口登记制度,取消农业和非农业户口性质区分,建制镇和小城市的落户限制将全面放开,中等城市的落户限制也将有序放开。这标志着进一步推进户籍制度改革开始进入全面实施阶段。而这一改革对流动人口子女平等享受教育权利有着重要意义。为贯彻《国务院关于进一步推进户籍制度改革的意见》,切实保证农业转移人口及其他常住人口随迁子女平等享有受教育权利,2014年7月30日至31日,教育部在北京召开专题会议,学习中央有关精神,研讨了当前流动人口子女义务教育工作面临的困难和问题,对切实保障流动人口子女平等接受义务教育、建立健全农村留守儿童关爱服务体系作出部署。而为了支持进城务工农民工随迁子女接受义务教育,江苏省财政从2006年起安排专项资金,按照"以流入地为主、以公办学校为主"的原则,支持各地解决好进城务工农民工随迁子女接受义务教育问题。补助的对象主要为接收进城务工农民工子女的公办学校和经县级以上教育行政部门批准的民办进城务工农民工子弟学校,补助经费主要用于补充公用经费、学校校舍建设或添置教学仪器设备。江苏省现有约1 000万名农民工工作在各行各业的第一线,近年来,江苏采取"流入地政府全面负责、全日制公办中小学接纳为主"的政策,全面解决60万随父母进城居住农民工子女的义务教育问题,农民工子女在公办学校就读比例达80%以上,在流动人口子女平等接受义务教育工作上成绩显著。但是在诸多流动人口子女接受义务教育的过程中,却存在诸如成绩始终较差、无法融入周围人际环境、排斥心理等各类问题,这些问题归根到底是这些学生无法很好地融入现有的城市教育环境当中。随着我国流动人口规模增加和"两个为主"原则的贯彻落实,流动人口子女城市教育的适应和融入将会逐渐成为一个普遍性的问题,其研究意义重大,这不仅关系到流动人口子女自身的发展,更关系到整个社会的进步和社会的安定和谐发展。

二、研究价值与研究思路

（一）研究价值

当代中国已经或者正在经历着从传统社会主义走向中国特色社会主义、从传统工业化道路走向新型工业化道路、从群体本位和以物为本走向个体自主和以人为本的社会。这种社会转型的大背景为我们研究流动人口子女教育问题提供了背景条件，预设了问题的发生情境。流动人口子女教育的城市融入问题，不仅仅是一个单纯的教育问题，而是一个复杂的社会问题。本课题在理论上的意义是揭示流动人口子女教育的城市融入的规律，提出流动人口子女教育的城市融入的分析框架，构建有中国特色的流动人口教育理论。

在实践上，本课题致力于改善进城农民工子女教育的城市融入的状况，提高流动人口子女的受教育水平，增强其适应城市生活的能力，最终促进流入地的经济发展和社会和谐发展。

（二）研究思路

本课题试图在社会转型的大背景之下，通过南京地区流动人口子女教育的城市融入来了解整个江苏省流动人口子女教育的城市融入问题。基于这样的目标，本课题研究的思路如下：

第一，在占有、分析大量文献的基础上，结合实际观察，对"流动人口子女"以及"教育的城市融入"（简称"教育融城"）这两个关键词进行界定。也就是回答南京市流动人口子女都包括哪些人，"教育融城"是什么意思。此外，要将社会转型作为整个研究的大背景，以社会转型期社会系统运转的各项特点和表现作为问题研究的前提，并为研究的开展提供理论思路和研究方向。

第二，通过对上述内容的进一步操作化定义，借助一定的研究工具（或者指标），了解南京市流动人口子女的特征和教育融城状况以及存在的问题。

第三，分析影响南京市流动人口子女教育融城的因素。

第四，总结流动人口子女教育融城的模式和规律。

第五，反思已有的政策并提出促进南京市流动人口子女教育融城策略。

根据以上的课题研究思路,结合如图1所示研究流程进行课题研究。

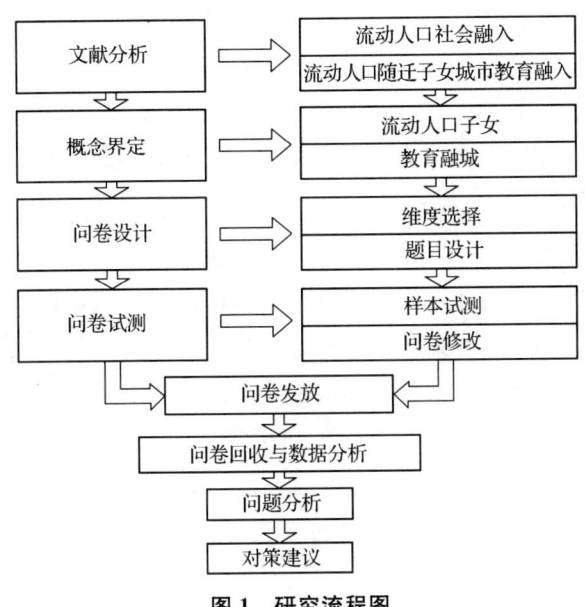

图1　研究流程图

三、流动人口子女教育问题研究综述

(一) 社会学视角下的流动人口子女教育融城问题研究

社会学视角下,关于流动人口子女教育融城的研究主要表现在利用社会学的相关理论分析教育融城过程中的各类现象,并以理论为工具给出解决其中蕴含的问题的对策,主要包括社会排斥视角、社会资本视角、社会融合视角、社会化视角、社会支持视角等。吴新慧指出,在流动儿童群体中有三种排斥:流动儿童在城市中无法得到与城市儿童同样的受教育权利是由于制度,特别是户籍制度的排斥使其面临基础教育边缘化的问题;城市繁华的生活与流动人口拮据的经济条件之间的差距,即经济上的排斥导致流动儿童无法融入城市的生活,从而形成了边缘化的心态;社区归属感的缺失,即文化上的排斥导致了流动儿童边缘化的归属感,从而产生出更多被剥夺感、被歧视感以及对城市敌对的态度[①]。王回

---

① 吴新慧.关注流动人口子女的社会融入状况——"社会排斥"的视角[J].社会,2004(9).

澜指出,由于城乡经济、社会、文化不同的社会化环境不同,价值观念、行为规范和交往准则等社会化内容大不相同,流动人口子女在流入地身受双重社会化标准的影响,从以固有的纯朴作为社会化的准则,到期望追求目标,形成自己社会化的特点,而社会化环境的改变是造成社会化内容和目标不同的主要因素[①]。宋雁慧指出,从社会资本拥有量上来讲流动儿童处于劣势。具体看来:流动儿童所拥有的社会关系网络相对狭小,流动儿童的家长主要从事个体经营行业或做雇工、农民工,社会地位较低。流动儿童因为很难通过参与社会关系网络来增加信息的获取量,所以他们掌握信息也就慢、少、旧。社区是借助亲缘和地缘关系形成其稳定的人际关系的,流动儿童家庭对社区事务的参与缺乏积极性和主动性,很难与社区成员形成相互信任的关系,这就会影响他们以至于整个社区社会资本的积累。他认为,导致流动儿童无法得到良好的教育资源和教育机会的是经济资本及社会资本的缺失。无法使他们在社会流动中实现向上流动,这种流动受阻的恶性循环通过社会性继承不断地延续下去,就使现实中社会分层的不平等性加剧。而只有增加流动儿童的社会资本才是解决之道[②]。宋蓓认为,农民工身份特殊,导致其子女在城市融入过程中会面临一系列的问题。农民工在城市中的工作不稳定,孩子也常跟随父母在城市间辗转流动,孩子在教育上缺乏稳定性,对周围环境缺乏归宿感和安全感,影响建立他们的朋辈群体关系。父母对子女的成长关心不够,再加上政策性的原因使农民工子女在接受城市教育时面临着许多限制和障碍。因此只有解决好农民工的市民待遇问题,才能真正促进农民工子女的城市融入进程[③]。许传新、陈国华认为,解决好流动人口子女教育问题,绝不是哪一级政府哪一个部门想解决就能及时解决好的,而是一项系统工程,需要社会各种力量通力合作,形成强大而广泛的社会支持网络。从社会对流动人口子女教育的支持主体来看,主要包括国家支持系统、群体支持系统、个人支持系统。政府对于流动人口子女教育的支持主要表现在立法上给予保障、行为上进行协调、舆论上给予支持;群体系统(如公立学校、农民工子弟学校)主要在消除歧视、放宽流动人口子女进入公立学校、减少或取消不必要的费用等方

---

① 王回澜.城乡社会化环境对进城务工人员子女成长影响的研究[J].河北青年管理干部学院学报,2005(4).
② 宋雁慧.当前我国流动人口子女的社会资本分析[J].民主与科学,2004(4).
③ 宋蓓.农民工子女的城市融入[J].安徽教育学院学报,2006(4).

面起到建议和执行作用;贫困生个体支持具有以个体之间的直接互动为基础特点,因此,个体支持的力量不可低估。其主要以有以血缘为基础的个体支持和以人生价值取向为基础的个体支持[①]。

(二) 人口学视角下的流动人口子女教育融城问题研究

以人口学视角开展的研究主要以人口乡—城流动、人口素质与经济发展水平、流动人口的定义与内涵等为切入点进行。赵民认为,人口的自由流动是社会进步的必然趋势,举家进城已成为新世纪人口流动的主要形式,随着未成年学龄流动儿童的进城,流动人口子女教育和就学问题不可避免地摆在了人们面前。流动人口子女教育存在的问题,有家庭环境的影响,也有流入地学校的条件限制,更有政府支持不够以及现有的制度壁垒阻隔,等等。因此,要充分认识到解决流动人口子女的教育问题是社会主义和谐社会的构成要素之一,是构建和谐社会的内在要求,同时也是城市健康文明发展的必然要求。只有充分认识到解决流动人口子女教育问题的必要性,积极采取措施加以解决,才能在真正意义上实现社会的稳定、和谐与发展[②]。田明和薄俊丽以东部地区城市特色比较明显的6个城市的问卷调查为基础,结合中国的实际情况构建了衡量流动人口城市融入的指标体系,通过主成分分析,对6个城市流动人口的城市融入程度进行了比较。研究发现,6个城市流动人口融入程度存在着明显的差异,环渤海的青岛和沈阳流动人口的城市融入程度最高,而珠江三角洲地区的东莞和长三角的温州流动人口的城市融入程度最低,介于两者之间的是长江三角洲地区的无锡和京津冀地区的北京。总体而言,北方城市流动人口的融入程度总体上要高于南方城市。流动人口城市融入程度的差异反映了城市特色或性质的不同。城市规模、城市所在区域的文化特色、城市经济特征、流动人口在总人口中的比例都是影响城市融入的重要因素。对于南北方流动人口城市融入的差异,方言具有很大的影响,推广普通话有利于流动人口的城市融入[③]。佘凌和罗国芬认为,"流动人口子女"这一概念近些年使用得非常广泛,但它本身却是一个遭到误用、被

---

① 许传新,陈国华. 流动人口子女教育的社会支持因素分析[J]. 中国青年研究,2004(4):27-34.
② 李荣华. 流动人口子女教育问题研究[D]. 西北师范大学,2005.
③ 田明,薄俊丽. 东部地区流动人口城市融入的比较研究[J]. 人文地理,2014(01):43-48.

窄化使用的概念。按照概念准确地说,流动人口子女不仅指随迁入城市的流动儿童,也应该包括留在乡村的"留守儿童"。"流动人口子女教育"问题是在我国城乡二元社会结构背景下、在人口流动潮流中出现的,因此,在某种意义上说,它是一个社会问题。据此可以说,"流动人口子女教育"概念窄化使用的事实背后隐藏着一种城市本位、户籍本位的社会价值观,这种"窄化"把"流动人口子女教育"仅仅视为一个人口问题、教育问题,给许多具体工作带来了盲点。而全社会的问题,脱离社会整体的努力是得不到有效解决的[①]。王冬云认为,中国目前正在经历着人类历史上在和平时期前所未有的、规模最大的人口迁移活动,且流动人口的家庭化趋势日益明显。夫妻二人同时在城市流动或夫妇携子女流动已成为当前城市流动人口的主要特点。近几年来,随着各级政府和社会力量对流动人口子女受教育问题的逐步重视,特别是新《中华人民共和国义务教育法》的实施,使流动人口子女的受教育状况得到了显著改善,但现状仍然不容乐观。这一现象产生的原因主要包括社会经济发展不平衡、制度保障滞后、流动人口自身素质低下、社会教育与管理体系不完善四个层面。应从促进区域经济平衡发展、加快制度改革步伐、有效配置教育资源、构建三维教育体系等路径出发寻找对策[②]。

(三)经济学视角下的流动人口子女教育融城问题研究

经济学视角下的流动人口子女教育融城问题主要是从制度经济学、教育财政、区域经济发展等角度出发进行的宏观研究。张振宇等认为,社会转型一般都包含着新旧体制的转换,这一转换过程会产生许多不协调和冲突,导致社会问题产生。当代中国的许多社会问题就是因此而起。中国由计划经济为主转向以市场经济为主,就是一种经济体制的转换。在这种经济体制转换过程中,人口在结构、组织功能等诸方面也随之发生了转型,尤其是人口随市场经济的发展流动很大,而市场经济又由于人口的流动发展很快,人口流动促进了经济的转型和社会的转型。其量化研究结果反映出中国社会在走向现代化的发展过程中要实现人

---

① 佘凌,罗国芬.流动人口子女及其教育:概念的辨析[J].南京人口管理干部学院学报,2003(04):7-9.

② 赵民.流动人口子女教育问题与对策研究[J].齐鲁学刊,2013(02):95-99.

口的城市化、城乡一体化,其关键是进一步完善社会制度,尤其是要完善关于流动人口的社会保障制度,如他们的就业、住房、子女教育、职业发展福利需求与实际状况差距太大的话,势必会打击流动人口建设城市的积极性,也不能使他们对城市产生信任感和依赖性,会对城市产生敌对情绪,甚至会成为威胁城市稳定的不确定因素。同时要优化产业结构,促进流动人口有机融入城市,使中国人口适度城市化,使中国社会和谐稳定发展[1]。吕蔚起以欠发达地区经济发展情况为背景,结合 2012 年云南省流动人口 1‰抽样调查所得数据,对欠发达地区流动人口城市融入问题进行了深入研究。研究结果表明,欠发达地区流动人口的城市融入不是简单、线性的过程,经济生活、社会文化、公共权益和心理意愿四个维度的融入对个体城市融入程度都有显著影响,其中心理意愿影响最大;经济生活、社会文化和公共权益,会通过心理意愿对城市融入产生间接影响[2]。邱小健认为,伴随着中国城市化进程,流动人口子女成为一个庞大的群体。虽然政府制定了保障流动人口子女接受义务教育的财政政策体系,但由于在教育实践中存在诸多财政困境,流动人口子女义务教育问题仍然是个未解决好的难题。切实解决流动人口子女义务教育问题,政府应采取以下几项财政措施:一是建立流动人口子女义务教育经费预算单列制度;二是建立地方政府间流动人口子女义务教育财政责任分担制度;三是建立中央政府动态经费拨款制度;四是建立民办学校政府财政资助制度[3]。

四、研究内容与方法

(一)概念界定

本调查研究的核心概念界定如下:流动人口的概念外延十分宽泛,不同学科对其有不同的定义。本课题所说的流动人口,不包括城市人才引进和招商引资而从异地流入的人口,也不包括在城市购置物业的高收入流动人口,这里所说的

---

[1] 张振宇,陈岱云,高功敬.流动人口城市融入度及其影响因素的实证分析——基于济南市的调查[J].山东社会科学,2013(01):28-40.
[2] 吕蔚起.欠发达地区流动人口城市融入问题研究[D].云南财经大学,2014.
[3] 邱小健.中国城市化进程中流动人口子女义务教育问题研究——教育财政的视角[J].河北师范大学学报(教育科学版),2009(08):9-13.

流动人口主要是指从乡村进城务工的农民;工业中的从业人员,主要集中在第二产业,如制造业、建筑业;城市低端第三产业中的个体从业人员,如服务员,而部分从事各种经营活动的人员,如自由市场的小商小贩,较大规模的私营企业主除外。"流动人口子女"是指上述人员年龄在18周岁及以下的随迁进城子女。流动人口子女的"城市教育融入"指的是流动人口子女接受和城市居民子女一样的教育的状态,是乡—城移民融入城市的主要途径,也是评价乡—城移民城市融入程度的主要指标。有的研究者也称此为学校适应。

(二) 研究方法及工具

本研究选取南京市的2所政府开放公立学校(南京市晓庄学院附属小学、南京市栖霞区燕子矶中心小学)和3所农民工子弟小学(南京栖霞区宁燕外来工子弟小学、南京市栖霞区化二小学、南京市红山外来工子弟学校[①]),以其中就读的流动人口子女为调查对象。本调查工具为课题组自编问卷,由学生自己填写。问卷分为两部分:一部分是关于流动人口子女的调查,所涵盖的学生为小学阶段和初中阶段的在校生。问卷内容为学生基本信息,主要包括性别、年龄、流动时间、转校次数等。第二部分为测试题目,共15题,分三个分量表:流动人口子女学习适应性(2道题),流动人口子女学校环境适应性(7道题),流动人口子女心理适应性(6道题)。

本次调研回收有效问卷总计307份。后期采取定量的方式分析所收集的调查资料,运用spss18.0软件进行编码,在校检核对的基础上,对所调查的问卷资料进行描述性统计。调查问卷主要对调查地的流动人口子女接受义务教育的现状,围绕知识教育、心理状况、流动人口子女对自身的期望等几个方面的内容展开分析。

本研究从学习融入、环境融入、心理融入三个方面入手,分析流动人口子女在城市教育融入上具体包括哪些影响因素。学习融入指的是学生在学习过程中的真切感受,对教师教学的认可度以及对自身学习情况的评估;环境融入包括人际环境融入和物理环境融入,人际环境融入即与师生之间的关系融洽度,物理环境融入即对周围学习和生活环境的接受程度;心理融入指的是学生的随迁子女

---

① 南京玄武红山外来工子弟学校已终止办校,现由樱花小学接管。

身份及其附属的相关事物对自身思想观念和态度的影响情况。需要强调的是,我们针对研究对象身份的特殊性,揭示流动人口子女在城市学校适应过程中的相对剥夺感,具体问题为:"是否觉得自己在城市学校受到了不公平对待?""是否觉得自己被别人看不起?""是否觉得与其他人相比,我失去了一些机会?""是否觉得社会上的人对我态度不好?""是否觉得别人总是根据我的外表来评价我?""是否觉得自己在就读学校里的表现不如别人?"通过因素分析,将这些指标简化成新的因子,进而分析各因子影响流动人口子女的城市教育适应呈现何种特征,在此基础上探寻对其他流动人口子女在不同学校环境中融入的经验。

五、研究结果及发现

(一)流动人口子女接受城市教育状况

1. 流动人口子女样本的基本状况

(1)性别。据调查数据整理后所得,流动人口随迁子女从性别上看,在所调查的 307 份有效样本中,男生较多,人数为 181 人,占 59.0%,女生人数为 126 人,占 41.0%(详见表1)。

(2)年龄。通过对本次调查的有效样本的 307 份数据进行整理发现,流动人口子女中,年龄跨度从 10—18 岁,从年龄看,绝大多数都是 12—15 岁的儿童,占总人数的 52.8%(详见表2)。

表1 被试群体性别比例

性别	男	女
人数	181	126
比例(%)	59.0	41.0

表2 被试群体年龄比例

年龄	10—11 岁	12—15 岁	16—18 岁
人数	124	162	21
比例(%)	40.4	52.8	6.8

从统计数据中我们可以看出,南京地区流动人口子女各年龄段均有涉及,

12—15岁所占比例偏多,10—11岁次之,这两个年龄段涵盖了义务教育与非义务教育阶段。同时,在南京地区居住时间较长的流动人口很大一部分都会选择在子女学龄时期带到这里来接受更好的义务教育,因为南京地区属于苏南地区,该地区不仅经济较为发达,而且教育资源比较丰富,教育质量普遍较高。

2. 流动人口子女受教育状况

(1) 学习成绩情况。调查显示,在307份有效调查问卷中,学习成绩"很好"的学生占3.9%,成绩"比较好"的占总人数的30.9%,成绩"一般"的学生最多,占到了总人数的了53.7%,成绩"比较差"的学生占总人数的占10.4%,还有1.1%的学生认为自己的学习成绩"很差"(详见表3)。

表3 流动人口子女学习成绩情况

学习成绩情况	很好	比较好	一般	比较差	很差
人数	12	95	165	32	3
比例(%)	3.9	30.9	53.7	10.4	1.1

(2) 留级、转学的情况。由于流动人口工作性质的缘故,其流动性较大,由此也就导致了其子女就学的连续性经常受到影响,留级、转学等现象在流动人口子女接受义务教育的过程中时有发生(详见表4)。

本次调查中有过留级经历的学生占到了24.5%。这部分学生留级的主要原因包括"学习成绩较差""生病住院耽误了正常的学业""原来的学校与转学后的学校在课程安排上有差别"等。但其中绝大部学生都是因为"学习成绩较差"而选择留级。

表4 流动人口子女留级、转学情况

留级、转学情况	留级		转学	
	是	否	是	否
人数	75	232	112	195
比例(%)	24.5	75.5	36.6	63.4

在流动人口随迁子女转学问题方面,本次调查数据显示,有112名学生曾经转学,占总人数的36.6%,转学的原因大部分是因为"父母工作的变动"(占73%)以及"学校的搬迁"(占21%),还有一些学生是因为"中途回老家"(占

3%),同时还有因为"交不起学费"(占 2%)而不得不转学,此外"原学校教学质量差"(占不到 1%)也成为学生转学的重要原因。可见流动人口子女在来城市前接受的教育质量令人堪忧,家长迫于生计而选择来到城市打工则直接影响了孩子求学的进程,其求学稳定性以及在接受公平教育方面不容乐观。

3. 流动人口子女心理状况

本次调查针对流动人口子女接受义务教育过程中的心理状况,在调查问卷中通过设计"容易感到孤独""感觉自己不受欢迎""觉得自己被别人看不起""觉得自己不能够被别人理解"等因素的回答结果了解到,流动人口子女与城市儿童相比,有一定的自卑情绪。

从表 5 中可以看出:第一,有 17.7%的流动人口子女在接受义务教育中,经常感到孤独,有 57.3%的学生则有时会感到孤独,仅有 25%的学生没有这样的孤独感;第二,有 13.3%的学生经常觉得自己不受欢迎,66.7%的学生有时会觉得自己不受欢迎,仅有 20%的学生没有这种心理状况;第三,有 24.8%的学生经常觉得自己被别人看不起,52.3%的学生有时也会觉得被别人看不起,仅有 22.9%的学生没有心理情绪;第四,有 13.7%的学生经常感觉到不能够被别人理解,40.9%的学生有时会觉得不能够被别人理解。

由此可见,流动人口子女在接受义务教育的过程中,存在自卑心理情绪的群体占了较大的比例,这应该引起关注和重视,并且城市学校应该给予他们更多的帮助和关怀,为流动人口子女群体提供更加有利的条件,引导他们在接受义务教育的过程中朝积极的方向发展。

表 5 流动人口子女心理状况

心理状况	容易感到孤独	不受欢迎	被看不起	不被理解
经常觉得	17.7%	13.3%	24.8%	13.7%
有时觉得	57.3%	66.7%	52.3%	40.9%
不觉得	25.0%	20.0%	22.9%	45.4%

4. 流动人口子女对自身的期望分析

在对流动人口子女进行自身期望或者以后接受义务教育后的发展取向的调查中发现,有 67.5%的学生希望继续留在南京,有高达 83.3%的学生想要读书读到大学,有13.7%的学生想读书读到高中(中专、技校)层次,有2.2%的学生只愿意读到初中,仅有1位被调查学生想在小学毕业后就终止学业(详见表6)。

表6 流动人口子女对自身的期望分析

自身目标	小学	初中	高中(中专、技校)	大学(大专)
人数	1	7	42	257
比例(%)	0.3%	2.2%	13.7%	83.8%

被调查学生中愿意继续留在南京的原因在于这里有很好的教育资源和教育环境,以及更为广阔的就业与发展空间,此外还有家庭的因素,如"父母定居在此""家里有老人需要照顾"等。不愿意留在南京的学生其理由主要集中在"归属感不强"上,即这些学生认为在南京的生活并没有让他们感受到强烈的归属感,这种"在外飘荡"的不安感以及"落叶归根"的传统思想促使其希望在学业完成后能够回到自己的家乡。也有部分学生选择了出国深造。希望自己能够读书读到大学的学生认为,读大学可以让自己"更有出息""学到更多的知识";同时很大一部分比例的学生都认为上大学是"父母对我的要求",上了大学"父母脸上有光"。而读到高中(中专、技校)的学生则认为能够学到一技之长出来成家立业就可以,家里可能也会因为经济问题而不允许自己读大学。选择只读到小学或初中的学生主要是因为自己对学习没有兴趣,在学校读书"感觉很累",不如"毕业后出来赶紧找工作"。

(二) 流动人口子女的城市教育融入状况

问卷编制采取流动人口子女的学习融入性、环境融入性和心理融入性来考察他们的城市教育融入状况。

1. 学习融入性

由于学校办学性质及办学条件的不同,流入地的公立学校和农民工子弟(民办)学校在教学方面存在明显差异,流动人口子女进入这两类不同性质的学校,首先要融入这种差异,才能有良好的学习融入。调查结果显示(详见表7),就读于这两类学校的流动人口子女总体趋势上都有良好的学习融入性,在"我满意老师的教学水平"这一题中,有71.85％的公立学校学生(此处学生指的是拥有学校中流动人口子女身份的学生,下同)和86.23％的民办学校学生选择了"完全符合",均值为4.7。在"老师对学生的态度很好"这一题中,有56.3％的公立学校学生和78.26％的民办学校学生选择了"完全符合",仅有2.22％的公立学校学生选择了"完全不符合",均值为4.5。从数据中我们可以看出,在教学这一学校主体工作中,流动人口子女能够接受现有的教学水平和师资队伍现状,与教师之间能够形成良好的师生互动与学习关系。

表7 流动人口子女学习适应性

指标	完全不符合		不太符合		不清楚		比较符合		完全符合	
	公立	民办	公立	民办	公立	民办	公立	民办	公立	民办
我满意老师的教学水平	0	0	3.70％	0.72％	6.67％	0	17.78％	13.04％	71.85％	86.23％
老师对学生的态度很好	2.22％	0	7.41％	2.90％	5.93％	2.90％	28.15％	15.94％	56.30％	78.26％

2. 环境融入性

环境融入主要包括物理环境融入和人际环境融入。从表8中我们可以发现,流动人口子女在与校园物理环境与周围人际环境的融入中的表现好坏参半,公办学校与民办学校在一些问题的态度上有所差异。在物理环境融入性方面,有77.04％的公立学校学生和60.14％的民办学校学生选择了"完全符合"。学生对学校的整体满意度较好,其中公立学校学生的满意度高于民办学校学生。在学校的物理环境中,公立学校与民办学校的学生对现有教学设施、校园环境等有着不同的看法。在"学校的教学设施很好"这一指标中,公立学校的学生有77.04％都选择了"完全符合",但是在民办学校中却只占到了38.41％。在对校园环境的喜爱程度上,80.74％的公办学校学生选择了完全符合,但是只有38.41％的民办学校学生认同这一条。在对校园周围环境质量的认可上,公办学校与民办学校的学生分别各有64.44％和41.30％的学生表示认同,各有约10％左右的学生不认可目前的学校环境。

在人际环境融入方面,流动人口子女表现出了一定程度上的自我封闭倾向。公立学校93.33％的学生以及民办学校88.41％的学生认为自己与同学之间的关系融洽。但是在测试"班级中同学之间家庭经济情况差距不大"这一指标时,这两种性质的学校却都有近一半的学生完全认同。而在两类学校中学生认为"不清楚"或"不符合"的比例均接近一半。值得注意的是,公办学校表示反对意见的比例高于民办学校,这从侧面上反映了公办学校内部因生源不同而产生的更为显著的学生家庭情况差异。而在"有烦恼时我会找同学倾诉"这一指标上,选择"完全符合"和"比较符合"的学生也并不十分理想,其中公办学校的学生占67.41%,民办学校的学生只占到54.35%。而选择"完全不符合"和"不太符合"的学生各占到18.52%和34.06%,同时还分别有14.07%和11.59%的学生表示"不清楚"。

表8 流动人口子女环境适应性

指标	完全不符合		不太符合		不清楚		比较符合		完全符合	
	公立	民办	公立	民办	公立	民办	公立	民办	公立	民办
我喜欢现在的学校	0	0.72%	1.48%	3.62%	2.22%	7.97%	19.26%	27.54%	77.04%	60.14%
学校的教学设施很好	0	4.35%	1.48%	9.42%	3.70%	10.87%	17.78%	36.96%	77.04%	38.41%
我喜欢校园的环境	0	4.35%	2.96%	6.52%	0	4.35%	16.30%	31.88%	80.74%	52.90%
学校周围的环境很好	0	5.07%	5.93%	7.97%	3.70%	10.14%	25.93%	35.51%	64.44%	41.30%
我与同学之间的关系融洽	1.48%	2.17%	2.22%	5.80%	2.96%	3.62%	30.37%	21.74%	62.96%	66.67%
班级中同学之间家庭经济情况差距不大	2.22%	4.35%	12.96%	6.52%	27.78%	30.43%	18.89%	24.64%	38.15%	34.06%
有烦恼时我会找同学倾诉	11.11%	18.84%	7.41%	15.22%	14.07%	11.59%	31.11%	28.26%	36.30%	26.09%

综合以上数据我们看到,流动人口子女在城市教育环境融入中仍然存在着不小的障碍。在物理环境中,学校硬件设施,尤其是教学设施上与区域内其他学校相比仍有差距,学生对现有设施配套和周边环境质量有较明显的不认同倾向。在人际环境上,流动人口子女与同学的相处比较融洽,但是这种融洽并不能深入到学生的内心,形成深入的友好同学关系。例如在与同学交心这一问题上,流动人口子女并不能很好地与其他同学形成良好互动。班级中贫富差距的存在也加深了学生之间相处的外界压力,这一点在公办学校中尤为明显。

3. 心理融入性

我国公共教育资源及经费分配存在城乡二元割裂现象，流动人口子女在城市必然无法享受到同城市儿童同等的待遇，加之长期以来城市人"对农村人"固有的偏见，流动人口子女内心的不公平感会影响他们的心理适应程度。调查结果如表9所示，"我觉得与其他人相比，我失去了一些机会""我觉得社会上的人对我态度不好""我觉得别人总是根据我的外表来评价我""我觉得自己在学校里不如别人优秀"四个指标，两类学校的流动人口子女表现出极大的不同。48.84%在民办学校的流动人口子女比较自卑，认为"自己受到不公平对待"，而公立学校的只占29%；32.39%在民办学校的流动人口子女认为"他人对自己态度不好"，而公立学校的只占16.74%；48.98%民办学校的流动人口在子女"觉得自己受歧视"，觉得"别人会根据外表评价他"，而公立学校的流动人口子女只有24.59%持有相同看法。可以看出，在公立和民办两种类型的学校中，学生的心理融入表现出了一定程度上的差异。这种差异可能来自于其学习成绩、享有的学习环境、家庭条件等各方面因素。这些因素在下文中将予以详细讨论。

表9 流动人口子女心理适应性

指标	完全不符合		不太符合		不清楚		比较符合		完全符合	
	公立	民办	公立	民办	公立	民办	公立	民办	公立	民办
我觉得自己受到了不公平的对待	43.52%	25.45%	15.63%	15.22%	11.85%	10.49%	20.93%	22.32%	8.07%	26.52%
我觉得自己被别人看不起	48.89%	60.87%	14.07%	13.04%	13.33%	15.22%	16.30%	6.52%	7.41%	4.35%
我觉得与其他人相比，我失去了一些机会	22.59%	31.88%	14.81%	17.39%	17.04%	19.57%	17.78%	19.57%	27.78%	11.59%
我觉得社会上的人对我态度不好	45.93%	37.10%	15.56%	12.32%	21.78%	18.19%	10.07%	25.87%	6.67%	6.52%
我觉得别人总是根据我的外表来评价我	42.96%	28.41%	16.89%	13.77%	15.56%	8.84%	14.07%	25.94%	10.52%	23.04%
我觉得自己在学校里不如别人优秀	28.15%	18.12%	14.81%	18.84%	22.22%	27.54%	20.00%	18.12%	14.81%	17.39%

（三）流动人口子女城市教育融入的影响因素分析

以上的指标分析得出两类学校中就读的流动人口子女在学习融入性、环境融入性和心理融入性三方面的异同。但因为指标较多，相互之间存在关联，部分信息重叠，为综合分析流动人口子女城市教育融入的准确情况，特别是准确考察影响流动人口子女在两类学校教育融入的影响因素造成困难。我们采用主成分法对各指标进行了因子分析，得出 KMO 的值为 0.780，大于 0.6；Bartlett 球度检验的伴随概率为 0.000，小于显著性水平 0.05，适合做因子分析（详见表10）。

表10　KMO 和 Bartlett 检验

KMO 和 Bartlett 的检验			
取样足够度的 Kaiser-Meyer-Olkin 度量			0.780
Bartlett 的球形度检验	近似卡方		1103.207
	df		105
	Sig.		0.000

本文用方差极大化原则对因子负载进行正交变换，最终提炼出新的因子，Guttman 分半信度 0.745，说明该问卷有较高的信度和效度。我们在原有指标基础上提取 3 个公共因子，分别命名为：心理融入、环境融入和学习融入（详见表11）。为了考察影响流动人口子女在不同学校融入的因素，建立多元回归模型，以各个因子下各个指标得分之和为因变量，以流动人口子女的其他个体、家庭、学校因素为自变量，考察在两类学校中影响流动人口子女教育融入的因素（详见表12）。

表11　因子分析结果

	旋转成分矩阵[a]			
	成分			共同度
	心理融入	环境融入	学习融入	
22	0.792			0.646
23	0.767			0.591
24	0.753			0.585
25	0.665			0.482

(续表)

旋转成分矩阵[a]				
	成分			共同度
	心理融入	环境融入	学习融入	
26	0.653			0.473
21	0.653			0.460
16		0.790		0.636
15		0.750		0.587
17		0.698		0.502
12		0.604		0.415
19		0.548		0.321
18		0.538		0.378
20		0.405		0.194
14			0.835	0.727
13			0.821	0.712
方差贡献率	25.493	16.609	9.293	

提取方法：主成分。旋转法：具有 Kaiser 标准化的正交旋转法。
a. 旋转在4次迭代后收敛。

表12　流动人口子女教育融入影响因素的多元回归分析（Beta值）

自变量	sig		
	环境融入	学习融入	心理融入
年龄	0.045	0.680	0.765
性别	0.504	0.102	0.183
学习情况	0.003	0.091	0.003
留级	0.007	0.739	0.190
转学	0.990	0.314	0.050
学校性质	0.000	0.000	0.075
F	11.612	3.846	3.073
R^2	0.210	0.081	0.066

（1）影响流动人口子女学习融入的因素主要是学校性质，即学校为公立还是民办。也就是说，流动人口子女在学习方面能否更好地融入城市教育当中取决于其所在的学校。公立学校的学生在学习融入上比民办农民工子弟学校的学生更有优势。

（2）年龄、学生的学习情况、留级与否以及学校性质，这四点是影响在学校就读流动人口子女环境融入的主要因素。这说明随着学生年龄的增长，其社会阅历的增加会帮助学生实现人际交往的成熟，而其学习情况的好坏以及是否留过级，对于其在学校能否更好地融入人际环境与物理环境也有着密切联系。学习成绩好且学习过程较为顺利，那么学生就能够更好地利用现有学校教学设施，与其他学生以及教师的关系更为融洽。此外，公立学校的学生对于其所在的环境具有较好的接纳与融入能力。

（3）在公立学校就读的流动人口子女的心理融入与其学习情况以及转学与否有相关性：学习成绩越好，学生的心理融入能力越强，越能够感受到成就感，自卑心理也就越弱。转学经历可能会影响到其作为群体一分子的心理融入强度，即从一个熟悉的环境转移到了一个新环境，其人际关系和环境操作程序等都需要重新建构，其心理就越难融入新环境当中。

六、流动人口子女城市教育融入中存在的问题

（一）流动人口随迁子女教育持续性无法得到有效保障

流动人口随迁子女接受教育的一大特点在于由"随迁"带来的教育持续性缺失。乡—城人口产生的流动绝大部分是由于农民进城务工所导致的。而近年来新生代农民工的出现也直接导致了他们尚处于义务教育阶段的适龄儿女无法在出生地继续读书。出于给孩子更好的教育和生活上的照顾，这些孩子跟随外出务工的父母来到大城市开始全新的教育进程。而正是这种教育进程中出现的中断现象却给接受义务教育的流动人口子女带来了一定程度上的负面影响。首先，流动人口子女原来所在的学校往往教育质量较差，主要表现在教育设施陈旧、师资队伍不强、教育理念落后等，而迁移城市的教育质量会好于其原来所在的学校。这样，流动人口子女在享受优质教育资源方面就与其

他儿童有了一定差距,加之在短时间内对新环境不能适应,进入城市学习的流动人口子女往往学习成绩不好,尤其是在公立学校中这种差距更为明显,主要表现在与户籍在城市的儿童之间产生的学习、生活质量等方面的差异。这就进一步导致了流动人口子女留级和转学现象的发生。从地区与地区之间的转移,到年级与年级、班级与班级之间的转移,这种"断续教育"带给流动人口子女更多的是学习上的障碍和心理上的自卑。除此之外,由于只身在外打工使得流动人口子女家庭脱离了在原居住地形成的以家族、亲友、邻居所组成的家族集团式的支持体系,遇到突发事故也没有迅速、有效的解决途径,因此家庭的风险承受能力较弱,遇到工伤、事故、疾病、劳资纠纷等变故时的应对能力也相应较差。由此,儿童的教育会随时因家庭无力应对风险而被迫中断[1]。这也随时威胁着流动人口子女在学校中接受义务教育的进程。

而流动人口子女教育持续性无法保障的另一个表现就在于其就读学校的持续性无法得到保障。目前的农民工子弟学校主要分为公立和民办两种类型。但是由于受现在城乡二元体制的束缚,地方财政也大多是"分灶吃饭"体制,不可能将民办学校完全纳入城市教育体系予以扶持,这就造成了一方面城市教育行政部门在强调民办农民工子弟学校要提高水准的情况下,却限于各种原因而不能对其加以扶持;另一方面,又由于这些民办农民工子弟学校远离学生原居住地,同样也不能从其原居住地教育部门的日常管理中受益,这就在事实上使得一些城市民办农民工子弟学校处于尴尬的中间状态,即不能融入城市教育,同样也与原居住地的教育体系处于脱节状态。在这种情况下,民办农民工子弟学校为了维持自身的发展就沦为了披着教育外衣的"营利机构",学校管理人员将因为担心学校时刻被"兼并"或"停办"而无法专注于教育教学工作,教育事业将受到严重阻碍。

此外,民办学校的教师流动性也会为流动人口子女教育的连续性埋下隐患。民办学校教师往往都是以聘用制的形式在岗工作,临时工的身份让其不能享有较好的福利待遇和各类保障,往往工资都无法满足自身日常生活的需求;加之学校办学经费有限,政府也不能够出台更好的补偿性政策,这样教师往往不能在岗

---

[1] 杨承霖,余宾蓉,赵菲,等.流动儿童教育连续性影响因素的 Logistic 模型分析——以北京市昌平区某农民工子弟小学为例[J].河北经贸大学学报(综合版),2011,02:106-109.

位上长时间驻留。而教师的不断更换也势必会影响流动人口子女的学习环境。除此之外,学生、教师、管理人员、家长之间的不断磨合往往会增加教育成本、降低教育成效、影响学校的正常运转。

(二) 教育资源配置的不均衡及其背后的制度缺陷

为了解决流动人口子女在流入城市就学的问题,优化区域教育资源配置主要有两条途径:一是在扩大当地公立学校办学规模,让所有的流动人口子女都能在当地公办学校上学;二是教育资源向农民工子弟学校倾斜,在资金、师资等资源配置上,农民工子弟学校向公立学校看齐。但是从目前的农民工子弟学校的办学条件来看,无论是从教学设施、师资力量、教育环境等各方面都不能与公立学校相媲美,此外在公立学校之间也存在着一定的教育资源配置差异。不同利益主体在教育资源配置中的博弈是教育资源配置格局形成的决定性因素,教育资源配置的实质是不同利益主体之间的利益博弈,而不同利益主体之间利益关系的演化则是教育资源配置格局调整的根本动力。具体到我国的教育资源配置实践中,中央与地方、城市与农村、东部地区与中西部地区、各社会阶层、学校和个人成为不同的利益主体,教育资源配置格局就是这些利益主体之间的相互关系的反映[①]。而教育资源配置失衡导致的最直接后果是教育强势群体与弱势群体的分化。弱势群体也正是因为弱势教育的实施而始终处于弱势地位。弱势教育突出表现在经费、师资、教学条件、课程与教学等教育资源方面的弱势地位,以及与教育资源直接相关的教育机会的不利处境上。

1996年,在全国各省、自治区中率先基本普及九年义务教育。江苏省委、省政府历来高度重视义务教育均衡发展工作,进入21世纪以来,省财政累计投入100多亿元,组织实施了一系列促进义务教育均衡发展的重点工程项目。学校面貌发生巨大变化,实现了真正意义上的免费义务教育。[②]《江苏省中长期教育改革和发展规划纲要(2010—2020年)》中也提出"坚持分区规划、分类推进、分步实施,实现义务教育优质均衡,学前教育和高中教育全面普及,基础教育公平程度显著提高,城乡、区域和学校之间的教育资源配置、教育质量和

---

① 许丽英. 教育资源配置理论研究[D]. 东北师范大学,2007.
② 江苏建设教育强省实现教育现代化[N]. 中国教育报,2011-4-7(03).

办学水平等差距明显缩小,每个儿童少年都能接受适合自身发展的良好教育"。然而由于客观存在的流动人口数量上的压力,以及政策出台和实施的滞后甚至不足,资源配置不均衡问题在流动人口子女与农村留守儿童入学及接受教育的过程中仍然存在。主要表现为三点:一是公办教育资源无法跟进流动儿童数量增长的步伐,在资金、资源和师资力量等有限供给的情况下各市、区无法保质保量完成"公立学校吸纳70%"的指标。二是生源结构的变化造成公立学校新的失衡。由于各市、区流动儿童主要集中在定点吸纳流动儿童的中小学,本地户籍儿童不愿就读此类学校,引发本地户籍儿童家长择校行为,造成公立学校之间生源结构、质量上的不平衡。三是农民工子弟学校缺乏有效的财力支持,办学规模小,办学条件往往很难达标,校车与教学用房安全隐患大;师资队伍学历低,教师待遇差,相当部分教师没有教师资格证;实行家族化经营,管理较乱,存在教育质量低下等严重问题。这些教育资源分配不均衡及其导致的教育环境的差异已经在义务教育领域产生了一定的负面影响,甚至出现影响社会稳定的因素。教育资源的不均衡配置无法得到解决,民办子弟小学与接收流动人口子女的公立小学,以及公立小学之间存在的教育资源分配差异逐渐扩大,在制度上无法得到有效制衡和解决,这就直接导致了流动人口子女在接受教育以及升学过程中的"显性与隐性不公平待遇",陷入了"政策上允许流动人口子女进入公立学校——公立学校无法满足日益增长的入学需求(或者因'五证'不全导致儿童无法入学)——民办子弟学校却因缺乏投入导致办学质量差——政府政策因种种原因不支持民办子弟学校大规模兴办和质量提升——流动人口子女上学难"的"怪圈"。袁振国教授认为,教育的城乡差距是教育差距的核心,缩小教育差距的关键在于缩小教育的城乡差距。而体现在流动人口子女平等接受义务教育这一问题上就是如何处理好流动人口子女和本地户口儿童公平享有优质教育资源这一教育"症结点"。就调研的结果来看,目前江苏省民办子弟学校教育资源配置的确还有从制度建设和政策执行上优化的必要。

(三) 流动人口子女心理问题的长期存在

对学习与生活的新环境的不适应,对家庭背景与其他儿童之间差距的切身感受,与城市儿童之间沟通交流产生的障碍等都会直接引起流动人口子女的心理问题,且这一问题在公立学校与民办学校之间存在差异。已有学者通过质化、量化等研究方式对随迁子女的心理问题做过调查,得出了一些结论。有统计数据显示,流动人口子女心理出现问题的检出率较一般人群要高,主要表现在缺乏自信心、情绪不稳定、人际关系冷漠等方面[①]。在这里需要指出的是,流动人口子女心理问题往往并不是一个孤立的成长问题,它背后还蕴藏着社会问题、教育问题、家庭问题等,是随迁子女教育融城过程中的巨大障碍,且这一障碍往往影响范围大、持续时间长、影响程度深、不容易解决。

前面提到,流动人口子女的教育融城指的是流动人口子女接受和城市居民子女一样的教育的状态,是乡—城移民融入城市的主要途径。城市新移民群体是在我国城市化进程加速的条件下产生的典型阶段性青年群体。他们是未来中国城市化进程中的重要力量,是人口城市化的主要推动力。而如果在教育领域无法真正实现融入状态,那么乡—城移民个体的融城之路将变得异常复杂,城市居民对于外来移民的接纳程度也将始终维持在低位,而且这些流动人口的子女同样也将不能够享有教育融城的权利与待遇。义务教育适龄儿童正处于心理成长的关键期,更是个人思想品质和价值观形成的关键期,在这一时期无法从心理层面帮助儿童实现教育融城,将会影响这些儿童今后的身份融城、代际融城的进程。

此外,流动人口子女心理问题的形成往往也有"人为"的因素。大到关于规范流动人口子女入学的"不平等"政策规定,小到"农民工子弟学校"的学校名称,这些都无时无刻地强化着学生对于外来身份的认同。这种外界强加给流动人口子女的标签更无助于学生从原有的心理阴影中走出。

(四)部分传统观念对流动人口子女教育融城的负面影响

调查中,我们也观察到了一些中国家庭中固有的传统观念对流动人口子女教育融城的影响。首先是流动人口子女的性别比例。本次调研所随机选取的对象中男生比例占到了59%,这一结果与相关研究(王宗萍,2010)的被试性别结构有着相同之处:即男性人数大于女性人数。在有些研究(徐晶晶,2010)中这种

---

① 光明日报.农民工随迁子女:如何适应社会,解读影响因素[EB/OL].新华网.http://news.xinhuanet.com/edu/2013-06/08/c_124830570.htm,2013-6-8/2015-8-18.

比例差距达到 20% 以上。这与农村地区长期存在的男女比例不协调的大背景有关,同时调查中的数据和随机访谈让我们认识到在一个多子女的家庭中,得到进城学习机会的儿童往往以男性居多。这种"重男轻女"的封建思想残留在我国某些农村地区,并在一定程度上主导着儿童的命运。其次,很多家长对学校的认识是"托儿所",即孩子到了学校,作为家长就暂时"逃脱"了看护的责任,甚至长时间将孩子留在学校不来接。此外,部分家长对儿童学习情况不予关心,认为学校是个"管人"的地方,"孩子有人管就行了"。这一现象虽然与农民工群体工作较为繁重、工作地点距儿童上学地点较远不无关系,但是流动人口对教育的认识误区仍然影响着流动人口子女接受教育的质量。此外,很多儿童未来的成长去向往往与家长的期盼挂钩。尤其是对于从农村来到城市的家庭来说,教育也许是实现家庭成员阶层流动的唯一途径。但是部分流动儿童在调研过程中表达出了强烈的反抗心理,入校学习反而成了流动人口子女的负担。而家长对流动儿童学习的"漠不关心"又滋长了他们漠视学习的心理。调查中 83.8% 的流动儿童希望"自己读书读到大学(大专)",但是其中约有一半的流动儿童却将这一目标归结为"父母的要求"。一方面家长希望孩子通过学习掌握知识,考出好成绩,上个好大学,找个好工作,实现他们儿时的梦想,但是却并不对孩子的学习进程进行跟进和关心,并把自己一厢情愿的想法与目标强加给孩子。如此种种,对流动人口子女的教育产生了潜移默化的负面影响。

不能否认,一些从传统环境中继承和发扬的观念对于促进家庭和谐,规范家庭成员生活行为等产生了积极的作用。但是由于流动人口子女生活、学习的环境较为特殊,这些孩子在无法很好地适应外界环境的背景下应该得到包括父母、教师等在心理层面的保护和疏导。父母、教师要通过沟通等方式了解孩子的真实想法,并在实际行动中给予孩子应有的关心和帮助。此外,一些具有明显错误价值观取向,已被时代所抛弃的旧有观念应该被及时舍弃,而不应该成为主导社会甄别成员和赋予机会的标准。

七、相关建议与对策

制度设计往往是解决社会问题的主要途径,而为问题的解决营造良好的社会氛围,调动相关主体解决问题的积极性,并将以人为本的理念贯穿在解决此类问题的过程中,这对于缓解社会矛盾,促进社会和谐发展有着积极的影响。所以政府层面的制度设计与政策执行、社会舆论的氛围营造、社会团体的有效疏导、学校与家庭的积极参与成为建议的主要构成内容。

(一)科学的制度设计是解决流动人口子女教育融城问题的根本之道

"制度"是指具有普遍意义的、比较稳定的、有一定强制性的和正式的规范体系。从制度设计入手解决包括流动人口子女教育融城在内的一系列社会问题是缓解社会矛盾、合理配置社会资源、维护社会稳定的根本举措。从制度层面规范流动人口子女教育融城过程中的各类行为,将为解决流动人口子女一系列的教育问题提供重要参考和政策支撑。

从目前有关"流动人口"的各类法律法规及政策性规定来看,制度领域已经涉及流动人口的就业、工资待遇、子女受教育、社会保障、司法救助等社会经济文化权利各个方面。总体而言,制度供给经历了从社会管理向权利确认及权益保护转变的重点倾斜过程,制度价值则从20世纪80—90年代的以限制、歧视为主向2003年后的以提供平等机会、救助保护为主的趋势转向。与教育相关的各项制度也正在实现公平转型,这其中户籍制度、财政制度和教育管理制度是为教育事业保驾护航的三大主要制度。户籍制度为流动人口子女教育融城扫除身份障碍,财政制度为流动人口子女教育融城提供财力与物质支持,教育管理制度为流动人口子女教育融城提供实施与管理服务。制度体系设计应首先从这三大制度入手,为流动人口子女教育融城提供切实有效的制度保障。

1. 以户籍制度改革推动流动人口子女教育融城进程

户籍制度是国家基本行政制度,传统户籍制度与土地相联系,现代户籍制度是国家依法收集、确认公民出生、死亡、亲属关系、法定地址等公民人口基本信息的法律制度。户籍制度的建立以1958年的《中华人民共和国户口登记条例》为起始,确立了我国基本城乡二元结构。它有我国计划经济体制的印记,成了我国市场经济的发展以及社会转型的桎梏,迫切需要进行改革。2013年1月7日召开的全国政法工作电视电话会议上,户籍制度改革被列为2013年四项重点工作之一。2014年国务院正式印发《关于进一步推进户籍制度改革的意见》,新一轮户籍制度改革要努力实现1亿左右农业转移人口及其他常住人口在城镇落户,让在城镇就业居住的农业转移人口和其他暂时没有落户的常住人口,能够逐步享受当地的基本公共服务,并基本建立与全面建成小康社会相适应、有效支撑社会管理和公共服务、依法保障公民权益、以人为本、科学高效、规范有序的新型户籍制度。农民工是农业转移人口的主体,也可以说,农民工是我国改革开放以来伴随着工业化、城镇化进程快速发展成长的新型劳动大军,新一轮户籍制度改革,将对农民工逐步融入城市具有重要作用,进而也会影响到农民工子女教育融城的质量与进展。具体而言,户籍制度改革将从以下几个方面影响流动人口子女公平享受教育资源的进程:一是将包括各地流动人口子女在内的常住人口纳入到区域教育发展规划中;二是坚持分类指导的原则,省内各地区因地制宜,制定科学合理的流动人口子女入学政策;三是以居住证制度建设为契机,破冰异地中高考问题的解决。此外,南京诸多高校,如南京师范大学等在接收流动人口子女的公立与民办学校中设立社会实践小组,为流动人口子女提供团体心理辅导等必要的心理疏导服务。

2. 以合理的财政制度支撑流动人口子女教育融城工作

提高流动人口子女义务教育财政投入责任主体层级。构建国家指导下的"以省市为主"流动人口子女义务教育财政体制,使省市级政府成为义务教育最主要的财政责任承担者;划分各级政府在流动人口子女义务教育中的财政责任,进一步明确各级政府的财政责任,建立中央、地方各级政府财政分担机制;重视对体制外资源的动员和使用,通过政府公共财政的支持促进民办教育的发展;切实落实免费义务教育政策,使义务教育阶段所有流动人口子女均可享受到免费的义务教育;按照流动人口子女在校的人数来拨付教育经费,同时加大中央财政对各地接收流动人口子女学校的专项奖补力度。

3. 以健全的教育管理制度提升流动人口子女教育融城质量

坚持"简政放权"的思路,合理划分各级政府对基础教育事业的职责与权限。构建一个统筹有力、权责明确的义务教育管理体制[①];允许不同办学主体的合法存在,积极探索以公立中小学为主、社会力量办农民工子弟学校为辅的多渠道运

---

① 林彩虹. 农民工子女义务教育问题与制度保障研究[D]. 海南大学,2013.

作办法,把社会力量开办的农民工子弟学校纳入本市义务教育管理体制,规范其办学行为和教育教学管理;保障流动人口子女接受教育的自由选择权利,不断完善全国中小学生学籍信息管理系统,更好地加强对流动人口子女接受教育的服务工作。

(二) 积极的心理关怀是缓解流动人口子女心理问题的有效途径

前文指出,流动人口子女心理问题对其教育融城的负面影响范围大、持续时间长、影响程度深、不易解决。加强对流动人口子女心理问题的关注和关怀是缓解流动人口子女心理问题乃至社会矛盾点的重要举措。这一工作主要以社会服务团体为主力军,通过大学生志愿者服务队、社会公益组织、企事业单位对口志愿服务小组、社区卫生服务站等实现对流动人口子女心理问题的关怀和指导,帮助流动儿童走出心理阴影。学校作为教育实施主体,应在日常教学活动中避免隐性歧视导致的流动人口子女身份与心理自卑感的产生,同时在学校内部成立专门的心理咨询机构为流动儿童提供全天候心理服务。如南京部分学校开设了诸如"阳光小屋""知心姐姐"的心理咨询室,帮助流动儿童打开心结,排解困惑;部分学校通过开展自信心教育、民族精神教育等系列活动,为流动儿童创设展示自我、寻找成功、体验快乐、提高自信心的平台。通过不同活动的开展,拉近了师生间、同学间的距离,也让每位儿童都有发挥自己才能和特长的机会,从而缓解流动儿童压力,促进其健康成长。利用社区教育资源,建立社区家庭教育指导中心或开办"家长学校",通过定期培训,帮助流动儿童家长提高思想认识,找准角色定位,明确自身在家庭教育中应该履行的职责,树立正确的亲子观、教育观,培养合理的教育方式,提高教育能力和水平,按照儿童的成长规律和社会需要施以教育,解决家庭教育中存在的困难和问题。

(三) 良好的舆论氛围是促进问题解决的"催化剂"

流动人口子女教育问题之所以能够长期引起全社会关注,其中的一个重要原因在于舆论的关注和发声。流动人口家庭是城市居民中的相对弱势群体,而流动人口子女是城市接受义务教育适龄儿童中的相对弱势群体。弱势群体在获取社会资源、获取自我提升机会等方面也同样处于弱势地位。近年来,各类媒体在为流动人口子女争取城市公平义务教育权上发挥了巨大的作用，为全社会营造了关注特殊群体、关心教育权利、关爱留守儿童的舆论环境。政府也逐渐开始重视并在政策上予以倾斜和扶持，保障流动人口子女能够与城市儿童一样公平享受义务教育权利。虽然这一问题没有得到根本解决，但是舆论工具的充分合理地运用也的确起到了应有的效果，"催化"着社会主体对这一问题的持续关注和努力。大众传媒应注重营造有利于流动人口子女社会认同的社会舆论，帮助流动人口家庭实现与城市的真正融合。

此外，舆论氛围也需要包括广大农民工朋友在内的全社会成员共同营造。诸如前面提到的明显错误价值观取向，已被时代所抛弃的旧有观念应该被及时抛弃，避免其对义务教育适龄儿童接受义务教育权利产生阻碍。城市居民也应该在日常言行中体现对这一特殊群体的关爱，积极与流动人口子女在学习、生活过程中接触，了解他们的需求，帮助他们度过生活中的困难，让流动人口子女在一个陌生的环境逐渐感受到家的温暖。

（四）利益相关者的协同努力是问题解决的重要保障

美国著名经济学家弗里曼对"利益相关者"所做出的经典定义是"一个利益相关者是任何一个影响公司目标的完成或受其影响的团体或个人。利益相关者包括雇员、顾客、供应商、股东、银行、政府，以及能够帮助或损害公司的其他团体。"借鉴这一定义，我们可以将流动人口子女教育融城这一事项的利益相关者推广为"应是任何一个影响流动人口子女教育融城或受到流动人口子女教育融城影响的团体或个人"。从显性的角度看，这些利益相关者既包括政府、学校等组织团体，也包括学校管理者、教师、学生及家长等个体。从随迁子女教育融城的过程来看，从原来的生活环境及学校转移到现有的生活环境和学校，期间主要经历了学习环境的转换、生活环境的转换和政策环境的转换，涉及的利益相关者主要包括学校（转出学校、城市转入学校）、行政部门、流动儿童、家长、教师、教育管理者、社会大众（如社区）（详见图2）。行政部门的作用是统领区域内教育资源配置与教育政策制定和实施的工作；城市转入学校则主要负责接收流动人口子女入学，在接受教育上给予学生应有的公平权；流动儿童自身则是接受义务教育的核心主体，是义务教育的受益者；家长是流动儿童的监护人，是保证适龄儿童接受义务教育的直接支持方与监督方；教师是实现流动儿童有效完成义务教育学段教育任务的执行者和督促者;教育管理者是在行政部门的指导下保证流动人口子女安全、完整地在学校接受义务教育的策划及执行者;社会大众是为流动人口家庭提供优质生活环境,帮助流动人口子女实现舒适生活和学习的辅助方。可以看出,行政部门作为顶层设计对区域内流动人口子女教育融城起到方向性的决定作用;学校教师和管理者是贯彻教育部门政策的执行者,是流动人口子女义务教育质量的维护者,受行政部门的管理,但在规定范围内拥有办学自主权;家庭、社会大众是为流动人口子女提供义务教育条件和环境的直接负责方,是行政部门政策的受益方和执行对象;流动儿童是所有主体围绕的核心,是接受义务教育的主体(详见图3)。四大主体应在维持流动人口子女公平接受义务教育、协调各方利益的基础上,对各自职责内的行为进行调整,以维护流动人口子女义务教育生态圈的完整和可持续运转。

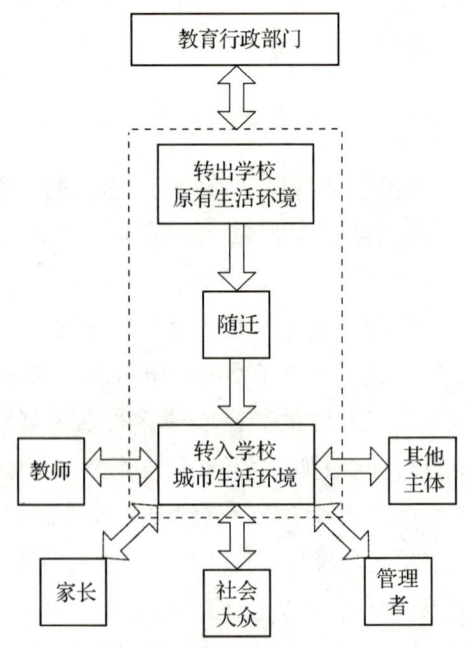

图2 流动人口子女教育融城过程中的利益相关者分析图

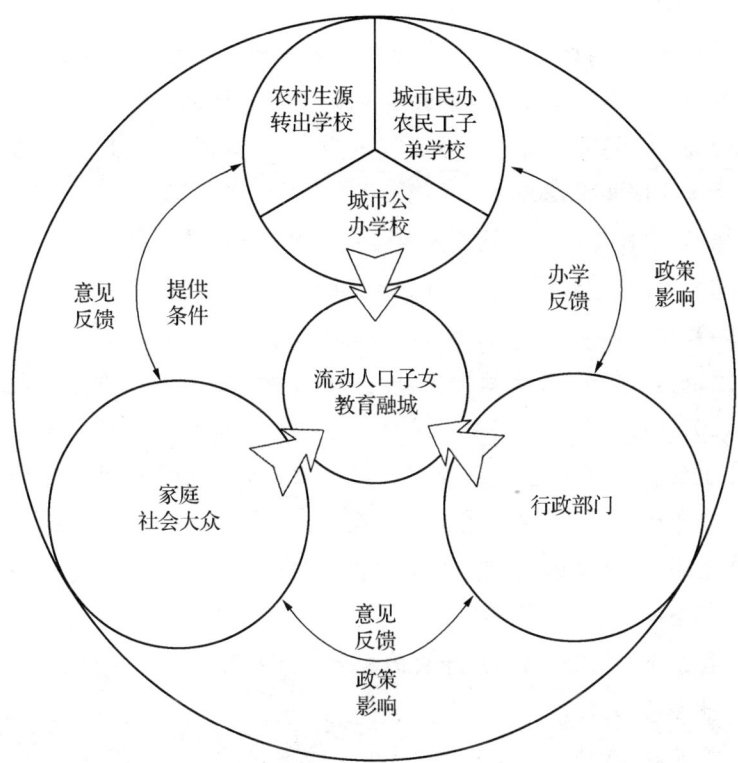

图3 流动人口子女教育融城利益相关者作用示意图

参考文献

[1] 光明日报.农民工随迁子女:如何适应社会,解读影响因素[EB/OL].新华网.http://news.xinhuanet.com/edu/2013-06-08/c_124830570.htm,2013-6-8/2015-8-18.

[2] 江苏建设教育强省实现教育现代化[N].中国教育报,2011-4-7(03).

[3] 李荣华.流动人口子女教育问题研究[D].西北师范大学,2005.

[4] 林彩虹.农民工子女义务教育问题与制度保障研究[D].海南大学,2013.

[5] 吕蔚起.欠发达地区流动人口城市融入问题研究[D].云南财经大

学,2014.

[6] 邱小健.中国城市化进程中流动人口子女义务教育问题研究——教育财政的视角[J].河北师范大学学报(教育科学版),2009(8).

[7] 佘凌,罗国芬.流动人口子女及其教育:概念的辨析[J].南京人口管理干部学院学报,2003(4).

[8] 宋蓓.农民工子女的城市融入[J].安徽教育学院学报,2006(4).

[9] 宋雁慧.当前我国流动人口子女的社会资本分析[J].民主与科学,2004(4).

[10] 田明,薄俊丽.东部地区流动人口城市融入的比较研究[J].人文地理,2014(1).

[11] 王回澜.城乡社会化环境对进城务工人员子女成长影响的研究.河北青年管理干部学院学报,2005(4).

[12] 王宗萍,段成荣,杨舸.我国农民工随迁子女状况研究——基于2005年全国1‰人口抽样调查数据的分析[J].中国软科学,2010(9).

[13] 吴新慧.关注流动人口子女的社会融入状况——社会排斥的视角[J].社会,2004(9).

[14] 徐晶晶.进城务工人员随迁子女心理健康状况的比较研究[J].思想理论教育,2010(10).

[15] 许传新,陈国华.流动人口子女教育的社会支持因素分析[J].中国青年研究,2004(4).

[16] 许丽英.教育资源配置理论研究[D].东北师范大学,2007.

[17] 杨承霖,余宾蓉,赵菲,等.流动儿童教育连续性影响因素的Logistic模型分析——以北京市昌平区某农民工子弟小学为例[J].河北经贸大学学报(综合版),2011(2).

[18] 张传萍.义务教育资源配置标准研究[D].华中科技大学,2012.

[19] 张振宇,陈岱云,高功敬.流动人口城市融入度及其影响因素的实证分析——基于济南市的调查[J].山东社会科学,2013(1).

[20] 赵民.流动人口子女教育问题与对策研究[J].齐鲁学刊,2013(2).

附录一 乡—城流动人口子女的城市教育融入现状问题学生调查问卷

亲爱的同学：

你好！

我们是南京师范大学教育科学学院课题研究组。这是一份关于流动人口子女接受教育情况的调查问卷，问卷调查将试图了解流动人口子女在城市接受教育的现状和问题。本问卷不涉及任何隐私，也不计分，所有的选项我们都会为你保密，所以请在每道题后面的方框中**选择你认为符合你自身情况的选项并划上√。有横线的地方可以填上相应的文字。**

1. 你的性别
   □ 男　　　□ 女
2. 你的年龄属于
   □ 10—11 岁　　□ 12—15 岁　　□ 16—18 岁
3. 你认为你的学习成绩情况：
   □ 很好　　　□ 比较好　　　□ 一般
   □ 比较差　　□ 很差
4. 你是否曾经留级过？　□ 是　　□ 否
   如果是，原因为_____
5. 你是否曾经转学过？　□ 是　　□ 否
   如果是，原因为_____

请在以下表格中选择最合适的选项。

序号	题目	经常觉得	有时觉得	不觉得
6	容易感到孤独			
7	不受欢迎			
8	被看不起			
9	不被理解			

10. 你希望以后自己可以上学上到

☐ 小学　☐ 初中　☐ 高中（中专、技校）　☐ 大学（大专）

原因是：_____

11. 你希望以后继续留在南京学习，还是去其他地方学习？为什么？

_____

请在以下表格中选择适合自己的选项，在方框中划√。

序号	评价题目	完全符合	比较符合	不清楚	不太符合	完全不符合
12	我喜欢现在的学校					
13	我满意老师的教学水平					
14	老师对学生的态度很好					
15	学校的教学设施很好					
16	我喜欢校园的环境					
17	学校周围的环境很好					
18	我与同学之间的关系融洽					
19	班级中同学之间家庭经济情况差距不大					
20	有烦恼时我会找同学倾诉					
21	我觉得自己受到了不公平的对待					
22	我觉得自己被别人看不起					
23	我觉得与其他人相比，我失去了一些机会					
24	我觉得社会上的人对我态度不好					
25	我觉得别人总是根据我的外表来评价我					
26	我觉得自己在学校里不如别人优秀					

十分感谢你的回答，祝你学习进步！

附录二 调研相关图片

图 1　调研地点：南京市栖霞区化二小学

图 2　调查组成员在化二小学发放问卷

图 3 化二小学学生正在认真填写问卷

图 4 南京市栖霞区燕子矶中心小学束校长接待调研组成员

图 5　燕子矶中心小学学生填写问卷

德育现状与政策议题
——江苏初中德育现状调查

王　恒　王亚会　黎　峥

(南京师范大学教育科学学院　江苏　南京　210097)

摘要：近几年，随着江苏省社会经济的快速发展和居民生活质量的稳步提升，未成年人的身心素质基本情况也备受关注。本研究选取南京市不同层级学校的初中生，通过抽样、发放问卷、分析数据来了解南京地区德育工作开展情况。通过对比研究，了解教师和学生的德育认识情况、德育活动开展情况、学校德育管理情况。

关键词：初中德育；德育管理；德育实效；对策建议

《关于培育和践行社会主义核心价值观的意见》中明确提出，要深化未成年人思想道德建设，构建大中小学有效衔接的德育课程体系和教材体系，创新中小学德育课和高校思想政治理论课教育教学。2014年，江苏省教育厅召开的江苏教育改革发展工作研讨会中指出，要坚持立德树人，提高德育实效，创新德育方式方法，加强德育队伍建设，深入实施素质教育。然而由于复杂的社会—家庭—学校因素，目前依然存在不少严峻问题，比如，重智轻德倾向还没有完全扭转过来，学校德育活动单一，缺乏创新性，德育活动形式主义风气盛行，家长对孩子的过度保护导致的青少年动手能力差、参与意识低的现象仍比较严重等。

一、引言

(一) 关于我国改革开放以来中小学德育政策研究

1. 以德育政策作为研究对象的相关研究

周宏芬的《对我国小学德育政策(1978—2000)多元视角政策分析》分三个阶段对20多年小学德育政策进行了描摹,基于理性视角,认为政策是实现价值最大化的选择,发现我国小学德育政策中出于对学术自身关怀产生的政策问题相对较少,更多是依据"社会需要"来确立一些政策问题;基于符号视角,认为政策的目的是通过对政策中符号的创造和信息的传递来型塑大众的观念。在我国小学德育政策中,符号大多表现为口号、模范人物以及词语等;基于规范视角,认为政策是价值的载体,其本质就是对价值的分配,从"社会我""个体我""自然我"的角度对德育政策中的价值观进行提取与整理,发现这些价值观的传递主要是通过德育课程来完成的,既有学科课程,也有活动课程。李红梅的《我国学校德育制度分析》中,将学校德育制度界定为观念形态的规范体系,包括正式的、理性化的、系统化的、行诸文字的行为规范,如学生守则、日常行为规范、学习制度(考勤制度、课堂堂规、考试制度、图书馆规则)、生活管理制度、学生礼貌常规和品德评价制度等。吴康宁在《南京师范大学学报(社会科学版)》2001年第3期上发表了《中国大陆小学"品德"教学大纲的社会学研究——兼与台湾小学"道德"课程标准相比较》,从社会学视角分析了我国小学"品德"教学大纲,并与台湾的小学"道德"课程标准进行了对比。认为从个体与外部的关系来看,大陆教学大纲体现"社会"的全面"占场","自然"的完全"缺场";从个体与社会的关系来看,大陆教学大纲强调"政治社会化职能","人格完善职能"退居其次;从个体与群体的关系来看,大陆教学大纲凸显"集体精神",几无"个体意识";从个体与个体的关系来看,大陆教学大纲充溢着"对人施舍倾向",短缺"平等共处取向"。该文进一步对小学"品德"教学大纲及小学品德教育反思,强调应该"善待自然",凸显"完善人格",重视"保持个性",引导"尊重别人"。

2. 研究内容涉及德育政策的相关研究

孙少平编著的《新中国德育50年》以翔实的史料,描述了中国自新中国成立以来50年中的德育发展历程,主要是对50年中学校德育成败与得失的介绍。刘黔敏的博士学位论文《德育学科课程:从理念到运行》对德育课程政策的特征进行了概括:从教学目的来看,课程从接班人的培养走向道德人的培养,从培养高尚的人逐步重视培养合格公民;从教学要点的归类看,课程中存在着群体"占场"和个人的"缺场"——群体本位的道德价值观;强调单向度的服从——义务型的道德价值观;社会公德的缺失——忽视公共精神的培养;"关注彼在,忽视此在"的道德教育观——与学生生活疏离等稳定性的价值取向。吴慧珠在《新中国小学德育课程的演变》中描述了从新中国成立初期到基础教育新课程改革以来小学德育课程的演变,从德育课程开设与演变的角度分析了课程功能的社会性与个人性、课程内容的范围与层次、课程发展中的渐变与突变等三个问题。

(二) 关于我国中学德育管理的研究

关于德育管理定义的研究。赵翰章认为,德育管理是组织、协调和控制德育在学校正确实施的过程。鲁洁、王逢贤在其《德育新论》中提到,学校德育管理是根据一定的德育目标,通过决策、计划、组织、指导和控制,有效地利用德育的各种要素,以实现培育人的管理活动。吴志宏在《学校管理理论与实践》中提到,德育工作管理就是在国家教育方针、政策、制度等的指导下,遵循德育工作基本规律,对学校德育活动进行规划、组织的过程,目的是实现学校德育目标,提高德育工作的质量。国内学者对德育管理的定义具有一定程度上的一致性,都认同德育管理是一个过程,是一个需要规划、组织和控制的活动。

关于德育管理存在问题的研究。刘怡蔓在《中学德育管理问题与对策研究》中提到,当前中学德育管理存在的问题如对德育管理重视不够、德育管理制度不完善、全员育人局面尚未形成、德育评价理想化、学校德育管理中的主体地位尚未体现,等等。周详认为,中学德育管理问题主要是德育管理思想内容的封闭性、德育管理目标的理想性、德育管理的价值他本性、德育管理方式的机械性等。白玉月在《乌海市海勃湾地区中学德育管理的问题与对策》一文中指出,中学德育管理存在管理没有地位、管理环境无序、管理目标失衡、管理内容僵化、管理方法简单等问题。国内学者从不同角度剖析了中学德育管理中存在的问题,对德育管理措施的提出具有借鉴意义。

关于德育管理措施研究。孟文美提出,要整合学校德育管理各要素,加强完善学校德育管理工作;整合社会力量,保障青年学生健康成长;整合家庭力量,营造良好的家庭德育氛围等。丁聪在《优化学校德育管理的探索》中提到,应该建立和完善各种德育管理制度,全员抓德育;全面育人,道德教育与学生评价相结合;学校德育工作与家庭、社会教育相结合。严振忠认为,应成立以校长为组长的德育工作领导小组;注重教师政治素质的培养;尽力发挥教育资源的德育价值。综上所述,我国学者提出了较为切实可行的德育管理措施,对奋战在德育第一线的校长、教师、家长来说,值得借鉴。

二、研究设计

(一)研究目的

初中阶段是学生形成自我认识的关键期,由于生理产生的巨大变化使得学生的心理也相应地发生了变化,学生心理变化如果没有正确引导,很容易对其今后的性格、生活、学习等产生很大影响。德育在初中阶段有着举足轻重的作用,它可以引导学生形成正确的自我认识与正确的世界观与价值观。本研究对江苏省会城市——南京约300名初中学生、60位初中教师进行问卷调查与个别访谈,以期对江苏省初中生德育工作现状有更深刻的认识,为德育工作的改进提供建议。

(二)研究方法

本研究通过抽样、发放问卷、分析数据来了解德育工作开展情况,因此在研究方法上采用量化研究设计方式。具体涉及的研究方法包括文献法、问卷法、观察法、访谈法。

文献法:通过网络以及图书馆数据检索相关的文献资料,进行阅读、分析与整理。本研究首先通过对学校德育工作的现有研究进行系统的整理,确立本研究的理论依据,了解该研究主题的研究现状,为编制问卷和结果的解释与讨论做好理论准备。

问卷法:通过编制问卷,发放给样本填写,以便获得初中生德育工作开展情况的相关数据,从而在收集到的数据的基础上进行差异分析。

观察法:通过对同一班级学生课堂与课间的行为追踪观察,了解教师上课的德育情况,从而得到更为深刻鲜活的资料。

访谈法:通过对个别学生与教师进行访谈,对访谈者内心进行深入了解,以便获取问卷调查、追踪观察等以外的真实情感资料。

(三)研究对象的选择

本研究主要选择初中生为研究对象。笔者认为,初中生正处于生理转变期,这一时期的初中生较情绪化,也是德育的关键时期。相比较而言,根据皮亚杰的道德发展阶段理论,小学生对道德行为的判断主要是依据他人设定的外在标准,即他律道德。在该阶段,道德判断受外部的价值标准所支配和制约,表现出对外在权威的绝对尊敬和顺从的愿望。在小学阶段,依赖于外在的道德评价的学生大多数表现良好,对学生的德育情况与学校德育工作调查的意义不大。高中生已走过了生理突变期,开始对自己的心理情绪有所了解,学校的德育工作多数以辅助教育为主。初中生首先已经有较为成熟的心理感知力,对问题的看法也趋于稳定。一般认为,初中是学生群体分化加剧的阶段,他们正处于摆脱儿童走向成人的关键时期,学校德育工作将在其成长过程中起着举足轻重的引导与规范作用,所以在本研究中笔者选择初中生作为研究对象。

由于本研究是为了对南京市的初中学校德育工作开展情况进行调查,对学校的选择也是在问卷正式发放前需要认真考虑的。笔者最终决定选择南京市五个区的六所初中,根据各个区中学数量及各区综合实力排名进行分层等比例抽样,选取玄武区两所中学、秦淮区一所中学、江宁区一所中学、浦口区一所中学、栖霞区一所中学,所抽中的学校分为较好、中等、较差三个等级,所有抽中学校均为公立初中。需要指出的是,笔者之所以会选择六所优劣程度迥异的学校绝非仅仅为了对这六所初中德育工作情况进行对比研究,笔者考虑到的是江苏省各市贫富差距还是较大,各个市的学校之间也会有较大差距,在选取学校时如果仅选择某区或某一类学校将使调查结果产生误差。这样操作,可以使得样本具有代表性,便于进行统计分析。

(四)研究内容与结果分析

本研究的研究工具是在研究者阅读了大量文献和参照前人德育调查的问卷的基础上,自己编制的"江苏省初中生德育工作开展情况调查问卷"。本次共发放学生问卷300份,回收296份,回收率为98.7%,有效问卷282份,问卷有效率为95%;共发放教师问卷50份,回收49份,回收率为98%,有效问卷47份,问卷有效率为96%。

1. 问卷的结构与内容

本次调研一共分为两个问卷,教师问卷与学生问卷。在教师问卷与学生问卷中设置少量相类似的问题,以检验问卷的可靠性。

学生问卷由三部分组成,第一部分是调查初中生的基本信息,共7题。其中1、2、4是调查研究对象的基本信息,3、5题是调查研究对象的学校情况,6、7题是调查研究对象的家庭背景,以便于了解被调查者的层次与德育情况的相关性。问卷第二部分是调查初中德育工作开展情况,共34题,第二部分分为三小部分。第一小部分是测量学生主体的道德现状的,为第1、2、4、5、9、10、11、13、14、16、17、18、19、20、21、23、24、25、26、30、32、33、34题,共23题;第二小部分是了解教师与学生的交流情况,为第3、8、15、22题,共4题;第三小部分是了解学校德育活动开展情况的,第7、12、27、28、29、31,共6题。第三部分是笔者觉得可能会对数据结果的解释和讨论有帮助的题目,即第35、36题,共2题。

教师问卷由三部分组成,第一部分是调查初中教师基本信息,共4题。第二部分是对德育工作开展情况进行调查,共37小题,分为三个小部分。第一小部分是了解学校已有的德育活动,为第1、6、8、9、12、15、16、24、25,共9题;第二小部分是了解教师与学生的沟通,为第2、3、4题,共3题;第三小部分是了解教师自身德育素质与观点,为第5、7、10、11、13、14、17—22、23、26、27—37,共26题。第三部分是笔者觉得需要深入了解教师内心深层次想法的题目,即第38—40题,共3题。

2. 问卷结果分析

笔者在2014年5月10日至6月20日分别前往六所学校发放问卷,问卷发放前均详细地告知问卷填答者注意事项,问卷均当场发放,问卷填答完后马上收回。

本研究主要是一个量化研究,运用spss软件对数据进行分析。本次调查研究是描述性研究,笔者将通过对问卷问题数据进行统计并整理相关访谈与观察资料得出分析结果。

学生问卷:

(1) 学生基本情况分析。

表1 学生职务与性别基本情况

		您在班里担任的职务						合计
		班长	班委	课代表	小组长	无	其他	
性别	男	2	28	32	16	68	9	155
	女	9	24	48	15	33	12	141
合计		11	52	80	31	101	21	296

由表1可以看出,本次调查对象中有141位女学生,155位男学生,男女比例相近。重点学校占63%,普通学校占37%。初一学生占57%,初二学生占32%,初三学生占10%。独生子女占83.8%,非独生子女占16.2%。有3.7%的学生表示曾经担任过班长,17.6%的学生表示担任过班委,27%的学生表示担任过课代表,10.5%的学生表示担任过小组长,34.1%的学生表示没有担任过任何职务,还有7.1%的学生表示担任过其他职务。本调查问卷加入对学生父母学历及职业的调查,以了解并避免家庭差异带来的道德水平的差异。问卷分析显示,大部分学生的父母学历为初中和高中高职两类,大部分父母的职业为一般管理人员和专业技术人员。

(2) 学生道德现状分析。

在"您遵守学校规章制度的最主要原因"这一问题上,选择"避免因违反制度而受到处分"的学生占8.8%,选择"大家都遵守纪律能使学校有一个良好的环境,对每个人都有好处"的学生占56.4%,选择"能得到同学和老师的好评"的学生占0.7%,选择"遵守学校规章制度是每一个学生最起码的要求"的学生占34%。由此可见,大部分学生都认可遵守学校规章制度是必要的行为,而不是为了外在的条件去履行职责。

在"当学校规章制度与您的个人自由发生冲突的时候您的选择是什么"这一问题上,选择"无条件遵守规章制度"的学生占57.8%,选择"有人监督时就遵守"的学生占4.4%,选择"我觉得制度合理就遵守,如果我觉得制度不合理就不遵守"的学生占34.8%,选择"如果违反制度处罚严重就遵守,如果处罚不重就选择不遵守"的学生占3%。由此可见,大部分学生选择遵守规章制度,另外一部分学生是在权衡后才选择是否服从。

在"遇到负面情绪时您是如何处理的"这一问题上,选择"不知道该如何处理"的学生占5.4%,选择"找自己信任的人聊天、写日记"的学生占53.0%,选择"砸东西、发脾气"的学生占3%,选择"努力压制自己,不让别人看出来"的学生占38.5%。由此可见,大多数学生能够有意识地处理自己的情绪。而在这之中,多数学生选择正常倾诉,可是仍有不少学生选择压抑情感,两者比例相当,学校德育应采取多种渠道引导学生抒发情感。

在"您是否经常收看新闻关心国家大事"这一问题上,38.9%的学生表示"经常看新闻",57.4%的学生"不经常看新闻",3.7%的学生表示"从来也不关心国家大事"。在问卷中设置的国家领导人与职务的连线中近80%的学生都可以正确填写。由此可看出,收看新闻对于多数学生来说还不是日常性的事项,这可能和学生的课业负担过重有关。不过学生对于国家领导人与职务的了解并没有想象中的那么少,因为随着现代网络技术的发展,学生可以通过网络或其他大众媒介来了解国家和社会事务。

在"您有明确的人生目标并为之积极进取吗"这一问题上,80.1%的学生表示有,5.7%的学生表示没有,14.2%的学生表示说不清。由此可见,在这一阶段大多数学生心目中已经有了人生理想并会为之付出努力,已经有了正面的思想。

在"您能马上默写出国歌或唱出国歌吗"这一问题上,91.6%的学生表示可以,8.4%的学生表示不可以。

在"您帮助别人后需要他人回报吗"这一问题上,53.7%的学生表示"不需要,我愿意这样做",8.4%的学生表示"需要,我帮过你,你就要帮我",37.8%的学生表示"无所谓"。大约有十分之一的学生直接选择了需要回报,这些学生利益观念较明显,但多数学生助人并不求回报或不把收到回报作为助人的目的。

在"您觉得思想品德与实际生活有联系与意义吗"这一问题上,50.4%的学生表示"很有联系,很有意义",43.7%的学生表示"有一定联系与意义",6%的学生表示没有联系。大部分学生肯定了思想品德的实践性,说明我们的思想品德教育在理论联系实际上逐步取得了一定的效果。

在"您关注校园的板报、墙报、宣传栏、校园广播吗"这一问题上,50.4%的学生表示关注,42.2%的学生表示偶尔关注,7.4%的学生表示不会关注。可见,学校中的文化熏陶还是有一定作用的,大部分学生会主动关注校园中的文化宣传,应该利用好这一德育宣传途径营造良好道德氛围,潜移默化地影响学生的道德行为。

在"父母每天为你洗衣做饭,您的看法是什么"这一问题上,3%的学生表示"这是父母应该做的",6.3%的学生表示"我还小,现在的任务是学习,可以不管",90.7%的学生表示"应主动承担家务劳动,做力所能及的事",可见学生们还是有意识承担家务的,但是承担家务的态度与实际行动是否成正比,笔者无从考证。

在"请问您在家中有没有主动干过家务"这一问题上,47.8%的学生表示"经常做家务",50.7%的学生表示"偶尔做家务",1.5%的学生表示"没有做过家务"。这两个问题反映了大多数学生能够体认父母的辛苦付出,懂得感恩与分担。

在"如果让您参加义务劳动、公益劳动,您的态度是什么"这一问题上,84.1%的学生表示"乐于接受",12.5%的学生表示"有好处就去",3.4%的学生表示"觉得没有必要"。在被调查的学生中,有15.9%的学生都不愿意或者需要好处才会做公益劳动,这个比例值得我们深思。这个比例意味着每10个学生里就有近2位学生将利益看得比意义更重。笔者认为,在市场经济的时代应该更多地涉及有关"如何争取自身权益与利益,如何分享成果,如何报答社会"等内容,而所涉及的主题活动或者德育知识应该细化,所列出的条款应该是学生日常所能做到、能看到的行为。

在"对于中国梦您更认同以下哪种说法"这一问题上,13%的同学表示"是一种理想境界,实现起来很难",有77.8%的同学选择"一种凝聚国民,增加国家向心力的宣传",有3%的同学选择"空想,没有实现的可能",有6.3%的同学选择"是依照现今国情提出的合理期望"。由此可见,大部分同学对这一主题还是怀有憧憬与信念的。

如图1所示,在"您认为对于您成长影响最重要的因素来源于哪里"这一问题上,有31.9%的学生选择家长,9.5%的学生选择教师,27%的学生选择"同学或者朋友",21.2%的学生选择"自己",10.4%的学生选择"社会"。所选择的比例相差不大,其中家长成了成长的最重要因素,而教师的比例却成了最低的一部分,这一结果出乎笔者意料。笔者认为,这一结果提醒着我们,家长、同学或者朋友应该成为德育的重要辅助对象,对学生的德育应该与家长相互配合,家校联系,并鼓励学生之间相互德育,而非仅仅依赖教师对学生的传授,这是一个新方向,值得我们重视。而德育的最终与最理想的状况是学生的自我德育与自我完善。

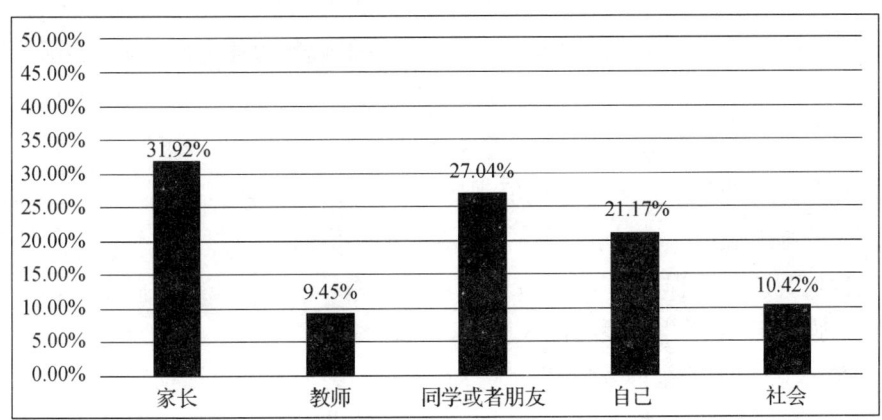

图1 影响成长的因素来源

在"您在平时有没有做到课前预习、课后复习和自学教材"这一问题上,有51.4%的学生表示经常会做到课前预习、课后复习和自学教材,44.9%的学生表示偶尔会,3.7%的学生表示不会。

在"接受道德教育的主要形式是什么"这一问题上,67.9%的学生选择"开展活动,在活动中接受教育",12.8%的学生选择"政治课上接受教育",5.4%的学生选择"听讲座,听报告",13.9%的学生选择"班主任的教育"。本题的结果与随后的关于"您喜欢的德育活动形式排序"这一题相互呼应,两题共同显示出学生对于社会实践活动形式的德育更为喜爱。

在"您认为学校开展的德育活动对您的思想和行为有帮助吗"这一问题上,73.6%的学生表示有帮助,10.1%的学生表示没有帮助,16.2%的学生表示不清楚。有近30%的学生对于德育活动是否对自己有益表示质疑或否定,我们同样应该深思,为什么耗时耗力组织的德育活动却没有达到预期效果?

在"您经常参加社会公益活动吗"这一问题上,有33.4%的学生表示经常参加,58.1%的学生表示不经常参加,8.4%的学生表示从不参加。公益活动不仅有其社会意义,对于个体的成长也有教育作用,近70%的学生表示不经常参加或不参加,这个数目在我国是不稀奇的,学生们没有参加公益活动的渠道,学校很少组织这种类型的活动,或者即使组织了此类活动,大部分人也只当做是一项任务完成抑或者是为了获得另外的奖励,等等。社会上应多举办中小学生可以直接报名的公益活动,学校应多为这些公益活动做宣传,至少应该提供报名渠道,并鼓励学生们参加公益活动,引导他们认识到参加公益活动的真正意义所在。笔者认为,在问卷过程中所发现的大部分学生"利益至上"的现象恰恰可以通过多参加公益活动得以改善。参加公益活动是一种大环境影响小环境的行为,要树立明确的态度立场,并且要有鲜明的模范,让学生从内心感受到参加此类活动的荣耀感和责任感。

在"您了解社会主义核心价值观吗"这一问题上,有18.2%表示很了解,60.5%的学生表示一般了解,21.3%的学生表示不了解。可见,学生们对于社会主义价值观的了解程度并不高,校方也表示曾经开过相关主题的晨会、班会,但是只是强调意义,学生们没有深入认识。

在"学校是否进行过爱学习、爱劳动、爱祖国的相关教育活动"这一问题上,79.4%学生表示学校进行过相关活动,20.6%的学生表示学校没有进行过相关活动。在"您认为爱学习、爱劳动、爱祖国的教育是否有意义"问题中,87.2%的学生表示有意义,12.8%的学生表示没有意义。笔者认为,开展"三爱"教育,对于培育和践行社会主义核心价值观,深化中国梦宣传教育,帮助学生树立正确的世界观、人生观、价值观具有重要意义,但是目前大部分学生对于该活动的意义缺乏正确认识。

如图2,在有关于中国梦的题目上,学生们的认识也很特别,关于"你心中的中国梦蓝图涉及哪些方面"的问题,笔者设置了多项选择,调查结果显示"和平自由"选项的被选率最高,占了25.34%;其次为"民主平等"选项,占了21.81%;再次为"生态环保"选项,占了21.64%;然后为"现代化教育"选项,占了14.6%;继之为"科技发达"选项,占了10.91%;最末为"医疗保障"选项,被选率仅为5.7%。关于"为了实现中国梦我们需要做出的努力有哪些"的问题,笔者同样设置为多项选择,其中"我们需要提升自身的素质和修养"的被选率最高,占了34.6%;"我们需要增强自身的文化修养"选项的被选率次之,占了17.4%;再次为"我们需要树立自觉维护公共基础设施的意识"选项,被选率为16.7%;"我们需要将个人理想与国家追求有机结合"选项的被选率为14.3%;"我们需要加强公民意识"选项的被选率为9.9%;"我们需要关注事实和政治"选项的被选率为7.1%。学生的想法多元化,见仁见智。

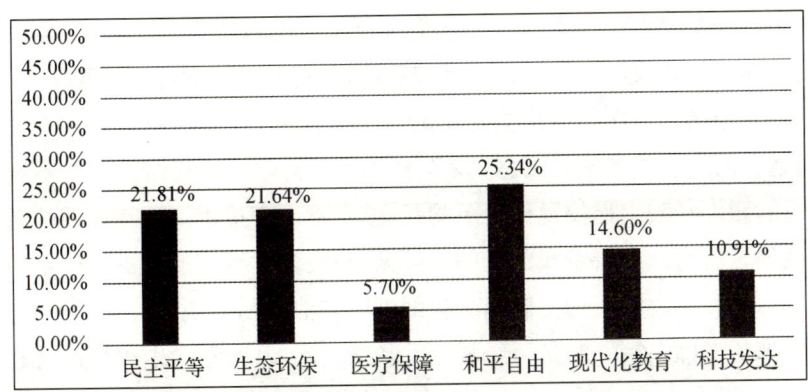

图2 您心中的中国梦蓝图所涉及的方面

在"学校里,老师们是否经常主动找你谈心,并给予你指导和帮助"这一问题上,61.8%的学生表示老师主动找过他们,并给予他们帮助,20.3%的学生表示老师没有找过他们或给予其帮助,17.9%的学生表示说不清楚。由此可见,还有很大一部分学生没有跟教师在课下交流过,大多数学生表示因为老师没有用合适的语气所以不喜欢和老师交流。而家访、与学生面对面交流、学生成绩等都是教师了解和帮助学生发展的重要途径,教师应该重视与学生的直接交流,建立师生间的相互信任。

在"您对自己和班主任关系满意吗"这一问题上,65.9%的学生表示满意,27%的学生表示一般,4.1%的学生表示不满意,3%的学生表示说不清楚。在笔者与学生的谈话过程中,笔者获悉,大部分学生害怕与班主任老师交流沟通,特别是男生,部分男生表示只要犯了小错误,班主任就会让其在教室后面或者教室门口罚站。

在"您的老师批评学生经常使用的方式"这一问题上,26.8%的学生表示老师经常用当面指责的批评方式,63.5%的学生表示老师会选择私下谈话的方式对他们进行批评,7.3%的学生表示老师会选择找家长的方式批评他们,2.4%的学生选择了其他。笔者在发放问卷的过程中也发现教师针对当时影响纪律的学生采取了在座位上罚站、在教室后面罚站以及在教室门外罚站的惩罚方式,对一个被罚站的学生提问其罚站的缘由,该学生回答:"老师不喜欢我的走路姿势,所以让我罚站。"笔者继续问:"是否经常发生罚站的事情?"该同学回答:"老师只要看我哪里不舒服了就让我罚站,这是很正常的事情,我已经习惯了。"经过笔者观察,其他同学对于罚站这一惩罚方式也是认同的,当某些学生违反纪律之后,其他学生也会起哄要求该学生罚站。在笔者所调研的六所学校中,每所学校的学生都会在违反纪律或者犯了错误之后被罚站,而罚站的时间却并不确定,大多数直到下课才会结束。在与一位被罚站的学生交流的过程中,笔者意外地发现该学生对老师的态度并非绝对厌恶,该学生表示,"老师让我罚站是对我不好的行为的惩罚,跟那种我上课捣乱他也不管我,或者下课直接走了不管我们的老师相比较,我还是更喜欢会管着我的老师。"可见,在很多学生们的认识里还是认同教师的当面指责,不过学生们更倾向于教师可以与他们私下谈话。

在"您的老师在授课时是否经常注重联系实际,及时对学生进行道德教育和引导"这一问题上,75.7%的学生表示教师在授课时经常注重理论联系实际,并及时对学生进行道德教育与引导,20.5%的学生表示不经常,3.6%的学生表示从来没有过,10.2%的学生表示不清楚。数据可见,教师在课堂教学与德育的渗透方面做得比较好。

(3)学校德育活动情况分析。

在"班级组织班会或队会,班主任通常如何处理"这一问题上,32.8%的学生选择班主任让学生组织班会或队会活动,59.1%的学生选择教师帮助和指导学生开展活动,并参与其中,2.7%的学生选择老师对班队会活动不管不问,5.4%的学生选择了其他。由此可见,班团队会在学校中还是正常进行,只是组织的形式可能有教师单独组织,或者教师让学生组织。

在"您所在班级的思想品德课情况"这一问题上,81.3%的学生表示每一节德育课都会开展,2%的学生表示班里都不会上德育课,16.5%的学生表示有时被主课老师占用德育课,2%的学生选择其他。大部分德育课是照常进行,但德育课被主课占据已经不是新鲜事,但是加上表示不会上德育课的2%的比例,德育课未正常开课的比例高达20%。单纯的通过排课保障德育课的课时已经不能奏效,要使德育课按要求施行还需要提高各科教师对德育的认识。

在"学校经常开展以德育为主题的实践活动吗"这一问题上,49.3%的学生表示经常开展以德育为主题的实践活动,45.3%的学生表示不经常开展此类活动,5.4%的学生表示学校不曾开展过此类活动。由此可见,学校对德育活动并不是很重视,有半数的学生对于德育活动比较生疏。

如图3所示,在"学校经常开展德育的内容有哪些"这一问题上,21.5%的学生选择"思想政治课等相关课程知识",18.2%的学生选择"身心健康教育",

18.2%的学生选择"行为规范教育",15.8%的学生选择"开展主题性的思想政治教育",15.1%的学生选择"法律法规教育",11.2%的学生选择"世界观、人生观、价值观的教育"。数据表明,学校开展的德育活动以思想品德课为主,各方面的德育活动都有涉及,且所涉及的教育相对均衡。

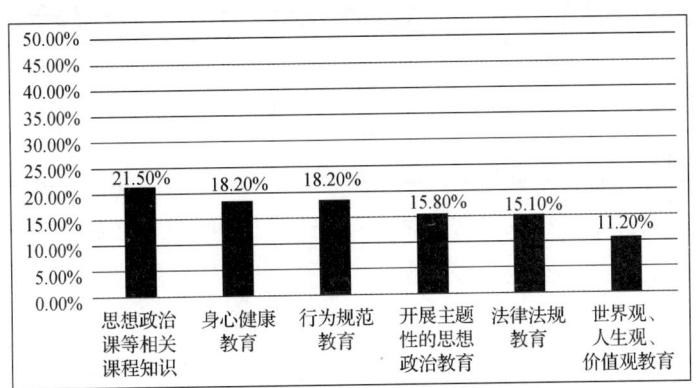

图3　所在学校开展的德育内容种类

根据图4数据显示,在"您所在学校开展德育宣传的形式有哪些"这一问题上,22.27%的学生选择"思想政治课",15.63%的学生选择"有关德育主题的活动",14.55%的学生选择"关于德育方面的讲座或论坛",7.23%的学生选择"面对面的谈话",13.38%的学生选择"德育专题学习(如展览、海报等)",有7.03%的学生选择"运用网络进行德育宣传教育活动",18.92%的学生选择"班团队会",选择"其他"的占1%。根据比例显示,目前学校开展的德育活动形式较多,每种活动比例相当,但是班团队会活动仍然是学校德育的主要形式。

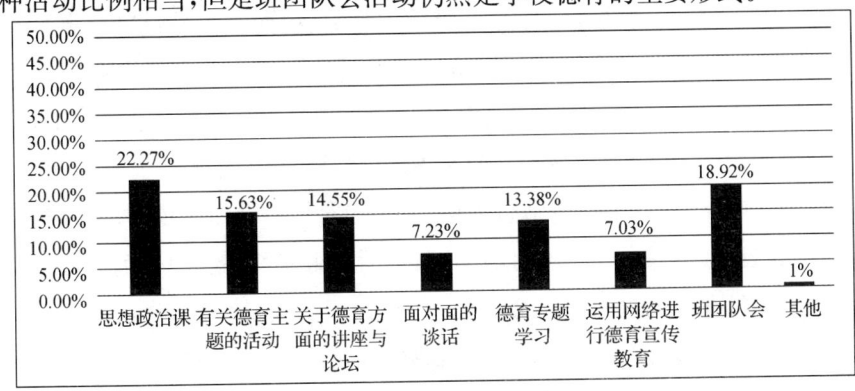

图4　所在学校开展德育宣传的形式(学生卷)

表2 学生喜爱的德育活动排序

选项＼排序	第一	第二	第三	第四	第五
大型教育活动	38	28	62	66	102
思想政治课(思想品德课)	18	40	56	84	99
班(团)队会	25	22	126	80	39
课外活动	83	126	31	40	17
社会实践活动	123	80	21	26	39

在"按照您的喜欢程度给德育活动排序"这一问题上,笔者请调查对象根据自己的喜爱程度对所列选项进行排序,随后笔者分别对排第一位、第二位、第三位、第四位、第五位各选项的数值进行统计,所得结果如表2所示,大多数学生们认为社会实践活动是他们最喜爱的德育活动,在排第二位的各选项中选择课外活动的人数最多,在排第三位的各选项中选择班(团)队会的人数最多,在排第四位的各选项中选择思想品德课与班(团)队会的人数相当,在排第五位的选项中选择大型教育活动与思想品德课的人数最多。思想政治课这一专门设立的德育课程却成了学生们最不喜爱的德育活动形式,在前面的问题中显示,18.6%的思想政治课程被主课老师占用或因为其他事情而停上。笔者在课堂观察过程中发现,当班主任老师整顿课堂纪律或者对某学生进行批评的时候,其他同学会起哄或者幸灾乐祸,而老师的口头批评言语中常带有侮辱性质的词汇。除口头批评之外,还会伴随行为批评,最为普遍的就是罚站,且没有说明罚站时间,学生在反复罚站过后并不觉得罚站是一种非常严重的惩罚,反而觉得站过之后事情就解决了不用再负责,或者会觉得即使犯错也可通过体罚的方式解决问题而内心缺少反省和内疚。思想政治课早已偏离初衷,教师利用该课程以批评为主,少引导、欠缺说服,学生并没有感觉到该课程的重要性,认为这就是一节"批斗"课。学生对德育的社会实践活动非常感兴趣,因为相对于枯燥的德育知识灌输,社会实践活动有自己的主题,学生通过活动准备、活动组织和活动回顾亲自参与整个活动过程,并且在活动过程中还会得到相应的"劳动成果",例如活动的照片、活动文章、活动奖品等等,当学生看到实物,看到自己的成果的时候,他们才会将德育知识渗透到自己的认知中,这就是一种新的学习模式。

最后，笔者设置了两个问题，期望得到学生更为真实的想法。

问题一：

您印象中最深刻的德育活动是什么？它为何给您留下如此深刻的印象？

根据笔者记录，可将大部分学生的回答分为以下几种：

（1）班会。学生们给出的理由是因为班会有针对性、有效果，可以为我们注入良好的世界观、人生观、价值观；班会社团活动，由学生自主组织参与比较有意义。

（2）讲座。如禁毒宣传，有些让人触目惊心的事例，很有意义；法律讲座，让我们学会用法律保护自己；思想品德讲座，因为生动有趣，让我们对德育有了更深刻的了解；讲座，如"9·18事变"关于中国历史变迁，让我们了解了中国的历史；知识讲座，让我们了解更多知识并且获得更深的感悟（因为讲座最容易懂，并且它以我最容易接受、最感兴趣的方式进行）；防火讲座，因为这次活动让我们了解火灾知识并学会在火灾中如何自救；在"雷锋日"开展关于雷锋精神的讲座，列举出了身边实例，让我们感受到了雷锋精神的可贵。

（3）全校性总结。期中总结，教会我要从现在开始努力，没有努力就不会有收获；期中考试表彰大会"我现在就付诸行动"，有助于培养同学们好学上进的良好品质；一次晨会老师讲话，因为内容和生活密切相关，说明了具有良好的道德品质的必要性。

（4）社会实践活动。义卖活动，为希望工程捐款，为国家作贡献又可以帮助别人，义卖的东西很丰富，给我印象十分深刻；红十字会活动，救助了很多人，教会我们不能用不平等的眼光对待他人；社会实践活动，让我们在快乐中学习；社会公益活动，让我们学会要帮助他人；迎接青奥会的手抄报，让同学们更深刻地了解青奥会；为小区或工厂干一天活，因为这让我们了解家长工作的辛苦；在春游中宣扬遵守学生的礼仪、爱护环境的举止，既能享受快乐，又能学到德育知识；卖报纸捐钱，这个活动不仅能锻炼我们的社交能力，还能帮助别人；小学时去雨花台捡垃圾，让我们明白了爱护环境很重要。

(5) 其他。部分学生对于这个问题并没有直接回答,而是写出了自己对于学校一部分德育活动的看法。例如有位学生就写出了她对于学校奖学金领取的一个颁奖仪式的异议:因为领奖学金的贫困学生在所有人或歧视或厌恶或好奇的眼神下显得不安与难堪,他们不想被任何人盯着看,不应该让贫困学生在众人注视下领奖,感觉像在可怜他们,我们看见了他们眼中的泪光。还有部分学生表示:我不曾参加德育活动,但我觉得它对我们的道德修养有很大好处。这部分回应值得我们反思,德育是做成形式还是应该真正从学生实际感受出发。

问题二:

对于践行"中国梦、我的梦",您还有哪些看法需要发表?

笔者整理学生的回复如下:

(1) 不要总将钱花在科技发展上,多关注山区孩子。

(2) 反贪污,反腐败,反一切不正当行为,一切慈善机构工作都要透明化。

(3) 提高国民自身修养和素质以及环保意识,不要把政府的钱花在无谓的地方,多干实事。

(4) 不只强调某一方面,要更具实际,这样百姓生活需要才能得到支持,不以单一方式传播,活用新科技媒介。

(5) 应将生态环境放在第一位,营造一个更美好的家园,以求更长远的发展。

(6) 我觉得我们应该把自身与国家结合起来,中国梦这个活动很好,有利于每个人的发展。

(7) 中国也是有歧视的,有些有钱人瞧不起穷人,认为钱能解决一切问题;还有现在的社会风气令人担忧,食品安全也需要得到保障。

(8) 要治治某些贪官,现在中国人良心泯灭、自私自利,虽然说社会好人多,但是大多数人心中还是为自己的利益着想。像中国有些食品对人体伤害大,如:毒奶粉、毒鸡翅等,这点我们中国还要大力提高整治力度。

(9) 应将德育落实到实践活动中去,只有提高了个人素质,才能提高整个民族的素质,这样才有利于促进社会发展。

(10) 现在的初中生几乎不存在梦想。从小到大被灌输的思想就是学习,学习好了才能有梦想,从小到大的梦想慢慢被现实埋没。

(11) 我觉得中国梦的表现不能只出现在电视上,必须表现在我们的生活之中,这样,中国梦的意义就可以进一步扩大。

教师问卷

(1) 教师基本情况分析。

表3 教师职务与年龄情况

		年龄				合计
		20—29岁	30—39岁	40—49岁	50岁及以上	
您在学校所担任的职务	中层干部	0	2	3	1	6
	班主任	4	12	5	0	21
	普通教师	6	7	7	2	22
合计		10	21	15	3	49

由表3可见,本次调查共收回49位教师的问卷,其中20—29岁的教师占20.4%,30—39岁的教师占42.9%,40—49岁的教师占30.6%,50岁及以上的教师占6.1%。被试中男教师占46.9%,女教师占53.1%。被试中大专或大学本科学历者占77.6%,硕士及以上学历者占22.4%。被试中中层干部占12.2%,班主任占42.9%,普通教师占44.9%。

(2) 学校德育工作情况分析。

在"贵校召开班主任工作会议的频率"这一问题上,61.2%的教师表示学校每周开一次德育例会,30.6%的教师表示学校每两周开一次德育例会,8.2%的教师表示学校每月开一次德育例会。可见,学校德育工作会议还是开展得比较频繁的。

在"学校老师对学生进行思想道德状况了解的方式"这一问题上,8.2%的教师通过问卷调查了解学生道德情况,83.7%的教师通过个别谈话了解学生道德情况,8.1%的教师凭借经验判断学生的道德情况。可见,谈话成为教师了解学生情况的主要方式。笔者认为,教师可以拓宽了解学生道德现状的途径,可以增加科学的调查问卷的使用率或者通过观察与教育日记的方式了解学生的道德现状。

在"您每年家访学生数是班级学生数量的多少"这一问题上，12.2%的教师表示每年所家访的学生数量占班级学生数量的30%，24.5%的教师表示每年所家访的学生数量占班级学生数量的50%，6.1%的教师表示每年所家访的学生数量占班级学生数量的100%，还有57.1%的教师表示比例不确定。在"您所在学校是否开展经常性的家访"这一问题上，36.7%的教师表示经常开展家访活动，57.1%的教师表示很少开展家访活动，2%的老师表示从来不开展家访活动，4.1%的老师表示说不清楚。从数据中可见，教师并不重视家访活动，教师对学生的了解主要通过在学校里的观察和学生的成绩。家访作为一种家校联系方式主要有以下几种作用：第一，家访可以起到教师与家长沟通信息的作用。第二，家访可以融洽师生的感情。第三，家访可以形成家庭教育与学校教育协调统一的作用。校方应该重视家访的重要性，通过家访更深入地了解学生、帮助学生。

在"您所在学校课外德育活动开展情况"这一问题上，49%的教师表示学校课外德育活动很丰富，38.8%的教师表示学校课外德育活动一般，10.2%的教师表示学校课外德育活动比较贫乏，2%的教师表示不清楚学校课外德育活动现状。在"您所在学校的德育交流研讨活动是否制度化、经常化"这一问题上，59.2%的教师表示学校的德育交流研讨活动制度化且经常化，24.5%的教师表示学校的德育交流研讨活动并不制度化也不经常化，16.3%的教师表示对该情况不清楚。笔者认为，对于学校德育活动，教师出现一半满意一半不满意的情况，其中存在学校之间综合水平差异的影响因素。

在"您所在学校学科教学与德育工作有机结合方面的工作开展得怎样"这一问题上，40.8%的教师认为学校学科教学与德育工作有机结合方面的工作开展得很好，57.1%的教师认为工作开展得一般，2%的教师对于学校学科教学与德育工作有机结合方面的工作情况并不清楚，没有教师认为学科教学与德育工作的结合工作情况较差。笔者在课堂观察过程中发现，教师在课堂中有少量的德育渗透但是德育所使用的言语和行为有欠妥当。

在"您认为课堂教学中加入德育内容对学生的知识学习是否有帮助"这一问题上，12.9%的教师认为课堂教学中加入德育内容会对学生知识的学习产生阻碍，9.7%的教师认为课堂教学中加入德育内容会对学生知识的学习产生很大阻碍，32.3%的教师认为课堂教学中加入德育内容不妨碍学生知识的学习，45.2%

的教师认为课堂教学中加入德育内容会对学生知识的学习有帮助。由此可见，大多数教师都认为课堂中应该适当加入德育内容，当德育内容与我们平常所能接触到的事物有联系的时候可加深学生的理解与记忆。课堂教学是学校德育的主渠道，各学科教学是学生学习知识和品行修养最常用的途径，对提高学生的思想道德素质具有重要的作用。北京市教育委员会《关于进一步加强中小学各学科教学中德育工作的指导意见》中明确指出："广大教师在教学中要充分发挥各学科教学中寓德功能，使学科教学过程不仅是传授知识的过程，也是进行思想道德教育的过程。"由此看来，学科教学过程中的德育是主要途径。要通过课堂这个主阵地，对学生实施全方位的教育。把德育渗透到各学科课堂的教学过程中，使学生在学习知识的同时，也能获得道德教育，以及人生观、世界观教育。

如图5所示，在"您所在学校开展德育的内容有哪些"这一问题上，20.62%的教师选择"思想政治课等相关课程知识"，19.59%的教师选择"身心健康教育"，16.49%的教师选择"行为规范教育"，14.43%的教师选择"开展主题性的思想政治教育"，11.86%教师选择"法律法规教育"，14.43%的教师选择"世界观、人生观、价值观的教育"，2.58%的教师选择"其他"。从数据中笔者得知，现在学校所开展的德育内容种类较多且每种类比例相当。笔者在学生问卷中也设置了同样的问题，经过比较数据发现教师与学生对于学校所开展的德育内容有相同的认识。

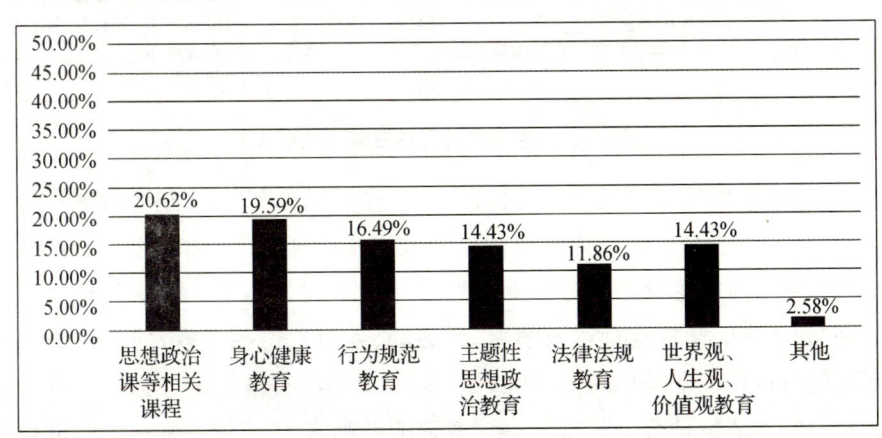

图5 您所在学校开展德育的内容

如图6所示，在"您所在学校开展德育宣传的形式"这一问题上，"思想政治课"占17.37%，"有关德育主题的活动"占19.16%，"关于德育方面的讲座或论坛"占

8.98%,"面对面的谈话"占14.97%,"德育专题学习"占13.17%,"运用网络进行德育宣传教育"占7.2%,"班团队会"占19.16%,没有教师选择"其他"。笔者在学生问卷和教师问卷中都设置了此问题,其中"思想政治课""有关德育主题的活动"和"德育方面讲座或论坛"三个选项有5%左右的差距,其他的选项差值幅度不大。教师认为学校开展的"思想政治课"和"德育讲座"较少,而学生却认为这类活动较多(根据学生问卷最后的两道主观题所显示学生对于讲座和思想课的印象较深)。14.97%的教师认为学校开展了"面对面的谈话",而7.23%的学生认为学校开展了"面对面的谈话",两者数值相差较大,笔者认为,这是因为教师与学生对于"面对面谈话"的理解不同。教师所理解的"面对面谈话"应该是专门的德育谈话,而学生所理解的"面对面谈话"可能还涉及被教师叫去办公室分派任务等情况。

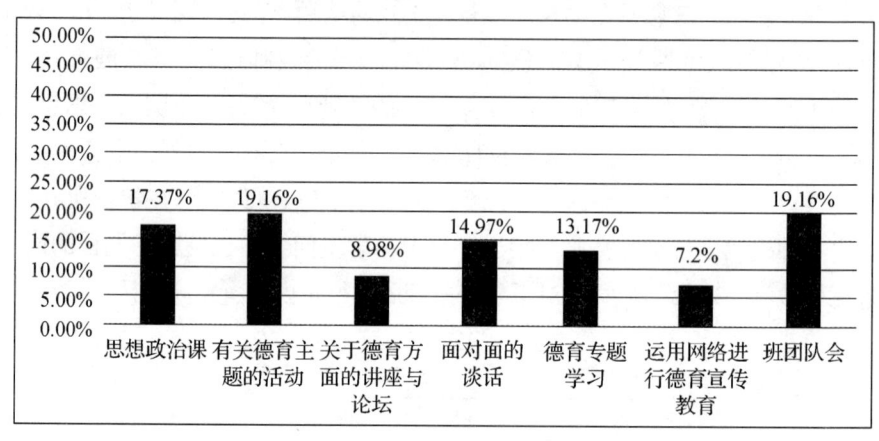

图6　您所在学校开展德育宣传的形式

在"您所在学校领导是否重视德育工作"这一问题上,认为学校领导重视德育工作的教师占63.1%,认为学校领导不太重视德育工作的教师占15.7%,认为学校领导不重视德育工作的教师占10.6%,对此事不清楚的教师占10.6%。

在"您所在的学校进行过爱学习、爱劳动、爱祖国的相关教育吗"这一问题上,选择进行过"三爱"教育的教师占80.9%,选择没有进行过"三爱"教育的教师占8.5%,不清楚是否进行过"三爱"教育的教师占10.6%。笔者之所以设置该问题,是因为我国教育部党组决定从2014年秋季开学起,在全国各级各类学校深入开展"爱学习、爱劳动、爱祖国"教育。教育部党组要求,各地各学校要将"三爱"教育纳入课堂教学中,贯穿国民教育全过程,把"三爱"的内容融入高校思想政治理论课教学、高校形势与政策教育宣讲、中等职业学校德育课程教学、中小学德育课程教学等教育环节中。通过调查可知,绝大多数学校响应号召开展了"三爱"教育,教师问卷所得结果与学生问卷中该题所得结果基本相符。

(3)教师德育观念分析。

在"您认为德育工作在学校的工作中处于什么地位"这一问题上,认为德育工作在学校工作中占非常重要地位的教师占77.6%,认为德育工作在学校工作中占比较重要地位的教师占18.4%,认为德育工作在学校工作中地位一般的教师占4.1%,没有教师认为德育工作在学校工作中不重要。笔者认为,德育处于学校教育工作的首要地位,是学校实施素质教育的重要一环。德育工作贯穿于学校教育教学的全过程和中小学日常生活的各个方面,渗透在智育、体育、美育和劳动教育中。

在"您是否了解所在学校德育特色"这一问题上,表示了解学校德育特色的教师占53.1%,表示知道一点学校德育特色的教师占36.7%,表示不清楚学校德育特色的教师占10.2%。笔者认为,每一个教师都应该了解自己学校的德育特色,以便对学校德育工作有比较全面的认识,也应该建立每个班级的德育特色。

在"您对当前学校德育工作的实效性怎么看"这一问题上,34.7%的教师认为学校德育工作具有很强的实效性,63.3%的教师认为学校德育工作的实效性一般,2%的教师认为学校德育工作具有较差的实效性。本问题数据显示大部分教师认为学校德育工作具有实效性,但是在问卷最后设置的主观题中却有很多教师填写的是:德育标准高大空,脱离实际生活,实践性不足,缺乏针对性,形式主义盛行;德育内容单薄、观念滞后;德育过程主体性不够。由此可见,本题的可信度较低。

在"您认为中国梦与自身联系紧密吗"这一问题上,6.1%的教师认为中国梦与自身完全没有联系,24.5%的教师认为中国梦与自身联系不紧密,53.1%的教师认为中国梦与自身联系紧密,16.3%的教师认为中国梦与自身联系非常紧密。

在"您认为学校德育工作由谁承担"这一问题上,10.2%的教师认为学校德育工作应该由校长承担,18.4%的教师认为学校德育工作应该由政教处承担,4.1%的教师认为学校德育工作应该由班主任承担,67.3%的教师认为学校德育工作应该由全体员工承担。在问卷最后的主观题中也有部分教师表示不应该将德育的重任完全推给班主任,各科任课老师都可以在教学的过程中渗透德育的内容。

表4 影响学生的思想道德水平提高的因素按重要程度排序

排序 选项	第一	第二	第三	第四	第五	第六	第七
思品(思政)课	3	8	6	5	16	7	4
语文、历史、英语课	0	4	5	6	7	25	2
数学、物理、化学课	2	0	2	3	6	6	30
校园文化活动	4	6	12	15	6	2	4
家庭教育	34	6	6	1	2	0	0
校外教育	0	8	11	13	8	3	6
社会影响	6	17	7	6	4	6	3

笔者将"请您为下列影响学生的思想道德水平提高的因素按重要程度排序"题目所得数据进行整理,结果如表4所示,有34位教师认为家庭教育是影响学生思想道德水平提高的最重要因素,有17位教师认为社会影响因素排第二,排第三与排第四的因素为校园文化活动因素,排第五的因素为思想品德课,排第六的因素为语文、历史、英语课,排最后的因素为数学、物理、化学课。出乎笔者意料,家庭教育被认为是最能影响学生思想道德水平提高的因素,而数学、物理、化学却排名最后。笔者则认为,语文、历史、英语这类课程是最可能影响学生思想道德水平的,学生可以通过大量的历史事实感受道德,道德情感的培养在德育过程中最为重要,文科性质的课程将有利于学生道德情感的培养。

在"您认为学校德育最需要加强哪方面的工作"这一问题上,38.5%的教师认为应该加强德育课程教学方面的工作,23.1%的教师认为应该加强学科渗透方面的工作,28.8%的教师认为应该加强社会实践方面的工作,9.6%的教师表示不知道应该加强哪方面的工作。很多教师表示现在的德育课的授课方法与内容滞后,不能吸引学生的注意力,而教师的学科渗透意识也并不强,渗透方式单一没有吸引力。

笔者将"您认为当代中学生缺少什么"问题设置为双选题,12.9%的教师认为当代中学生缺少"对未来的希望",29%的教师认为当代中学生缺少"人生信仰",9.7%的教师认为当代中学生缺少"生活热情",29%的教师认为当代中学生缺少"认真态度",10.8%的教师认为当代中学生缺少"远大理想",8.6%的教师认为当代中学生缺少"崇高抱负"。由此可见,中学生在学校除了学习好文化知识之外,还应该更多地思考生活态度、人生方向、个人品质等方面的内容,而教师在这方面的引导起着举足轻重的作用。

在"您认为现在学生的行为习惯水平如何"这一问题上,12.8%的教师认为现在学生的行为习惯水平较高,53.2%的教师认为现在学生的行为习惯水平一般,31.9%的教师认为现在学生的行为习惯水平较差,2.1%的教师说不清楚该问题。说明学生的行为习惯应该受到重视。

在"您认为当前学生在什么方面素质较高"这一问题上,11.5%的教师认为学生在"爱国、爱党、爱人民"方面的素质较高,15.9%的教师认为学生在"遵守纪律"方面素质较高,6.2%的教师认为学生在"科学精神和实践意识"方面的素质较高,14.2%的教师认为学生在"珍爱生命、自理自护"方面的素质较高,6.2%的教师认为学生在"良好的生活习惯"方面的素质较高,0.9%的教师认为学生在"勤劳俭朴"方面的素质较高,20.4%的教师认为学生在"尊敬师长"方面的素质较高,16.8%的教师认为学生在"热爱集体、团结同学"方面的素质较高,2.7%的教师认为学生在"诚信宽容"方面的素质较高,5.2%的教师认为学生在"爱护环境"方面的素质较高(详见图7)。在"您认为当前学生在什么方面素质有待提高"这一问题上,教师们认为最主要应该提高学生的"良好生活习惯",其次应该提高学生的"诚信与宽容的品质",次之应该培养学生"勤劳俭朴的品德"。这其实和社会环境的变化是有着紧密的联系。

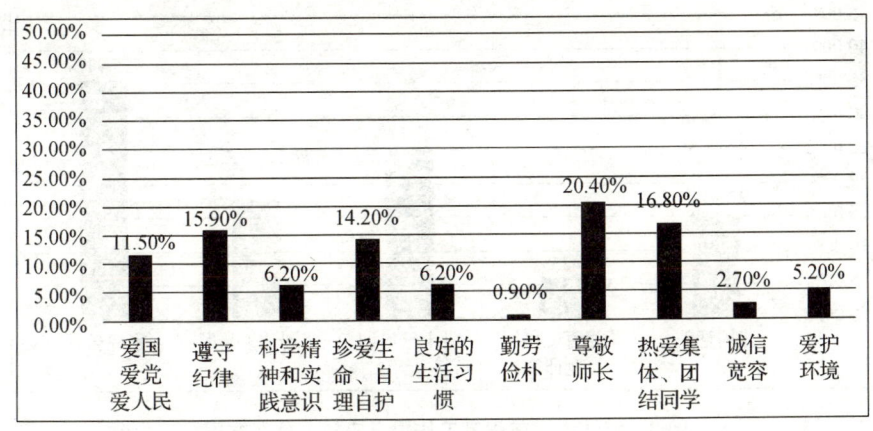

图7 学生素质情况表

在"您所认为的当前最重要的德育内容"这一问题上,教师们认为"心理健康"教育最为重要,其次是"基础道德"教育和"行为习惯"教育。在"您觉得最有效的德育活动形式是什么"这一问题上,32.7%的教师认为"主题班会"是最有效的德育活动形式,23.6%的教师选择"社会实践",22.7%的教师选择"个别学生教育",13.6%的教师选择"辩论会",仅有7.3%的教师认为"班级网页"是最有效的德育活动形式。有教师表示"主题班会"在德育中起到重要的作用,但是班会课经常成了被占用的课程,校方对其重视度不高,有些班会课成了展览的课程,也有教师呼吁主题班会一次也不能少。

如图8所示,在"您认为当前德育工作重点应放在什么上"这一问题上,大部分教师认为德育重点应放在"家庭教育"上。在关于家访的问题中我们不难发现,如今教师家访并不经常,很多教师表示没有做过家访。现如今做家访的教师多为班主任,笔者认为,家访应该是每个任课老师都可以做的事,只要教师期望对学生有进一步了解,就可以通过申请的方式经过校方同意然后进行家访。家访是教师对学生做全面了解的重要渠道。通过家访,班主任可以逐步了解和掌握学生的家庭情况、在家学习环境和表现等,做到心中有数,这样有利于今后更好地根据实际情况有针对性地教育引导学生。其次,家访能够增强家长的责任心并帮助他们科学教育孩子。再次,家访能促进班级建设和管理。另外,家访作为班主任工作的一种形式,也是培养班主任热爱学生、提高思想素质的有效途径。

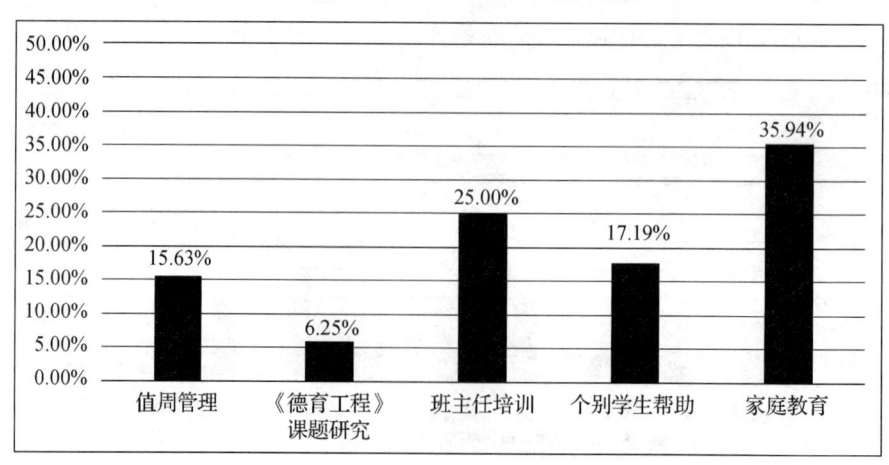

图8　您认为当前德育工作重点应放在什么方面

如图9所示,在"您认为学校德育工作哪些方面亟待改进"这一问题上,教师们认为最需要改进的是"德育的方法与手段",其次是"德育队伍的建设",最后是"认知理念与文化环境"方面。在与教师的沟通中,笔者发现教师们普遍认为德育教育缺乏针对性和实践性,思想道德教育形式单一,与学生的思想实践结合得不够紧密,德育工作实际效果不明显,并且教师言传身教作用发挥不够。

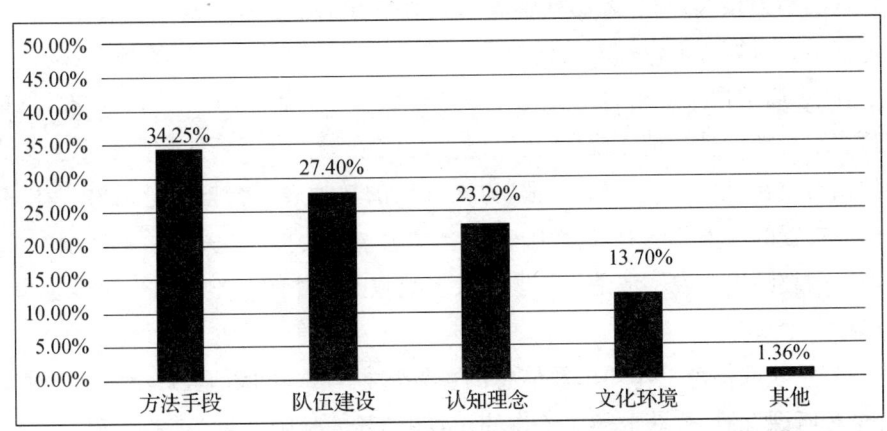

图9 学校德育工作亟待改进的方面

(4)教师自身德育素养分析。

在"您具备准确把握德育内容的能力"这一问题上,18.4%的教师认为自己非常具备准确把握德育内容的能力,67.3%的教师认为自己基本具备准确把握德育内容的能力,6.1%的教师认为自己不具备准确把握德育内容的能力,8.2%的教师表示说不清楚该问题。在"在学生教育过程中您能否灵活运用德育方法"这一问题上,75.5%的教师表示可以灵活运用德育方法,8.2%的教师表示不能灵活运用德育方法,16.3%的教师表示说不清楚该问题。

在"您具备较强的德育活动组织能力"这一问题,22.4%的教师认为自己具有较强的德育活动组织能力,59.2%的教师认为自己德育活动组织能力一般,12.2%的教师认为自己德育活动组织能力不强,6.1%的教师认为不好评判自身该方面的能力。

在"经过我的教育,学生的问题行为都有了明显改善"这一问题上,40.8%的教师认为题目与自身经历相符,10.2%的教师认为题目与自身经历不符,49%的教师认为无法判断该问题。

在"您在德育渗透工作中最苦恼的问题是什么"这一问题上,52%的教师认为"部分学生厌学"是最苦恼的问题,26%的教师认为"部分学生不遵守纪律"是最苦恼的问题,16%的教师认为"与任课老师的协调"是最苦恼的问题,6%的教师选择"其他"。

在"您对德育工作投入的精力"这一问题上,51.1%的教师表示其对德育工作投入的精力很大,44.7%的教师表示其对德育工作投入的精力一般,2.1%的教师表示其对德育工作投入的精力很少,2.1%的教师表示说不清楚该问题。

在"您通常把大量精力主要花在学生教育哪个方面"这一问题上,32.8%的教师表示会把大量的精力放在"提高学生的成绩"上,55.2%的教师表示会把大量的精力放在"培养学生行为习惯"方面,6%的教师表示会把大量精力放在"执行学校布置的任务"上,3%的教师表示会把大量精力放在"关注学生课余生活"上,3%的教师选择说不清楚该问题。大多数教师关注的是学生的行为习惯和学习成绩。

在"您获取德育工作知识及信息的主要途径"这一问题上,41.8%的教师通过"学校听课"的形式获取德育工作知识,29.9%的教师通过"看书报杂志"获取德育工作知识,20.9%的教师通过"上网"获取德育工作知识,仅有6%的教师通过"看电视与电影"获取德育工作知识,还有1.5%的教师通过其他方式获取德育工作知识。教师获取德育工作知识及信息的方式比较多样化。

以上这些问题的设置,笔者是希望每一个教师都对自身的德育活动组织能力、德育工作投入精力、德育工作效果有比较清晰的认识,并不断地改进、完善。

最后笔者设置了三个问题,期望得到被试教师更为真实的想法。

问题一:

根据您带班的年级,您认为学生德育工作最值得研究的主题是什么?

笔者将教师的回答整理如下:

(1)如何让学生树立远大理想并学会对自己的未来进行规划,进而端正学习态度。

(2)还有的教师表示学生缺乏信仰,对未来无目标无理想,学习目的性不强,全靠家长、老师的"填鸭",缺乏责任感,德育研究应该关注如何提高中学生主体性道德素质,培养其社会责任感,提高德育工作实效。

(3) 如何培养学生自立、自信、自强,让学生具有良好的人际交往能力、对生活的热情、拥有积极的人生态度。

(4) 如何培养学生的心理自我调适能力。

(5) 如何培养学生"责任、关爱、协作"的品质。

(6) 学生学习与生活习惯的培养,学习态度的转变。

(7) 如何帮助学生树立正确的人生观、世界观,使他们不那么叛逆。

(8) 如何提高传统道德教育的方式方法。

(9) 提高学生的集体意识,让学生懂得分享。

(10) 注意学校中的礼仪,学生的礼仪,老师的礼仪。

(11) 还有教师认为教育工作最值得研究的是如何让学生爱上学习。

由此可看出,德育工作的内涵是十分丰富的,学校教师应该努力开发、研究各种主题活动。

问题二:

您认为目前中小学德育工作最大的误区是什么?

笔者将教师的回答整理如下:

(1) 德育标准:高大空、脱离实际生活、实践性不足、缺乏针对性、形式主义盛行。

(2) 德育内容单薄、观念滞后。

(3) 德育过程主体性不够。

(4) 家庭德育、学校德育、社会德育之间缺乏沟通和互动,没有形成德育合力。

(5) 大多数学校认为开展德育工作会影响学生的学习,区别好学生和坏学生的标准单一化,认为教学才是第一。

(6) 还有教师表示不应该以活动代替教育,应该明确教育重点。

(7) 未能将德育与学科教育巧妙结合。

（8）对学生的常规管理超过对学生的心理管理。

（9）德育工作应全员参与，不是班主任一人之事。

（10）把成绩放在第一位，但学生行为习惯差、娇生惯养，只考虑自身利益，不顾及别人感受，德育忽视对行为习惯的培养。

（11）德育不能持之以恒，一段时间换一个主题。

（12）学生很少有时间参加社会性活动，难以全面发展，对应试教育过于强制，常对学生思想及学生主观观点进行统一。

（13）太过注重学生在校生活，不关注学生平时生活。

教师的回答基本上全面地反映了现在德育工作中出现的问题。

问题三：

您对学校德育工作有何建议？

笔者将教师的回答整理如下：

（1）为教师创造出全神贯注从事教育工作的精神环境。

（2）班主任工作量合理，需要全员行动，所有教师都要参与学生德育教育。

（3）不搞形式主义，实事求是，切勿空喊口号，注重效率。要确实做到德育为首的教育方针，没有了德育，也就是失去了方向，没有了灵魂，培养人才就进入了误区。

（4）丰富学生课外活动，让学生多参加社会实践，进行社区服务。社会大风气对学校德育有很大影响，可以多开展些社会活动，让学生拥有更多阅历。

（5）建议能减轻学习的负担，对思想品德方面稍放松要求，能以学生的观点为主，促进学生全面发展，能使学生拥有丰富的想象力。

（6）要细致地关心学生的内心，重视心理健康教育。

（7）应重视行为规范教育。

（8）要有巩固德育成果的措施。

（9）着重培养学生的责任感，使其自觉遵守各项规章制度。引导学生形成正确的审美观、价值观，让学生懂得奉献与分享。

（10）主题班会一次不能少。

（11）应注重学生综合素质发展，让学生德、智、体、美、劳全面发展，投入更多资源，学校以德育工作为主。学校应就德育工作的实际开展情况以及所遇到的困难与教师进行有效的沟通，使教师更好地认识和配合学校的德育工作，也利于学校根据教师的建议和反映的情况来调整学校的工作计划。

三、研究结论与讨论

学校是培养未来人才的摇篮，未来人才的素质直接影响着国家的前途与命运。综合来看，人的素质包括思想道德素质、科学文化素质、身体素质、心理素质等方面，其中思想道德素质是根本、是灵魂，是一个人综合素质的核心。

本研究主要运用问卷调查的研究方法对六所初中的德育工作开展情况进行了调查，从对比分析的视角，对问卷信息进行描述，并对教师问卷与学生问卷进行对比分析，得出了以下四点主要结论：

（1）学生主体现有道德认识水平较高，但行为习惯、社会责任心、心理素质等方面还应该加强培养。

（2）教师主体自身道德素质良好，但在德育活动组织能力上稍有欠缺。

（3）教师与学生对于目前所开展的德育活动的内容与形式不太满意，渴望摆脱形式主义，期望增添社会实践活动性质的德育活动。

（4）对于"中国梦"与"三爱"教育各校履行情况良好。

通过本次调研，笔者意识到学校德育工作目前还未摆脱传统的说讲模式，教师和学生都认为其存在形式主义，德育从内容到方法、形式等方面都存在着"高大空"的问题。首先，一方面，教师要为人师表，言行一致，育人先正己，起一个表率作用，使得自己的一言一行在学生中起到潜移默化的作用。另一方面，教师要提高自己的德育活动组织能力，将说讲、讨论、体验等多种方式结合，使学生在真实的体验中体会到德育的真正意义，配合学校德育工作，并进行自我德育，不断完善自己的道德品质。其次，教师应该利用同伴关系来配合学校德育工作，鼓励同伴间的相互影响和教育。在具体内容上，根据教师问卷所反映的情况，学生在行为习惯的养成方面较差，而良好行为习惯的养成是形成良好班风、校风的基础和保障。因此德育工作应以行为习惯养成教育为主,扎实抓好学生的养成教育。

同时,家庭教育是学校德育工作的重要组成部分。父母是孩子最好的老师,家长对学生有着重要的影响,所以要让家长认识到学校德育工作的重要性,认识到家庭成员在学生品德发展上发挥的重要作用。首先,学校要与家长们建立信息沟通的渠道,开展经常性的家访活动,利用"家长学校"以及家长会,向家长介绍全面实施素质教育的意义,使家长充分认识到实施素质教育与学生健康成长的密切关系。同时也使家长明确学校德育工作的重点,使家长在思想上真正与学校达成共识,积极配合学校开展工作,还邀请家长参与和协助学校的德育活动,让家长们在活动中发现孩子的优缺点,从而引起重视,增强育人的责任感。只有充分发挥家庭教育的作用,让家庭教育和学校教育形成合力,才能促进学生的全面发展。

此外,社区和社会应该成为学生道德品质发展的良好环境,为学生参与社会实践活动提供协助和支持,大众传媒也应该发挥其影响和宣传作用,为社会德育提供渠道和途径。

德育与智育是相辅相成、缺一不可的,所以要克服重智育、轻德育,重升学、轻素质,重结果、轻过程的思想,使学校德育工作做出实效。德育工作需要社会、家庭、学校共同形成教育合力,才能促进学生的全面发展。

四、提高初中德育实效性的政策思考

(一)确立"新德育"理念,以"全员校内网络德育"代替班主任德育

在问卷调查的主观题部分,有教师对改进学校德育方式方面提出了"应使班主任工作量合理,德育需要全员动员,所有教师都要进行德育教育"的建议。笔者认为,现在学校将德育工作指派给班主任,将德育作为课程,将学校的德育活动交由德育处来办理,这样的设置不仅给班主任工作增加了负担,并且也使德育成为一个空架子。

若要改变现状,必须改变固有的"德育课"思想,让这一本来就来源于生活,又应用于生活的个人道德品质的修养,成为"教师与教师的传递""教师与学生的传递""学生与学生的传递",甚至是"学生与教学资源的传递"。

网络已经成为青年一代的生活必备,建立积极向上的校园网来代替德育课,不仅可以高效、便捷地传递德育知识,而且可以增加学生间与师生间的交流,对于正处于叛逆期且羞于表达的初中生来说,是很好的德育形式,所以笔者建议以全员校内网络德育代替班主任德育。

其中,校园网应开设各个班级的内网系统,主要具有收发邮件、贴吧展示与讨论的功能。首先,以学校分管德育的领导牵头,在校班主任会上确定每个月的德育主题。其次,由班主任负责在班级内网贴吧中贴出本月德育主题,同学们可以在帖子下面进行讨论。再次,内网中所开设的邮件功能可以让学生之间、教师与学生之间有更多的交流,邮件可选择匿名发送形式,教师可以对学生进行有区别、有针对性、有操作性的德育,学生也可以与老师对某些问题进行深入讨论,同学之间也可以利用校内网赞扬某同学良好的行为,或私下交流各自的不足。内网中还可以设置"最美德育教师"的评选,每月一次,可匿名选举。最后,校领导也应重视网络德育版块,应多与学生、教师互动,可以对每个月的网络德育情况进行汇总,将各个班贴吧中的好人好事、有意义的德育资料、学生们选出的"最美德育教师"等资料印成校报,发放到各班级,以更好地调动教师与学生参与德育的积极性。

(二)充分整合与利用社会资源,活化德育形式

德育不可空谈,德育的魅力在于内化于性格、外显于行为。笔者认为,道德的学习过程应是:外显于行为—内化于性格—外显于行为。

现阶段学校主要利用的参与德育的社会资源主要包括:政府各职能部门的德育活动、参观教育基地、敬老院活动等。笔者认为,应重视时事新闻、社区活动、家长职业教育这三方面在德育中的作用。

首先,应重视时事新闻。让学生养成关心国家、社会新闻的习惯,通过听读正确的报道与分析树立正确的"三观"。其次,应鼓励学生多参与或协助社区活动。学生所在社区是德育行为最理想的实践地点,社区不仅与学生的生活息息相关,可以让学生在实践的过程中更自然地将德育内容内化于自身性格,而且这是个长期性、连续性的德育实践,可以更好地避免形式主义的德育。最后,家长的职业教育也可以提高德育的效果。可以定期找一位学生家长来班内开一次小型讲座,主要来介绍自己的职业及日常工作等,让同学们对各个职业的不同人群

有所了解。笔者认为,只有发生在身边才可以激发兴趣去了解,只有了解才可以更好地尊重,只有更好地尊重才可以内化于心、外显于行,家长在促进学生德育发展中起着重要的作用,而家长职业的德育作用也是不容小觑的。

(三)重视养成教育,因人而异,建立阶段性德育考评体系

个人品德的养成,应是在不断模仿他人行为与不断内化成个人行为的过程。养成教育是一种循序渐进的教育模式,笔者认为,学校应重视养成教育在德育中的概念性的作用。之所以认为养成教育是概念性的,是因为大多数学校仍将德育作为一门课程,将它设置为需要评比、需要写作业的课程。笔者认为,品德就像叠被子、刷牙、洗衣服等日常行为一样,是需要有指导老师进行指导,学生自己在不断的体验过程中逐渐养成的一种习惯。

学校需要对每个学生安排对应的德育指导教师,教师根据学生自身情况制订符合学生发展的阶段性德育目标,像母亲教育孩子刷牙、洗脸一样,让学生养成良好品德。笔者认为,德育必须"一对一",不可以大班教学、统一步伐,也不可以拔苗助长、流于形式,且具有长期有效性的德育必然是养成教育的硕果。学校对于各学生的德育评价应因人而异,不可以跟普通课程一样通过分数进行判断。

参考文献

[1] [奥]弗洛伊德. 弗洛伊德后期著作选[M]. 林尘,等译. 上海:上海译文出版社,1986.

[2] [德]尼采. 瞧!这个人[M]. 北京:中国和平出版社,1986.

[3] [法]萨特. 存在与虚无[M]. 陈宜良,等译. 上海:生活·读书·新知三联书店,1987.

[4] [美]巴格莱. 教育与新人[M]. 袁桂林,译. 北京:人民教育出版社,1996.

[5] [美]弗洛姆. 爱的艺术[M]. 孙依依,译. 北京:工人出版社,1987.

[6] [美]赫钦斯. 教育中的冲突[M]. 北京:人民教育出版社,1989.

[7] [美]马斯洛. 动机与人格[M]. 许金声,等译. 北京:华夏出版社,1987.

[8] [英]约翰·洛克. 教育漫话[M]. 成墨初,蒙达,编译. 北京:人民教育出

版社,1989.

[9] 蔡春,扈中平.德性培育与制度教化——论道德失范时期的道德教育[J].华东师范大学学报(教育科学版),2002(4).

[10] 戴本博,等.外国教育史[M].北京:人民教育出版社,1989.

[11] 戴克明.关于提高德育实效性的思考[J].中国教育学刊,2000(6).

[12] 关鸿羽.中小学德育实效性研究[J].中国教育学刊,2000(6).

[13] 华东师范大学教育系,等.现代西方资产阶级教育思想流派论著选[M].北京:人民教育出版社,1987.

[14] 曲正伟,杨颖秀.德行成本:学校德育低效问题研究的新视角[J].教育科学,2002(2).

[15] 苏崇德,等.比较思想政治教育[M].北京:高等教育出版社,1995.

[16] 万俊人.现代西方伦理学史(下卷)[M].北京:北京大学出版社,1992.

[17] 王承绪,赵详麟.西方现代教育论著选[M].北京:人民教育出版社,2001.

[18] 严善昌.试论中小学德育实效性的策划与营建[J].中国教育学刊,1992(5).

[19] 袁桂林.当代西方道德教育理论概论[J].比较教育研究,1994(5).

[20] 袁桂林.六十年代以来西方道德教育理论的主要特征[J].比较教育研究,1995(5).

[21] 翟天山,杨炎轩.学校德育有效性的现实考察及其评价[J].教育理论与实践,2000(7).

[22] 张平.德育实效性问题与世纪抉择[J].教育理论与实践,1998(2).

[23] 朱小蔓.育德是教育的灵魂　动情是德育的关键[J].教育研究,2000(4).

附录一　江苏省初中德育工作开展情况调查问卷(学生卷)

亲爱的同学：

您好！感谢您抽出宝贵的时间参与本问卷调查！本问卷旨在了解初中生德育工作的开展情况，期望能够针对初中生德育提出更具针对性的建议与对策。我们衷心希望得到您的支持，共同为基础教育事业贡献力量。本问卷以匿名形式完成，问卷调查的数据仅供科研之用，您的回答结果我们会严格保密，请安心填答！请填写最适合您情况的选项。我们衷心感谢您的合作！

南京师范大学教育科学学院

基本信息：

1. 您的性别(　　)
① 男　　　　② 女

2. 您所在年级(　　)
① 初一　　　② 初二　　　③ 初三

3. 学校类型(　　)
① 普通　　　② 重点

4. 您是独生子女吗？(　　)
① 是　　　　② 不是

5. 您在班里担任的职位(　　)
① 班长　　　② 班委　　　③ 课代表　　　④ 小组长
⑤ 无　　　　⑥ 其他

6. 您父亲的学历是(　　)，母亲的学历是(　　)
① 文盲　　　② 小学　　　③ 初中　　　④ 高中、中专职高
⑤ 大学专科　⑥ 大学本科　⑦ 研究生

7. 您父亲的职业是(　　)，母亲的职业是(　　)

① 高层管理人员与高级专业技术人员（如政府高官、企业主、总经理、科学家等）
② 中层管理人员与中级专业技术人员
③ 一般管理、专业技术人员（包括小型私营业主、大学教师、医生、设计师、会计师等）
④ 办公室一般人员（包括中小学教师、普通公务员、非专业性文职人员等）
⑤ 技术工人（如水电工、木匠、瓦匠等）
⑥ 体力劳动人员（从事非技术性的人员，比如酒店服务员、售货员等）
⑦ 临时工、无工作者

德育工作开展情况：
1. 您遵守学校规章制度的最主要原因是（　　）
① 避免因违反制度而受到处分
② 大家都遵守纪律才能使学校有一个良好的环境，对每个人都有好处
③ 能得到同学和老师的好评
④ 遵守学校规章制度是每一个学生最起码的要求
2. 当学校规章制度与您的个人自由发生冲突时，您的选择是（　　）
① 无条件遵守规章制度
② 有人监督时就遵守
③ 我觉得制度合理就遵守，如果我觉得制度不合理就不遵守
④ 如果违反制度处罚严重就遵守，如果处罚不重就选择不遵守
3. 在学校里，老师们是否经常主动找您谈心，并给予您指导和帮助？（　　）
① 有　　　　② 没有　　　③ 说不清楚
4. 遇到不顺心、不如意的事，出现伤心、难过、生气等情绪时，您会怎么处理？（　　）
① 不知道该如何处理　　　　② 找自己信任的人聊天、写日记
③ 砸东西、发脾气　　　　　④ 努力压制自己，不让别人看出来
5. 您是否经常收看、收听新闻时事，关心国家大事？
① 经常　　　　② 不经常　　　③ 偶尔关心　　　④ 从来也不关心

6. 请将下列国家领导人与其相应职务连线

李克强　　　　　张德江　　　　　习近平　　　　　俞正声

国家主席　　国家总理　　全国人大常委会委员长　　全国政协主席

7. 班级组织班会或队会,班主任通常是(　　)

① 让学生组织

② 帮助和指导学生开展活动,并参与到活动中

③ 老师不管不问

④ 说不清楚

8. 您对自己和班主任的关系满意吗?(　　)

① 满意　　　　② 一般　　　　③ 不满意　　　　④ 说不清楚

9. 您有明确的人生目标,并为之积极进取吗?(　　)

① 有　　　　② 没有　　　　③ 不清楚

10. 请问您能马上默写出国歌或唱出国歌吗?(　　)

① 可以　　　　② 不可以

11. 您帮助别人后,需要他人回报吗?(　　)

① 不需要,我愿意这样做

② 需要,我帮过你你就要帮我

③ 无所谓

12. 您所在班级的思想品德(思想政治)课每一节(　　)

① 都上　　　　　　　　② 都不上

③ 有时被主课老师占用了　　④ 其他

13. 您觉得思想品德(思想政治)与实际生活有联系吗,有没有什么意义?(　　)

① 很有联系,很有意义　　② 有一定联系和意义

③ 没有联系　　　　　　　④ 其他

14. 您关注校园的板报、墙报、宣传栏、校园广播吗?(　　)

① 关注　　　　② 偶尔　　　　③ 不关注

15. 您的老师批评学生经常用的方式是（　　）

① 当面指责　　② 私下谈话　　③ 找家长　　④ 其他

16. 父母每天为您洗衣做饭和其他事务,您的观点是（　　）

① 这是父母应该做的

② 我还小,现在的任务是学习,可以不管

③ 应主动承担家务劳动,做力所能及的事

④ 其他

17. 请问您在家中有没有主动干过家务？（　　）

① 经常　　② 偶尔　　③ 没有

18. 如果让您参加义务劳动、公益活动,你会（　　）

① 乐于接受　　② 有好处就去　　③ 觉得没必要　　④ 说不清楚

19. 对于"中国梦",您更认同以下哪一种说法？

① 是一种理想境界,实现起来很难

② 一种凝聚国民、增加国家向心力的宣传

③ 空想,没有实现的可能

④ 是依照现今国情提出的合理期望

20. 按照您的喜欢程度,给下列活动排序（　　）

① 大型教育活动　　　　　　② 思想政治课(思想品德课)

③ 班(团)队会　　④ 课外活动　　⑤ 社会实践活动

21. 您认为对您成长影响最重要的因素来源于（　　）

① 家长　　② 教师　　③ 同学或者朋友　　④ 自己

⑤ 社会　　⑥ 其他

22. 您的老师在授课时是否经常注重理论联系实际,及时对学生进行道德教育和引导？（　　）

① 经常　　② 不经常　　③ 从来没有　　④ 说不清楚

23. 请问您在平时有没有做到课前预习、课后复习和自学教材？（　　）

① 经常　　② 偶尔　　③ 没有

24. 您认为最有效的思想教育是（　　）

① 开展活动,在活动中接受教育　　② 政治课上接受教育

③ 听讲座、听报告　　　　　　　　④ 班主任的教育

⑤ 其他

25. 您认为学校开展的德育活动,对您的思想和行为有帮助吗?(   )
① 有   ② 没有   ③ 不清楚

26. 您经常参加社会公益活动吗?(   )
① 经常   ② 不经常   ③ 从不参加

27. 学校经常开展以德育为主题的实践活动吗?(   )
① 经常   ② 不经常   ③ 从来不开展   ④ 不清楚

28. 您所在的学校开展德育的内容有哪些?(可多选)(   )
① 思想政治课等相关课程知识
② 身心健康教育(如心理辅导)
③ 行为规范教育
④ 开展主题性的思想政治教育(如:重要节日、纪念活动)
⑤ 法律法规教育
⑥ 世界观、人生观、价值观的教育

29. 您所在学校开展德育宣传的形式有(可多选)(   )
① 思想政治课   ② 有关德育主题的活动
③ 关于德育方面的讲座或论坛 ④ 面对面的谈话
⑤ 德育专题学习(如:展览、海报等) ⑥ 运用网络进行德育宣传教育
⑦ 班(团)队会   ⑧ 其他

30. 您了解社会主义核心价值观吗?(   )
① 很了解   ② 一般了解   ③ 不了解   ④ 不清楚

31. 学校是否进行过"爱学习、爱劳动、爱祖国"的相关教育活动?(   )
① 有   ② 没有   ③ 不清楚

32. 您认为"爱学习、爱劳动、爱祖国"的教育是否有意义?(   )
① 有   ② 没有   ③ 不清楚

33. 你心中的中国梦蓝图涉及哪些方面?(选两项)(   )
① 民主平等   ② 生态环保   ③ 医疗保障   ④ 和平自由
⑤ 现代化教育 ⑥ 科技发达

34. 为了实现"中国梦",我们需要做出的努力有哪些?(选两项)(   )
① 提升自身的素质和修养

② 增强自身的文化修养

③ 树立自觉维护公共基础设施的意识

④ 加强公民意识

⑤ 关注时事和政治

⑥ 将个人理想与国家追求有机结合

⑦ 其他

35. 您印象中最深刻的德育活动是什么？它为何给您留下如此深刻的印象？

36. 对于践行"中国梦，我的梦"，您还有哪些看法需要发表？

附录二 江苏省初中德育工作开展情况调查问卷(教师卷)

尊敬的老师:

您好!感谢您抽出宝贵时间参与本问卷调查!本问卷旨在了解初中生德育工作的开展情况,期望能够针对初中生德育提出更具针对性的建议与对策。我们衷心希望得到您的支持,共同为基础教育事业贡献力量。本问卷以匿名形式完成,问卷调查的数据仅供科研之用,您的回答结果我们会严格保密,请安心填答!请填写最适合您情况的选项。我们衷心感谢您的合作!

南京师范大学教育科学学院

基本信息:

1. 您现在的年龄(　　)

① 20—29 岁　　② 30—39 岁　　③ 40—49 岁　　④ 50 岁及以上

2. 您的性别(　　)

① 男　　　　　② 女

3. 您的学历(　　)

① 高中或中专或技校　　② 大专或大学本科　　③ 硕士及以上

4. 您在学校所担任的职务(　　)

① 校长　　　　② 中层干部　　　　③ 班主任

④ 普通教师　　⑤ 后勤工作人员

德育工作开展情况:

1. 贵校召开班主任工作会议(德育例会)(　　)

① 每周一次　　② 每两周一次　　③ 每月一次　　④ 每学期一次

2. 学校老师对学生进行思想道德状况了解的方式是(　　)

① 问卷调查　　② 通过个别访谈　　③ 凭经验判断　　④ 其他

3. 您每学年家访学生数是班级学生数的（　　）

① 占班级比例30％　　　　　　② 占班级比例50％以上

③ 占班级比例100％　　　　　　④ 不确定

4. 您所在学校是否开展经常性的家访（　　）

① 是　　　　② 很少　　　　③ 从不　　　　④ 不清楚

5. 您认为德育工作在学校工作中处于什么地位（　　）

① 非常重要　　② 重要　　　　③ 一般　　　　④ 不重要

6. 您是否了解所在学校的德育特色（　　）

① 了解　　　　② 知道一点　　③ 不清楚

7. 您对当前学校德育工作的实效性怎样看（　　）

① 很强　　　　② 一般　　　　③ 较差　　　　④ 不清楚

8. 您所在学校课外德育活动开展情况（　　）

① 很丰富　　　② 一般　　　　③ 比较贫乏　　④ 不清楚

9. 您所在学校的德育交流研讨活动是否制度化、经常化（　　）

① 是　　　　　② 不是　　　　③ 不清楚

10. 您认为"中国梦"与自身联系紧密吗？（　　）

① 完全没联系　② 不紧密　　　③ 紧密　　　　④ 非常紧密

11. 您认为学校德育工作应由谁承担（　　）

① 校长　　　　② 政教处　　　③ 班主任

④ 任课教师　　⑤ 全体员工

12. 您所在学校学科教学与德育工作有机结合方面的工作开展得怎样（　　）

① 很好　　　　② 一般　　　　③ 比较差　　　④ 不清楚

13. 请您为下列影响学生的思想道德水平提高的因素按重要程度排序（　　）

① 思想品德（思想政治）课　　　② 语文、历史、英语课

③ 数学、物理、化学课　　　　　④ 校园文化活动

⑤ 家庭教育　　⑥ 校外教育　　⑦ 社会影响

14. 您认为课堂教学中加入德育内容对学生的知识学习（　　）

① 有妨碍　　　② 有很大妨碍　③ 不妨碍

④ 有帮助　　　⑤ 不清楚

15. 您所在学校开展德育的内容有哪些（可多选）（　　）

① 思想政治课等相关课程知识

② 身心健康教育（如心理辅导）

③ 行为规范教育

④ 开展主题性的思想政治教育（如：重要节日、纪念活动）

⑤ 法律法规教育

⑥ 世界观、人生观、价值观的教育

⑦ 其他（请注明）

16. 您所在学校开展德育宣传的形式有（可多选）（　　）

① 思想政治课　　　　　　　② 有关德育主题的活动

③ 关于德育方面的讲座或论坛　④ 面对面的谈话

⑤ 德育专题学习（如：展览、海报等）　⑥ 运用网络进行德育宣传教育

⑦ 班（团）队会　　　　　　⑧ 其他（请注明）

17. "我具有准确把握德育内容的能力。"您认为这种情况对自己来说（　　）

① 很符合　　② 基本符合　　③ 不符合　　④ 说不清

18. 在学生教育过程中，您能否"灵活运用德育方法"（　　）

① 能　　　　② 不能　　　　③ 说不清

19. "我具有较强的德育活动组织能力"。您认为这种情况对自己来说（　　）

① 很符合　　② 基本符合　　③ 不符合　　④ 说不清

20. "经过我的教育，学生的问题行为都有了明显改善。"您认为这是否符合您的实际（　　）

① 很符合　　② 不符合　　③ 说不清

21. 您在德育渗透工作中最苦恼的问题是什么（　　）

① 部分学生厌学　　　　　　② 部分学生不遵守纪律

③ 与任课老师的协调　　　　④ 其他（请注明）

22. 您认为学校德育最需要加强哪方面的工作（　　）

① 德育课程教学　② 学科渗透　③ 社会实践　④ 其他

23. 您对德育工作投入的精力（　　）

① 很大　　　② 一般　　　③ 很少　　　④ 说不清

24. 您所在学校领导是否重视德育工作（　　）

① 重视　　　② 不太重视　　③ 不重视　　④ 不清楚

25. 您所在的学校进行过"爱学习、爱劳动、爱祖国"的相关教育吗?(   )
    ① 有   ② 没有   ③ 不清楚
26. 您认为当代中学生缺少什么?(选两项)(   )
    ① 对未来的希望 ② 人生信仰   ③ 生活热情   ④ 认真态度
    ⑤ 远大理想   ⑥ 崇高抱负   ⑦ 其他
27. 您是否在学科教学中重视学生的品德教育(   )
    ① 是   ② 很少   ③ 不重视   ④ 说不清
28. 您认为现在学生的行为习惯水平(   )
    ① 很高   ② 一般   ③ 较差   ④ 说不清
29. 您认为当前学生在(   )方面的素质较高,(   )方面还要加强?(可多选)
    ① 爱国、爱民、爱党   ② 遵纪守法
    ③ 科学精神和实践意识   ④ 珍爱生命,自立自护
    ⑤ 良好的生活习惯   ⑥ 勤劳俭朴
    ⑦ 尊敬师长   ⑧ 热爱集体,团结同学
    ⑨ 诚信宽容   ⑩ 爱护环境
30. 根据您所在学校情况,您认为下列德育内容哪些是当前最需要解决的?(可多选)(   )
    ① 劳动教育   ② 爱国主义教育
    ③ 心理健康教育   ④ 基础道德教育和行为习惯教育
    ⑤ 集体主义教育   ⑥ 理想教育
    ⑦ 环境保护教育   ⑧ 法律法规常识教育
    ⑨ 自我保护教育   ⑩ 人际交往教育
31. 您认为网络传播德育是否比传统德育传播方式有效(   )
    ① 是   ② 不是   ③ 不清楚
32. 您觉得以下哪些是最有效的德育活动形式(可多选)(   )
    ① 主题班会   ② 班级网页   ③ 辩论会   ④ 社会实践
    ⑤ 个别学生教育 ⑥ 其他(请注明)
33. 通常您会把大量的精力主要花在学生教育的哪个方面(   )
    ① 提高学生的成绩   ② 培养学生习惯

③ 执行学校布置的任务　　　④ 关注学生课余生活
⑤ 其他

34. 您认为当前德育工作的重点应放在(　　)上
① 值周管理　　　　　　　② 《德育工程》课题研究
③ 班主任培训　　　　　　④ 个别学生帮助
⑤ 家庭教育

35. 您获取德育工作知识及信息的主要途径是(　　)
① 学校听课　　　　　　　② 看书报杂志
③ 上网　　　　　　　　　④ 看电影、电视
⑤ 其他(请注明)

36. 您认为学校德育工作亟须改进的是(　　)
① 方法手段　　　　　　　② 队伍建设
③ 认知理念　　　　　　　④ 文化环境
⑤ 其他(请注明)

37. 您了解社会主义核心价值观吗？(　　)
① 很了解　　② 一般了解　　③ 不了解　　④ 不清楚

38. 根据您带班的年级,您认为学生德育工作最值得研究的主题是什么？

39. 您认为目前中小学德育工作最大的误区是什么？

40. 您对学校德育工作有何建议？

县域内"教师轮岗政策"运行评析
——以徐州新沂市为个案

杨 雪

(南京师范大学教育科学学院 江苏 南京 210097)

摘要:从 2006 年实施以来,徐州新沂市的"初中教师轮岗政策"已经历了十年的风雨历程。其运行方式和政策内容几经变动,从最初的"支教下乡"到"对口交流",从"区域内调剂交流"到"城区教师大轮岗"。"教师轮岗政策"的运行为新沂市的城乡义务教师均衡发展作出了巨大的贡献,同时在该政策的运行中,也出现了政策执行失真的问题。地方教育主管部门的"选择性执行"和轮岗教师的"功利性执行"都是其政策失真的典型特征。深入分析不难发现,地方教育部门的双重利益角色、政策工具的单一僵化、政策执行者对政策的认同度低,以及利益相关者的利益冲突都是造成该项政策失真的重要原因。而要在后续的政策运行中矫正此现象,需要教育主管部门和轮岗教师的长期的共同努力。

关键词:教师轮岗;县域内;政策失真;对策建议

笔者所要研究的是苏北县域内"初中教师轮岗政策"运行过程,笔者所在的徐州市辖五个市辖区、3个县,代管 2 个县级市,每个地区的地理环境、经济发展水平、基础教育条件等诸多方面各不相同,"初中教师轮岗政策"实施情况也有所差异,因此选择什么样的个案作为研究对象就显得非常重要。

笔者工作单位所在的新沂市在徐州市"教师轮岗政策"实施中表现突出,被评为"先进单位",恰巧符合笔者的要求,而且笔者"局内人"的身份更有利于展开调查,因此决定把新沂市作为研究个案。

研究一个县级市的"初中教师轮岗政策"运行状况,不能只研究其本身,必须把它纳入到整个社会大环境中来研究,因为"生活中的一切现象都是相互关联的,相互关联的事物组成了客观存在的系统"①。因此,研究新沂市"初中教师轮岗政策"运行状况,就必须了解新沂市边界外的环境,如国家、省、市的政治、经济、文化等诸多因素,也包括新沂市系统内部的种种因素,当然,这其中对新沂市"初中教师轮岗政策"实施影响最直接的还是从国家到地方的整个教育系统内所进行的教师轮岗的政策与环境,因此,笔者将先简略交代一些重要的教师轮岗政策,以加深读者对"教师轮岗政策"的客观理解。

一、新沂市实施"教师轮岗政策"的背景分析

(一)政策背景分析

1. 国家出台的相关政策法规

虽然没有专门的法律规定"教师轮岗政策"的具体实施细则,但为了推进教育均衡发展,提高教育公平水平,我国政府在一系列的政策法规中对于义务教育均衡发展、教师合理流动都作出了要求。

2006年修订的《中华人民共和国义务教育法》中规定,"县级人民政府教育行政部门应当……组织校长、教师的培训和流动"。

2002年颁布的《中小学教师队伍建设"十五"规划》中提出,应建立教师转任交流制度。

2003年颁布的《国务院关于进一步加强农村教育工作的决定》和2005年出台的《教育部关于进一步推进义务教育均衡发展的若干意见》都提出要建立城镇中小学教师到乡村学校任教制度,地(市)县教育主管部门要建立区域内城乡教师定期交流制度。

《国家中长期教育改革和发展规划纲要(2010—2020年)》中明确要"实行县(区)域内教师和校长交流制度"。

《教育部关于贯彻落实科学发展观进一步推进义务教育均衡发展的意见》中

---

① 费孝通.学术自述与反思:费孝通学术文集[M].北京:生活·读书·新知三联书店,1996.

指出要"健全城乡教师交流机制,推动校长和教师在城乡之间、校际之间的合理流动"。这些政策文本反映了教师是缩小城乡、校际之间的差距,优化教育资源配置,推进义务教育均衡发展的关键。鼓励、引导义务教育教师的合理流动,统筹城乡教师资源,是国家教师流动政策上的价值取向。[①]

2. 江苏省及徐州市实施"教师轮岗政策"回顾

江苏省在2010年3月30日召开的基础教育教学工作会议上明确提出"教师轮岗政策"将在全省范围内施行。

随即,江苏省政府颁布了《江苏义务教育优质均衡改革发展示范区建设的意见》,提出要建立示范区以推动"教师轮岗政策"的实施,并要求按照专任教师每年不低于专任教师总人数的15%、骨干教师每年不低于骨干教师总人数的15%的比例参与轮岗。

2011年1月1日起实施的《江苏省实施〈中华人民共和国义务教育法〉办法》(简称《办法》)提出了在全省范围内实施教师交流制度。《办法》规定,由县级教育管理部门组织本区域内的教师合理流动。

徐州市也于2004年率先制定了《关于加强城乡学校交流,促进城乡教育共同发展的实施意见》(简称《意见》)和《徐州市城乡学校和教师交流合作考核办法》,实行城乡教师交流任教制度。按照要求,城镇新教师及申报高级职称的教师,要有在农村中小学任教的经历。《意见》要求从2004年起,每年各县(市)要选派200余名城区中学教师到农村薄弱学校任教;而农村薄弱学校每年要选派同等数量的青年教师到对口交流的学校跟岗学习;在区域内均衡配置小学教师。

2015年3月,徐州市发布了《关于推进义务教育学校教师校长交流工作的意见》,明确了对轮岗人员的具体要求:

> 在一所学校连续任教达到6年、离法定退休年龄在5年以上的教师均应交流。
> 同时要求每年教师交流比例不低于符合交流条件教师总数的15%,骨干教师的交流比例不低于符合交流条件骨干教师总数

[①] 李艳姿.我国义务教育教师流动政策解读[J].教师,2013(8).

的 15%。

从 2017 年起,城镇义务教育学校教师申报高级职称、申报省特级教师、县级及以上名优教师等称号……均须有 2 年以上在农村或薄弱学校交流或任教经历。

为了激励广大教师参与轮岗交流的积极性,省政府和徐州市政府分别在一些评优评先条件上向轮岗教师倾斜,如《江苏省特级教师评选暂行办法》规定"同等条件下,积极参加教师交流、具有 1 年以上乡镇以下学校支教或工作经历的优秀教师优先"。

《徐州市名师名校长学科带头人评选条件(修订)》和《徐州市"青蓝工程"培养对象评选条件(修订)》都提出"同等条件下,具有半年及以上乡镇学校支教经历者优先"。

这些政策的出台,为"教师轮岗政策"的实施创设了良好的政策环境和舆论空间,也为"教师轮岗政策"的运行提供了政策支持和制度保障。

(二) 新沂市教师结构特点分析

2013 年,新沂市共有学校 138 所,其中普通中学 37 所,职业中专学校 2 所,小学 97 所,特殊教育学校 1 所,教师进修学校 1 所。普通中学在校生 34 042 人,小学在校生 85 465 人。全市共有幼儿园 43 所,在园幼儿 55 008 人。小学学龄儿童入学率、小学毕业生升学率均达 100%,初中毕业生升学率达 96.56%。

新沂市的义务教育在进入 21 世纪后进入了快速发展时期,尤其是城区的中小学教育取得了长足的进步。新沂市分别在 2002 年和 2004 年在城区成立了两所初中学校,ZW 中学和 SZ 中学,其中 ZW 中学从建校之初就被定为是新沂市最好的一所初级中学,从师资到生源,到学校设施都达到新沂市内首屈一指的水平。

新沂市 2005—2007 年三年没有招收新教师,农村教师大量流向城区,同时又没有补充新的师资力量,农村中学的师资状况进入了"捉襟见肘"的尴尬局面。而随着初中生源进入高峰期,这种师资短缺的局面越显严重,从 2005 年开始,农村中学开始聘用代课教师。

在农村学校生源呈"爆炸式"增长的同时,由于城区在短时间内新建了三所公立初中,分散了城区的生源,城区学校的教师很快出现了"超编"的现象。

截至 2014 年年底,新沂市公立初中教师一共 2 993 人,其中城区教师 679 人,农村教师 2 314 人。

在这种城乡师资配置失衡导致城乡教育发展不均衡的情形下,新沂市开启了城乡"初中教师轮岗政策"的大幕,这项影响了新沂市教育发展十年之久的教育改革正式宣告开始。

二、新沂市"教师轮岗政策"运行概况

在这种大环境的影响下,新沂市从 2006 年开始实施义务教育阶段"教师轮岗政策",到 2015 年已经有十年了,对于一项教育政策来说,十年可以算是一段不短的时间了,足够进行总结回顾,并对未来政策的继续运行提供切实可行的建议和意见。新沂市的"教师轮岗政策"在运行过程中几经变迁,笔者将其按实施形式大致分为以下四种。

(一)"支教下乡":城区教师支持农村初中教育

"轮岗"政策运行之初,是以县城教师支持农村教育的形式开展的,目的是促进全县城乡教育均衡发展,优化教师资源配置,解决城区教师富余、农村教师缺编造成的结构性失衡问题。因此,参与轮岗的教师都是城区教师,轮入的都是农村学校,主要是偏远的、师资匮乏的薄弱学校;轮岗为期一年;参与轮岗的教师主要由教育局分派名额到各学校,各学校选择教师进行轮岗,也可以说最初参与轮岗的教师绝大多数是"被轮岗"。

由于最初的轮岗带有"摊派"性质,学校不积极,教师有怨言,轮岗效果并不理想。为了提高城区教师参与轮岗的热情,新沂市教育局从 2008 年起不断提高"支教下乡"教师的优惠待遇,"支教下乡"也逐渐完成了从"谈之色变"到"趋之若鹜"的转变。

随着"支教下乡"的待遇一步步提高,"支教下乡"机会逐渐成了一种难以获得的稀缺资源,尤其是 2013 年新的职称评聘规定出台之后,"支教"成了许多城区教师追逐的热门。

随着轮岗政策的不断规范,选取"支教下乡"人员的方式也越来越公开、透明、公平。2014 年从城区的 SY 中学到 HG 中学"支教"的 WQ 老师就认为他们

学校在选择"支教"人员时是非常公平的,自由申报,学校根据上一年度的考核成绩确定"支教"人员,整个过程都是公开的,避免了校领导徇私舞弊的可能性。

(二)"对口交流":城乡教师双向流动

2012年秋,在原有"支教下乡"的基础上,市教育局增加了轮岗的方式,从城区到农村的单向流动变成了城区和农村间的双向流动,即"对口交流"。一所城区中学和一所农村偏远薄弱中学"结对子",城区学校向农村学校派遣骨干教师送教下乡,农村学校选派青年教师到城区学校接受跟岗培训。

"对口交流"执行了一年,在城区和城郊的6所初中和新沂市较偏远的6所乡镇初中之间展开,城区到农村轮岗的教师一共有72名,农村轮岗到城区学校的教师一共有59名。

为了提高城区教师参与轮岗的积极性,教育局给予了城区轮岗教师极大的优惠,除每月发放400元的交通补贴和生活补贴外,在职称评定方面也给予了城区轮岗教师极大的优惠,如《2013年新沂市中小学(幼儿园)教师专业技术资格评审工作意见》中明确提出:城镇中小学教师在薄弱学校或农村学校支教半年以上且表现较好的,申报教师专业技术资格同等条件下优先(其在县及乡镇开设的公开课、专业讲座、学术报告可升格认定),支教半年视为任职班主任1年。

这些优惠政策极大地激励了城区教师参与轮岗的积极性,而农村教师到城区学校轮岗则不能享受这些优惠政策。

(三)"区域内调剂交流":农村初中教师支援农村小学教育

笔者从新沂市了解到,截至2014年年底,全县教师9 100余人,其中高中教师2 000人,初中教师3 000人,小学教师4 100人;而全县的高中生为13 368名,初中生为20 669名,小学生为85 485名,详见表1。

表1 新沂市各学段教师与学生数(人)

小学		初中		高中	
教师	学生	教师	学生	教师	学生
4 100	85 485	3 000	20 669	2 000	13 368

小学教师数量明显不能满足教育教学的需要,而初中教师却相对富余,为了

解决"中学教师富余,小学教师缺编"造成的结构性失衡问题,在城区教师去农村中学"支教下乡"的同时,进行区域内调剂交流。

新沂市农村初中教师人数为 2 314 名,其中符合"区域内调剂交流"条件的为 1 203 人,从 2013 年开始实施的"区域内调剂交流"政策,在短短两年间,参与轮岗的教师已经达到 391 人,其中 2013 年为 224 人,2014 年为 167 人,两年的轮岗人数达到符合条件的教师总数的 32.5%。

相比较熟悉的初中教学,轮岗教师都反映在小学教学比较累,课程多、工作量大、不熟悉教材教法、中小学生的差异等都给他们的工作造成了困扰。但他们认为小学的压力比较小,不像初中有中考这根"指挥棒",教师的工作压力大,而在小学"心里比较轻松"。

(四)"城区教师大轮岗":城区内的教师流动

2014 年 9 月新学年伊始,新沂市"教师轮岗"实施有了突破性的进展,提出了"五年内城区教师全部轮岗"的目标。城区四所公立中学和五所公立小学开始试行"全面轮岗",要求每年 20% 符合轮岗条件的教师参与轮岗。

这一次的轮岗,据教育局人事科的 C 科长说,"并没有发文,只是在会议上传达了精神"。据 C 科长介绍,本次轮岗的范围为"调入单位 5 年以上,男 55 周岁、女 50 周岁以下的前勤教师"。具体做法是由各学校抽签选派 20% 的符合轮岗条件的教师报到局里,由教育局统一抽签决定轮入学校,并且"人走关系走"。

2014 年,新沂市虽然对于城区教师的轮岗提出了 20% 的目标,但完成情况却并没有预期的那么理想,初中教师轮岗和小学教师轮岗人数分别占到总人数的 16.2% 和 16.5%(详见表 2、表 3)。

表 2　2014 年城区初中教师轮岗情况一览表

实有人数	符合条件人数	比例	应轮岗人数	比例	实际轮岗人数	比例
679	444	65.4%	89	20%	72	16.2%

表 3　2014 年城区小学教师轮岗情况一览表

实有人数	符合条件人数	比例	应轮岗人数	比例	实际轮岗人数	比例
709	492	69.4%	98	20%	81	16.5%

新沂市城区只有四所公立初中、五所公立小学,这153名轮岗教师在教育局根据各校的需求重新分配过程中,由于是随机选取人员,难免会出现有些教师被分回原属学校的现象,而各所学校也在想办法尽力将自己学校的优秀教师留在本校。

ZW 中学在 2014 年的轮岗中,"流出"教师 13 名,而"流入"的教师则有 27 名。在"轮岗政策"的执行过程中,ZW 中学的校长亲自到教育局沟通,换回了 3 名学校的中层干部。

因为有"轮入"原学校的先例,教育局为有些学校和个人"开了后门",让那些被轮岗到其他学校的教师心有不甘,采取了各种方法想留在原学校,尤其是 ZW 中学的教师,为了不离开 ZW 中学,甚至组织了集会,到市政府门口请愿。

轮岗带给新沂市城区教师的影响可以说是"几家欢乐几家愁",而它带给新沂市的义务教育发展的影响则需要几年的时间才能显现出来。城区教师轮岗是否真正解决了"择校"的问题,也还需要实践的进一步检验。

三、新沂市"初中教师轮岗政策"运行特征分析

(一)新沂市"初中教师轮岗政策"成效分析

中国的义务教育治理是建立在中央与上级政府委任制的框架基础上的,下级政府基于利益和政绩考核需要,不断迎合上级政府的命令,主动采取迎合上级政府某些偏好的做法[①],这种中国独有的教育治理手段在新沂市的"初中教师轮岗政策"运行中较为明显。在新沂市"教师轮岗政策"运行过程中,作为政策制定者和倡导者的教育行政部门实施轮岗的初衷就不乏对上级文件精神的遵从。

经过十年的努力,"教师轮岗政策"的实施为新沂市的教育均衡发展带来了极大的成果。

1. 打破城乡区隔,促进区域内教育统筹发展

我国长期以来所实行的"城乡二元结构"表现在县域内教育上的影响就是城乡教育差距过大、师资配置不均衡,伴随着社会经济和政治制度的改革进程,这

---

① 邵泽斌.我国义务教育管理体制的理论逻辑与政策思考[J].教育研究与实验,2013(3).

种"城乡区隔"的教育体制越来越不适应教育发展的需要,为了实现城乡教育一体化的发展目标,促进区域内教育均衡发展,保证教育的公平性,教育主管部门在教育资源配置上开始向农村学校倾斜,尤其是在教师资源的配置上,对于实现义务教育均衡发展有着至关重要的作用。"教师轮岗政策"就是在这样的背景下展开的。

(1)十年"轮岗"取得的成就。

教育局 Z 局长介绍,2006 年市政府决定实施"轮岗"政策,出台"支教下乡"政策的初衷是因为当时新沂市城乡教师结构性失衡的问题比较严重,城区的四所初中教师资源充足,并且随着城区生源的减少渐渐出现了人员富余的现象,许多教师"无课可上";而农村 27 所初中则大多处于缺编甚至人员紧缺的境地。城区教师不愿意"下乡",轮岗恰好给了新沂市教育主管部门一个"取多补少"的理由,因此"支教下乡"政策快速出台,各学校雷厉风行地决定了各校"支教下乡"的人选,轮岗从此踏上了十年的征途。

经过十年的努力,轮岗为新沂市带来了巨大的变化,最突出的表现就是城乡"二元"格局被打破,城市教育和农村教育第一次开始在同一个平台上共同发展。

笔者在新沂市教育局调查时找到了 2014 年教师轮岗的数据,新沂市初中公立学校教师共有 2 993 人,其中城区教师 679 人,符合新沂市规定的轮岗标准的为 444 人;农村教师 2 314 人,符合轮岗标准的为 1 203 人。2014 年参与轮岗的教师共有 296 人,其中参与"城区教师大轮岗"的城区教师 72 人,"支教下乡"的城区教师 57 人;农村初中教师参与"区域内调剂交流"的共有 167 人(详见表4)。参与轮岗的教师达到符合轮岗条件的教师总数的 18%,高于省政府和徐州市规定的 15%。

表4 2014年新沂市初中教师轮岗概况

城区初中教师轮岗概况				农村初中教师轮岗概况		
城区教师总数	符合条件人数	城区交流人数	"支教下乡"人数	农村教师总数	符合条件人数	"区域内调剂交流"人数
679	444	72	57	2 314	1 203	167

大规模、快速度的教师轮岗为打破城乡之间的"壁垒",均衡城乡之间的教师资源,促进县域内的教育公平作出了极大的贡献,同时也为农村义务教育的快速

发展带来了难得的契机。

(2)"轮岗"为农村教育发展带来了新的契机。

城乡教师之间的流动,尤其是城区教师向农村学校的流动,为农村的教育教学注入了新鲜血液,带来了新的活力,打破了长久以来城区教育和农村教育"各自为政"的区隔局面,推进了县域内城乡教育一体化的快速发展。

有学者认为,政府出台的一系列支持农村教育发展的政策,在改善城乡之间的关系,缩小城乡教育之间的差异等方面起到了积极的推动作用,其中就包括城乡之间"教师轮岗政策"的推进。这种推动作用表现在两方面:首先是唤醒了农村居民对于优质教育的向往,营造了促进教育公平的社会舆论环境;其次在制度层面为缩小城乡差距以及推进农村教育的现代化提供了支持[①]。

"教师轮岗政策"的实施,不仅在制度上打破了城乡"二元结构"的隔阂,而且在社会舆论上影响了农村居民的教育观念。对于农村社会来说,学校和教师都是他们熟悉的"邻居"式的存在,城区教师的到来无异于向他们打开了一扇通往外界的大门,先进的理念、新鲜的资讯都给农村社会带来了巨大的冲击,改变了农村居民固有的教育观念。

同时,轮岗带给农村学校的不仅是拥有新理念、新方法的教师,还有来自城区学校的物质支持。在"对口交流"中,ZW 中学和 HG 中学结成了对子,ZW 中学不仅给 HG 中学补充了新的师资力量,同时负责帮 HG 中学培训新教师。和 12 位教师一起来到 HG 中学的还有 10 台多媒体教学设备,一部可供教师录制教学视频的 DV 机。这些实实在在的帮助不仅改善了农村学校落后的教育设施,更冲击了农村教师的思想,改变着他们的教育理念。

新沂市十年的轮岗历程给农村教育提供了有力的支持,提高了农村学校对师资力量的要求,从"有人教就好"到努力寻求优秀的师资力量;同时又转移了一部分城区富余的师资,在中学教师超编、小学教师缺编的新的历史时期及时将中学多余的师资力量向小学转移,在一定程度上均衡了县域内的教师资源配置,为教育的均衡发展奠定了坚实的基础。

2. 融合城乡观念,加快教师专业发展

轮岗政策实施以来,给城区教师和农村教师的心理都带来了极大的改变,对

---

① 邵泽斌,流动的教育权:论我国城乡义务教育的"三元统筹"[J].社会科学战线,2014(8).

固有的城乡差异的印象得到了更深刻、更直接的认识。轮岗教师进入轮岗学校以后所面对的学生、教学方法、同事、新学校的人际关系等都大大不同于他们的想象。这些不同于原学校的情形极大地冲击了轮岗教师的思想,触动了他们的心灵。城乡教师之间的交流也在改变他们固有的教育理念,为城乡教师的发展带来了机遇。

(1) 从城区到农村:感受农村教育之痛。

从城区轮岗到农村是整个"教师轮岗政策"的主流,城区教师在农村学校所感受到的城乡差别也是最深刻的。"班级人数多、学生基础差"几乎是所有从城区到农村轮岗的教师共同的印象。X老师从毕业就在ZW中学任教,至今二十多年了,她说农村学生的英语基础薄弱得让她"吃惊"。"想过比城里差,但没想到会这么差!"初三学生都听不懂基本的课堂用语,只能用汉语授课。但是学生"很听话,比城里学生踏实、好学"。

城区教师在惊叹农村教育现状的同时,自己的心灵也受到了巨大的冲击。在城区学校的不满、抱怨与农村学校的情形一比较,让轮岗教师不由心生"幸运"之感。"回到原学校,再不会有怨言了!"城区教师对农村教育、农村教师、农村学生的同情和敬意油然而生。

(2) 从农村到城区:树立全新教育理念。

与城区教师到农村感受到的"辛苦"不同,从农村轮岗到城区学校的教师却获得了不一样的收获。城区学校先进的教育教学设备、整洁漂亮的校园环境、舒适安逸的工作条件都让农村教师不由心生羡慕;城区教师全新的教学理念、教学手段方法更让农村教师受益良多。

轮岗在改变教师的思想意识、教育教学理念和方式、课堂教学方法等方面取得了很大的成效,改变了城乡教师缺乏交流的局面。城乡教师在思想层面的相互交流甚至比现实的交流作用更大,对教师的触动更深。而思想的改变必然会带来行动上的变化,从而为教育改革能够取得成功提供了一个契机,也为城乡教师的专业化发展指明了一条新的道路。

同时,轮岗给农村教师带来了改变自己的机会,让他们勇于展现自己、努力争取更美好的生活,但同时也给农村学校带来了优秀教师流失的隐忧。如何激发这些"被轮岗"教师的勃勃雄心,让他们愿意留在农村,是政府亟需解决的又一大难题。

(二) 政策变通:新沂市"教师轮岗政策"执行失真的特征

笔者在调查研究中发现,新沂市的"教师轮岗政策"运行在取得巨大成效的同时,也存在着一些问题和不足之处。准确地说,是在政策执行中出现了政策变通、扭曲,导致政策失真现象。笔者仔细分析新沂市在"教师轮岗政策"中出现的政策变通形式后,发现其变通形式在教育政策执行变通中有着典型的代表性。

"教师轮岗政策"的执行主体有市教育局的行政人员、学校和教师,他们既是该政策的执行者,同时又是政策调试的目标群体,双重身份的冲突导致他们在执行该项政策时必然会有意无意地根据自身利益的需求变通政策要求。

1. 政策缺损:教育行政部门对"教师轮岗政策"的变通

政策缺损是指政策执行者在政策执行中对政策有所取舍,有选择地执行一部分内容,忽略一部分内容,造成政策结果没有实现政策目标,效果大打折扣,这种现象也被称为政策缩水。[①] 新沂市教育局在"教师轮岗政策"的运行中,时有选择性执行的现象发生。

(1) 选择性执行:重数量、轻质量、无监督。

新沂市选择执行"初中教师轮岗政策"是基于补充农村学校教师缺编的考虑,没有真正从均衡城乡师资、促进教育公平的视角来理解实施"轮岗政策",这种"自利性"的选择性执行,无法真正发挥"轮岗政策"的作用,同时,教育局用行政命令的方式分派"支教下乡"名额,毫不顾及教师的生活和工作需求,也让教师产生了忧虑和抵触心理。

而将轮岗教师的考核权下放到接收学校,教育局一方面是为了激励轮岗教师认真工作,另一方面也为了减轻自身的工作压力。但是由接收学校全权考核轮岗教师的监督评价机制很容易滋生腐败,造成轮岗中的种种弊端。例如轮岗教师不去接收学校报到;校领导碍于"人情""面子"给原本不合格的教师较好的考核成绩,等等。这些问题笔者在访谈中都听到过。这种不公平也引起了许多轮岗教师的不满。

---

① 朱敏,吴新刚.对教师轮岗制政策失真现象的反思[J].教学与管理,2011(8).

(2) 附加性执行：大幅度、快速度、重奖励。

很明显，新沂市在"区域内调剂交流"政策的制定中有扩大化执行的嫌疑，且不说将职称评定与轮岗挂钩的做法是否合法，强制性的轮岗已经违背了"以人为本"的教育原则。

《2013年新沂市中小学教师交流工作管理办法（试行）》中提出：从2015年起，凡申报中级及以上职称、评选名优师者必须有一年及以上交流经历，否则不予申报。而徐州市2015年颁布的《关于推进义务教育学校教师校长交流工作的意见》中明确提出：从2017年起，城镇义务教育学校教师申报高级职称、申报省特级教师、县级及以上名优教师等称号，均须有2年以上在农村或薄弱学校交流或任教经历。

新沂市的规定中，职称评定范围从徐州市规定的"高级职称"降低到"中级及以上职称"，时间限制比徐州市的规定整整提前了两年，教育局的C科长告诉笔者，这样做是为了"激励中学教师踊跃报名参与轮岗"。

因为新沂市小学连续五年没有聘用新人，小学尤其是农村小学的教师结构老化，年龄偏大、知识结构陈旧的老教师成为农村小学的主力军；与此同时，随着步入21世纪以来我国放松计划生育政策所带来的生育高峰期出生的儿童进入学龄期，小学教师缺编就在所难免了。八年前在农村中学出现的教师缺编现象又一次在农村小学重演，而初中阶段的生源却在此时降到历史最低点。因此，为了合理配置教师资源，解决小学教师配备失衡问题，市教育局每年根据全市小学师资需求情况，统一安排区域内一定数量中学富余教师到小学交流任教。

将职称评定中对轮岗经历的要求从徐州市要求的"2017年开始""从高级扩大到中级""每年要有多少教师因为评职称而选择轮岗"，C科长对此的回应是"不清楚"；对于是否经过调研论证，C科长表示"领导决定的，不都是这样吗？"不经过调研，随意扩大政策调配的范围给轮岗带来的不仅是快速度、大幅度、高效率的轮岗成果，恐怕也会带来难以预估的负面影响。

从新沂市"教师轮岗政策"运行分析中可以看出明显的选择性执行和附加性执行的痕迹，如此大幅度地改变中央、省市的政策要求，究竟是出于新沂市教育发展的现实需求还是另有他因，还需要进一步的研究才能得以揭示。

2. 替代性执行：学校对"教师轮岗政策"的执行策略

教育局的出发点是支持农村教育，均衡城乡教育教师资源，但是教育局只是制订了目标,提出了要求,而最终的政策执行者则是学校。初中阶段面临着中考成绩的评比,县域内学校学生成绩要参与全市排名,如果说"轮岗"真的有利于提高教学质量的话,教师资源均衡将有利于总体成绩的提高,教育局对于"教师轮岗政策"是乐见其成的。而在县域内的评比,学校和学校之间就成了竞争对手,对"教师轮岗政策"持保留态度就是可以理解的了。而对于派遣谁去轮岗、轮岗多久有着绝对权力的学校来说,在总体进步和个体优异之间又会如何抉择呢?

(1) 个体利益大于整体利益:城区学校的选择。

笔者采访了 ZW 中学的 X 校长,按照 X 校长的理解,确定轮岗教师的人选是一件很头疼的事,"这是一件吃力不讨好的事"。一开始他很不愿意派人去农村"支教下乡",优秀教师、骨干教师都不能派出去,只能安排一些老实的、平庸的教师,可农村学校对于轮岗教师寄予了很大的期望,这样的教师去"支教下乡"自然达不到效果,兄弟学校对他这个校长也有不满。

教育局出台了一系列的奖励措施之后,轮岗就不再是一种负担,而变成了一种福利。很多教师主动申请轮岗,校长不再发愁人选,却又有了新的烦恼——愿意去轮岗的绝大部分是在本校评职称无望的,业务能力未必是最优秀的。

在城区中学和农村中学的对口交流中,城区中学对于接收到的来自农村中学的教师,往往也不愿意安排到教学一线去。如,2012 年轮岗到 MH 中学的十名 HG 中学的教师,除了管理实验室、图书馆,就是做门卫。而不安排轮岗教师到教学一线的原因除了本校教师超编以外,还有一个很重要的原因就是家长不愿意轮岗教师带自己的孩子,家长排斥轮岗教师的最主要的原因是担心轮岗教师责任心不强、教学水平不高、缺乏工作热情。

在 ZW 中学和 MH 中学对于轮岗教师人选的确定和使用上存在着政策被替代执行的问题。ZW 中学根本不考虑教师的实际情况,只根据"人情"和"面子"来确定轮岗教师人选,完全违背了"三个 15%"的要求,即教干、教师、名优教师至少占符合交流条件的三类人的 15%;MH 中学不安排轮岗教师任课更是完全违背了"教师轮岗政策"的精神和用意,让轮岗仅仅成为一种形式。

(2) 受益还是受损:农村学校的矛盾。

作为"教师轮岗政策"运行中相对弱势的一方,农村学校应该获得更多的政策支持,教师轮岗的目的就是要均衡城乡教师资源,促进农村教育质量的快速提升,促进教育公平,为达到此目的,在政策设计之初,就已经向农村教育倾斜了。

不论是"支教下乡",还是"对口交流",农村学校都是"教师轮岗政策"的最大受益方,但是在政策的运行过程中,农村学校到底能从中受益多少呢?

作为一所薄弱学校,不论是"支教下乡",还是"对口交流",HG 中学接收的轮岗教师人数都是最多的。

轮岗教师的人事关系不在轮入学校,所以在管理上就比较粗放,用 S 校长的话来说就是:"没法管,该上课的时候找不到人了,当然大部分教师都是负责任的,少数的几个人自由散漫,造成了很恶劣的影响。"S 校长找出了几份当初轮岗教师的教学成绩评比,有几位轮岗教师的成绩在年级组排倒数第一。

2009 年"对口帮扶"HG 中学的是 ZW 中学,轮岗教师到校之初,校领导对他们寄予了极大的期望,两位轮岗教师被分派教初三年级的英语,可结果却并不尽如人意。两位轮岗教师所带的班级在中考时英语成绩是全校倒数第一、二名,而这两位英语教师在轮岗结束后都评上了中学高级职称,有了这一次教训,HG 中学再也没有把轮岗教师安排在毕业班。

除了主动申请的三位教师以外,2012 年 HG 中学派遣到 MH 中学交流学习的都是平时不上班、不带课的老师。而这些教师到了 MH 中学以后,因为 MH 中学教师超编,根本没课上。

2013 年开始实施区域内调剂交流,由中学选派富余教师到小学交流任教。教育局规定每所中学选派几人到同一乡镇的村小任教。

2013 年 HG 中学在教师资源紧张的情况下,还被教育局"摊派"了 8 个到小学轮岗的名额,可报名申请轮岗的却有 15 人,校领导不得不召开会议研究,按照年度考核成绩选取前 8 名参与轮岗,这一次参与轮岗的几乎都是年轻教师,县级骨干教师 1 人,校级骨干教师 4 人,远远超过了省厅要求的 15% 的目标,学校很无奈,不想放人却没有办法,"不能不让人评职称啊!"2014 年 HG 中学关于"区域内调剂交流"名额的争夺更加激烈,只有 4 个名额,报名的却有 13 个人。最终轮岗的四名教师都是校级优秀教师,三人获得过市优质课大赛一等奖。

职称评定"绑架""轮岗政策"的后果就是轮岗成为一件"僧多粥少"的事情,导致一些教师"绞尽脑汁"获取轮岗名额,反而忽略了轮岗的真正意义和追求,进而导致轮岗教师对轮岗的认识和理解出现偏差,将轮岗的机会作为自己获取名利的手段,参与轮岗只是为了自己以后的职称晋升,反而忽略了均衡教师资源,提升薄弱学校教育质量的初衷。

3. 功利性执行：教师对"教师轮岗政策"的利用

教师作为"轮岗政策"的执行主体，同时也是政策的目标对象，对"轮岗政策"的运行极其敏感，一点微妙的变化就会牵动教师们的心。他们也在政策运行过程中尽已所能对政策运行的走向施加影响，试图让政策朝向有利于自己的方向转变。

（1）主动还是被动：轮岗教师的动机分析。

笔者在调查问卷中发现，新沂市的普通教师对于该市具体的"教师轮岗政策"的政策文本和实施措施都比较陌生。

调查结果显示，40.3%的教师对于新沂市的"教师轮岗政策""不了解"或"不太了解"；35.4%的教师认为自己"基本了解"新沂市的"教师轮岗政策"，仅有24.3%的教师认为自己"非常了解"或是"比较了解"具体的政策规定。

这和笔者在访谈中得到的信息相一致，受访教师中只有3人能说出新沂市"教师轮岗政策"的大致规定和待遇，其余教师都对此一知半解或说不清楚具体内容，接受访谈的教师都告诉笔者"自己没有见过政策文本"，这和问卷中的调查结果可以相互印证。

而对于了解"轮岗政策"的主要途径，大部分教师都选择了通过学校的宣传而了解轮岗这件事。51.4%的教师是从"学校宣传"中了解"轮岗政策"的具体规定的；21.5%的教师是从"网络"上了解"教师轮岗政策"的；从"教育局的宣传"中了解政策的教师仅有9.1%。由此可见，在"教师轮岗政策"的具体实施中，学校是政策宣传、实施的主力军，教育局将政策执行的主导权下放给了学校，这也和笔者在访谈中了解到的情况相一致。

对于轮岗意愿的调查，问卷和访谈中所收集到的数据却不太一致。

从问卷收集的数据来看，54%的教师不愿意参与轮岗，而在访谈中回答"自愿选择轮岗"的教师却只有一位。为什么会出现这样的差异呢？笔者在访谈中针对这个问题，询问了几位轮岗教师，他们的回答是"因为评职称才主动申请轮岗的，其实心里并不想去"，这种"无奈的"选择也许就是"教师轮岗政策"很难达到政策预期目标的很重要的一个原因。

通过问卷调查可知，影响教师轮岗意愿的原因，60.4%的教师认为是"无法照顾家庭和孩子"；31.3%的教师认为"路途远，生活不便"（详见图1）。

这些生活上的小事堆积起来恰恰造成了"教师轮岗政策"偏离政策目标的关键原因,教育主管部门和学校在执行"轮岗政策"时若能本着"以人为本"的理念,是不是就能减少生活上的烦恼对教师轮岗意愿的影响呢?

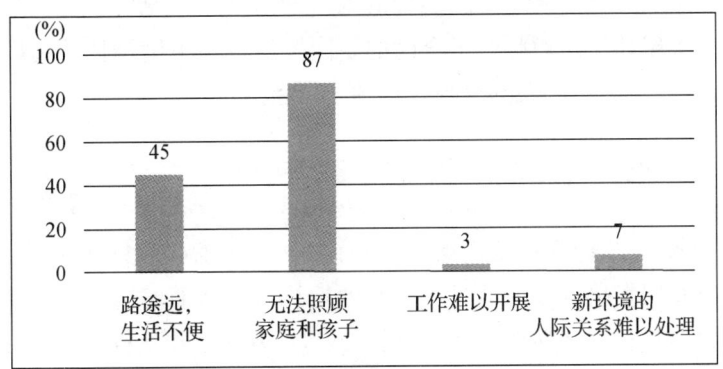

图1 影响轮岗意愿的主要原因

关于"轮岗目的",43.8%的教师选择"为自己评职称着想",20.8%的教师选择"为自己将来发展着想"。因为有轮岗经历可以在评聘职称中享受优惠待遇,很多教师愿意付出一年的辛苦来换取轻松评定高一级职称的机会,尤其是2013年新的职称评定条例"评聘高一级职称必须有一年的轮岗经历"的规定出台以后,更多教师不得不主动申请轮岗,有些学校甚至要竞争轮岗名额。

仔细分析轮岗教师参与轮岗的动机,可以分为"主动流动"和"被流动"两种,最初的"支教下乡"是"被流动",2014年开始的"城区轮岗"也是"被流动",教师没有选择权,只能服从学校或教育局的安排。

(2)艰辛还是轻松:轮岗教师的收获与感受。

从城区轮岗到农村是整个"教师轮岗政策"的主流,城区教师在农村学校所感受到的城乡差别也是最深刻的。"路太远了,工作比在原单位辛苦"几乎是所有到农村轮岗的城区教师跟笔者说的第一句话。与城区教师觉得辛苦、艰难相比,从农村轮岗到城区学校的教师却感觉"轻松多了"。

不论是从城区到农村,还是从农村到城区,所有的轮岗教师都有一个共同的感受,那就是有"局外人"的感觉,与轮入学校的隔膜,无法融入轮入学校的"人际圈子",让所有的轮入教师都觉得自己不属于轮入学校。

笔者所调查的三所学校对于轮岗教师都提供了一项"优惠政策",即不用坐班,不参加轮入学校的考勤,这也让本来就无意融入轮入学校的轮岗教师更加疏离了轮入学校的人际交往,和轮入学校教师"不来往"让轮岗教师只能游离于轮入学校的主流人际网络之外。

轮岗教师有意识游离于轮入学校的人际网络之外,不被接纳的孤独感和心无所属的空虚感让轮岗教师对于自己的轮岗经历极为不满,对"轮岗政策"的执行效果和轮岗教师自身的发展都产生了消极的影响。

四、对"教师轮岗政策"执行失真的反思

有学者认为,我们制定教育政策是为了实现一定的政策目标,完全实现政策目标就需要我们在执行政策的过程中有效地执行。然而,教育政策在实际的运行过程中常会受到诸多外界因素的影响,致使教育政策在执行中出现"政策结果偏离政策目标的不良现象",我们这里将这类现象统称为"教育政策失真"。[①]

由于现实环境的复杂性,教育理想和现实之间永远存在一定的距离,期望教育政策结果与其目标完全一致只能是一种无法实现的主观臆想,从这种角度来看,"教育政策失真"现象在所难免。但严重的教育政策失真会损害政策的实施效果,甚至背离政策设计的初衷,无论对一个国家还是地方的教育事业而言,教育政策失真总会造成或大或小的损失甚至灾难,因此,我们要努力使政策执行和结果尽可能接近政策目标。

新沂市"初中教师轮岗政策"运行中出现的种种政策变通行为,最终导致了政策结果偏离政策目标,政策执行失真。出现这些政策变通现象的原因是多方面的,教育行政部门、学校和轮岗教师都对这项政策的失真负有不可推卸的责任,追根究底,"人"是"教师轮岗政策"失真最重要的因素。

(一)地方政府的双重利益角色造成"教师轮岗政策"失真

"政策制定并不是完全理性的选择,而是'摸着石头过河',在实践中总结出来的"[②],政策制定和政策执行的融合对政策执行者提出了更高的要求。由于我们无法把政策制定和政策执行截然分开,教育政策执行者在一定程度上也成了

---

① 袁振国.教育政策学[M].南京:江苏教育出版社,2000.
② 邵泽斌.用"社会学之眼"看教育政策[J].教育理论与实践,2009(34).

教育政策决策者；而教育政策的执行者往往同时又是教育政策调配的对象，教育政策执行主体的多重身份及其带来的利益冲突就成为造成教育政策失真的重要原因。

1. 教育部门维护地方教育利益的政策选择

地方政府既是国家利益的"代理人"，又是地方利益的"自利者"，从这个层面来看，地方政府必然会受到两大利益诉求的影响，一是中央政府的国家整体利益最大化的政策诉求；二是地方民众的自身利益最大化的诉求。地方政府不仅要受中央追求整体利益的制约，同时又要受到地方民众追求自身利益的牵制。地方政府的双重利益角色导致其在政策执行过程中无法坚定地按照政策的内在精神和目标来施行政策，双重利益的冲突往往会导致政策失真。在教育领域，地方教育行政部门在教育政策的执行中扮演双重利益角色的现象同样存在。

地方教育部门是国家委派的地方教育行政组织，要代表国家行使教育领导、管理与决策权，在教育政策执行中应该是国家利益的"代理人"，要坚定地、毫无偏差地执行国家的既定教育政策，要追求国家的整体教育利益的最大化。

地方教育部门不仅是中央教育部门的"代理人"，更是地方教育的领导者和管理者，这一身份决定了它在教育政策的执行中要追求地方教育利益的最大化。

地方教育行政部门追求公共利益和自身利益的双重目的所造成的利益冲突，决定了中央教育部门和学校、教师的利益诉求必然会影响和制约地方教育行政部门在政策目标实现过程中所采取的政策措施，在教育政策的执行过程中就潜伏着政策变异以致政策失真现象发生的危机。

例如，在新沂市"教师轮岗政策"运行中，新沂市教育局既是中央"教师轮岗政策"的执行者，又是当地"教师轮岗政策"的制定者和倡导者，在整个政策运行过程中，新沂市教育局的双重利益角色表现得十分明显。

地方教育主管部门从关注本区域教育持续发展的视角来理解、制定并实施"教师轮岗政策"，希望通过"教师轮岗政策"的运行使城乡教育差距过大的现状得到改善；同时从新沂市制定的"教师轮岗政策"文本中不难看到"响应国家号召""完成上级规定的目标、任务"这些字眼。新沂市教育局的双重利益角色在此体现得淋漓尽致。

2. 教育部门行政人员的"自利性"执行

与此同时，地方教育行政部门并不是由"抽象的人"组成的，每一个真实的行政人员都会有自己不同的利益诉求,这也导致教育政策在执行过程中无法避免由于执行者的"自利性"而造成的政策扭曲和变形。

在国家的总体教育利益和自身利益发生冲突时,地方教育部门的工作人员往往会毫不犹豫地选择维护自身的利益,而且他们也有条件这么做,这种"自利性"造成了"教师轮岗政策"中新的不平等,也引发了一种想方设法规避利益损失、扰乱轮岗政策执行秩序的现象。

(二) 政策执行工具的单一性驱动"教师轮岗政策"失真

政策执行是政策运行中至关重要的一个环节,关系到政策目标能否顺利实现,而政策能否被有效执行在很大程度上取决于所选择的政策工具是否恰当。"工欲善其事,必先利其器",如果政策目标是我们要完成的"事",那么政策工具就是"器"的选择了。所谓政策工具,就是指政府用以推行政策的方法和手段,也是政府各部门在制定和实施具体政策时所使用的实际手段和方法。①

有西方学者将政府可以使用的政策工具形象地称为"政策工具箱",一旦政府打开了这个"工具箱",它就会面临诸多选择。就像"囊中藏有如此多的箭,政府就需要……找出射向问题靶子的正确的矢"②。笔者采用麦克唐纳和艾莫尔的分类,他们将常用的教育政策工具分为以下四类:命令型工具、激励型工具、能力建设型工具和系统变迁型工具③。在新沂市"教师轮岗政策"运行过程中使用较多的是命令型工具和激励型工具。

1. 命令型工具的使用及效果分析

命令是规范个体行为,以让他们服从政策要求的规则。这是一种强制性的政策工具,也被称为威权型工具。命令工具是政府使用的政策工具中最古老、最普遍的一种技术,由于我国的教育政策大都是由上而下的,因此"命令"也是各级教育管理部门最乐于使用的一种政策工具。

关于命令工具的使用,笔者以新沂市制定的《新沂市中小学教师交流工作管

---

① [加]迈克尔·豪利特,M·拉米什. 公共政策研究:政策循环与政策子系统[M]. 庞诗,等译. 北京:生活·读书·新知三联书店,2006.
② [美]戴维·奥斯本,特德·盖布勒. 改革政府:企业家精神如何改革着公营部门[M]. 周敦仁,等译. 上海:上海译文出版社,1996.
③ 汪薇. 教师轮岗政策执行研究——政策工具的使用效果角度[D]. 华东师范大学,2012.

理办法》为例,来透析命令工具在"教师轮岗政策"中的具体运用。

(1) 交流范围和对象。

全市义务教育阶段教师中男55周岁、女50周岁以下(截至当年8月31日),且在同一学校工作满3年以上的中层干部和前勤教师均属交流的对象。

(2) 交流的方式。

对口交流。每年暑假,市教育局根据农村学校师资需求情况统一安排城区教师到农村学校对口校际交流,同时,农村学校按交流方案选派青年教师到城区学校接受跟岗培训。

区域内调剂交流。市教育局每年根据全市小学师资需求情况,统一安排区域内一定数量中学富余教师至小学交流任教,以解决小学教师配备失衡问题,满足正常教育教学工作需要。

(3) 政策与待遇。

城区到农村对口交流的教师原享受的支教政策不变;区域内中小学之间交流的教师,不得享受职评的支教政策,由接收学校给予适当交通费补贴,具体标准由接收学校根据实际情况核定。

在教师的年度考核、名师评审、职称评定等工作中,要将交流工作的经历和业绩都纳入到考核范围中去。

从2015年起,凡是申报中级以及中级以上职称,或是评选名教师、优秀教师的教师必须要有一年及以上交流经历,否则不予申报。

(4) 管理与考核。

交流教师的绩效工资考核、年度考核在接收学校进行。接收学校将绩效工资考核结果转派出学校执行,年度考核由派出学校根据交流人员在接收学校的考核结果和在派出学校工作期间考核情况综合确定,优秀比例不得低于交流人员总数的15%。

对拒不接受交流或在交流期间拒不到岗的,按旷工处理,三年内不得列为各类表彰奖励的推荐人选,三年内不允许其晋升高一级职称。超过一个月不到交流学校上班者,做辞退处理。

从该办法中可以看出新沂市"教师轮岗政策"具有明显的强制性、命令性。虽然命令有可以快速传达、执行政策等诸多优点,但是命令工具的过分使用也会带来一些问题,比如难以调动基层执行主体的积极性,基层学校和教师往往因为被动执行政策而形成敌对的情绪,影响命令执行的效果。命令工具的使用较少考虑教育教学规律,导致师生关系的不稳定,破坏了教学的连续性,减少了"教师轮岗政策"的益处。

2. 激励工具的使用及效果分析

激励工具是依靠切实的利益回报或惩罚来诱导人们服从某项政策。激励工具的理论假定个体会尽力追求政策对自己所产生的效用的最大化,激励工具则通过提供正向或者负向的回报,来鼓励人们参与政策行动。

在新沂市"教师轮岗政策"运行中,正向的激励工具非常多,比如在职称评聘和评优中优先考虑以及提供优惠政策,为轮岗教师发放交通补贴等。

对于不愿参与轮岗教师的惩罚,虽然制定了一定的标准,但是却很难落实。笔者在调查中了解到,即使轮岗教师没有按要求完成轮岗任务,接收学校往往也不会上报教育局,惩罚只是一纸空文。

由此可见,激励工具的使用效果并不如预期的那么理想,"丰厚"的优惠政策让教师只看见了利益,却忘记了最初的目的,轮岗变成了一种换取"名利"的功利性行为,惩罚措施无法落到实处,也就失去了震慑力,变得几乎不为人知。

至于能力建设型工具和系统变迁型工具,在新沂市的"教师轮岗政策"运行中,几乎不见踪影,由此可见,政策工具的单一性和随意性也是导致"教师轮岗政策"失真的因素之一。

(三)政策执行者对政策认同度低导致"教师轮岗政策"失真

教育政策执行人员对政策目标的认同是一种心理态势,执行者是否认同政策理念往往会成为影响他们政策执行的强大力量。政策执行者往往会把他们潜意识中的政治理念、行为倾向以及由此产生的对政策的价值判断和认同程度带入政策执行工作之中,从而影响政策执行的效果。

实践也证明,如果政策执行者对该项政策的目标指向、内容规定和遵循原则没有强烈的认同感,在政策的运行过程中,他们往往会采取敷衍了事、机械执行的消极态度,或者采取简化潦草的方法执行政策,甚至错误执行,抵制政策的执行,这些都会导致政策执行失真。

(四) 政策执行主体的利益冲突引发"教师轮岗政策"失真

如果政策所倡导的利益与政策执行者自身的利益不一致,就会导致政策执行者在政策执行过程中出现对政策执行采取有所保留或者歪曲执行的现象。教育政策执行过程是一个动态的、系统的过程,其中蕴涵着利益的提出、分配、剥夺和调节各个环节。任何一项政策的实际运行,都会改变既定的利益格局,既可能使一部分人受益,也可能会使另一部分人的利益受损。

而政策执行者往往不仅是教育政策的执行人员,同时亦是政策调配的对象,如县域内的教育主管部门、学校、教师,不仅是"教师轮岗政策"的执行者,也是政策调配的对象,尤其是学校和教师,"教师轮岗政策"直接触动了他们的自身利益,他们在执行中又如何能做到"无动于衷"呢?因此,在政策执行者所执行的政策损害其自身利益时,他们便会与政策"博弈",对政策执行采取消极执行、错误执行或是抵制的态度,进而导致政策执行中不同形式的政策失真。

五、县域内"教师轮岗政策"的执行建议

通过深入调查和研究新沂市"教师轮岗政策"的运行过程,笔者深切体会到,完善县域内"教师轮岗政策"是一项系统工程,涉及县域内社会建设的各个方面。而"教师轮岗政策"的推进,不仅仅是教育内部的改革,它也需要依靠外在的良好的社会环境和制度环境。

本文基于对新沂市"教师轮岗政策"运行背景、特征、问题的分析以及对县域内"教师轮岗政策"失真的几个基本原因的探讨,从县域内经济、文化、社会发展的背景出发,提出构建完善的县域内"教师轮岗政策"的一般性对策与建议。

(一) 构建有效的县域内"教师轮岗政策"保障体系

实施"教师轮岗政策",不能光以公民精神去鼓动教师"一腔热血"为偏远落后的农村教育服务,政府首先应肩负起公平正义的责任,在工资待遇、发展机会、社会保障等方面建立起立体的"教师轮岗"保障体系。

在对新沂市的教师轮岗意愿的调查中,43.8%的教师选择"为了评职称着想"而参与轮岗,这种非自愿的轮岗很难实现良好的政策效果。要想改变这种被动、消极的轮岗模式,不能一味地使用高压手段,而要让教师真正体会到轮岗给他们带来的切身利益,不仅包括足够高的工资和福利待遇,更应该为轮岗教师创造舒适、安心的工作环境和可以预期的美好的职业前景。这一切都离不开城乡一体化的发展方式,需要政府各部门共同努力,协同合作。

政府要实现公平正义,应为偏僻的农村学校教师提供更高的工资和福利待遇以及更好的发展机会,以吸引更多的优秀教师。然后,学校和教师在教师劳动力市场中可以基于双方自愿的原则进行交易,政府更应该在政策扶持上全方位地向农村教师倾斜,并以立法的形式推进政策的落实。

(二) 改进县域内"教师轮岗政策"的执行体制

教育政策不仅要有充足的物质资源保障其顺利实施,更需要有高素质的人员去执行。因此,"那些在理论上看上去很好的东西,在现实生活中并不一定奏效"[1]。在政策执行层面,执行者、政策调配对象、利益相关者等各种复杂的因素交织在一起会产生让人意想不到的效果。要改进县域内"教师轮岗政策"的执行体制,至少应做到以下三个方面:

1. 提高政策执行者对政策的认同程度

"政策的执行者通常不会支持他们认为与其自身利益对立的政策。如果可能威胁其工作保障、晋升机会和现状,新政策必定会遭到政策执行者的反对。"[2]因此,执行者对政策的认同度越高,其执行政策的动机就越强烈,政策执行行为就会越规范,政策的执行效力就会越高,政策结果更容易和政策目标保持一致,尤其当该项政策本身还不够规范、成熟,而且政策的约束力不够的时候,执行者对政策的认同就显得更为必要。

2. 完善政策执行过程的各个环节

"教师轮岗政策"的执行过程是非常繁杂的,不仅有组织实施、指挥协调,还

---

[1] [以]英博,等. 教育政策基础[M]. 史明洁,等译. 北京:教育科学出版社,2003.
[2] [美]弗朗西斯·C. 福勒. 教育政策学导论(第二版)[M]. 许庆豫,译. 南京:江苏教育出版社,2007.

有监督调控、评估调整等多个环节。不论哪一个执行环节出了问题,都会影响政策的有效实施以及政策目标的顺利实现。因此,要不断完善政策执行的各个环节,尤其是监督评价环节的公开透明对于"教师轮岗政策"的执行效果至关重要,可以及时发现政策执行中出现的问题,及时纠偏,防止政策执行扭曲、失真的情况出现。

3. 优化政策执行者的政策行为

政策执行者对政策的认知水平和认同程度,以及政策执行者的政策行为方式都关系到政策的顺利实施和政策目标的完全实现。正如一位美国学者的看法:"为了让一项政策有效,不仅需要广泛的权威和用以支付实施代价的拨款。良好的控制和政策实施技术也是必不可少的。"①

因此,为了提高政策执行者的执行能力,优化执行行为,教育局在政策运行之初可以组织形式多样的培训学习活动,提高行政人员的素质,加强他们对于"教师轮岗政策"的理性认识,以期提高政策执行水平,保证执行过程和结果与政策目标保持一致。

(三)加大各方利益相关者介入"教师轮岗政策"的力度

利益相关者的介入,会影响组织目标的实现,而不同的利益相关者,有着不同的利益需求,政府、教师、学校、家长及学生等都是"教师轮岗政策"的利益相关者。政府是政策的决策者和倡导者,学校和教师是政策的执行者,而家长及学生等力量,则是对"教师轮岗政策"具有一定影响作用的其他利益相关者。但是他们在整个政策运行的过程中却无法表达自己的利益诉求和政策愿望,在后续的"教师轮岗政策"调整中,如何才能将这些最基层的"声音"传达到相关政策的制定者和执行者的耳朵中呢?对此,笔者认为可以从两方面加以改进。

首先,要畅通利益表达渠道,保证各方利益相关者的利益需求都能够有效地传达给政策制定者和倡导者;政策制定者也要采取多种形式广泛吸纳各方意见,在政策制定过程中要有各方利益相关者的代表参加,从政策制定的程度上最大限度地保证各方利益相关者的知情权。

---

① [美]詹姆斯·安德森. 公共决策[M]. 唐亮,译. 北京:华夏出版社,1990.

其次,增加"教师轮岗政策"执行程序的透明度,便于利益相关者对"教师轮岗政策"实施全过程进行监督。只有顾及这些利益相关者的需求,才能使政策的供给更加符合政策目标的需求。

(四)合理运用政策工具提高政策执行效果

各种政策工具各有所长,在实际的教育政策运行中要根据政策目标和政策环境的不同,合理、灵活地选用政策工具,才能取得更好的政策效果。在"教师轮岗政策"运行中,要使政策结果尽可能地接近政策目标,就要充分了解各种政策工具的优缺点,在政策执行中扬长避短、综合有效地运用各种政策工具。在后续的政策运行中,可以从以下几个方面改进政策工具的使用:

1. 命令工具的使用要和民主、科学的政策制定相结合

在教师轮岗的人数、范围、规模上要根据当地的实际需要科学制定;同时让教师参与到政策决策的过程中来,充分考虑到他们的实际需要;制定以人为本的实施方案,可以有效降低教师对于"教师轮岗政策"的抵触情绪。

2. 激励与惩罚工具的运用要恰当、合理、有效

轮岗教师的津贴、补助要按时足量发放;同时对于评优晋升的优惠政策要恰当,不可过于优越,要通过严格的考核确定可以享受优惠政策的人员,不能搞"平均主义";对于不同类别的教师要提供不同的奖励形式,让奖励的形式富有个性,以提高"教师轮岗政策"对于优秀教师的吸引力;在负向激励工具的使用上,要赋予更多的权威性,对未完成轮岗任务的教师的惩罚措施要落到实处。

3. 加大政策宣传的力度,争取教师对"教师轮岗政策"的价值认同

要将轮岗与当地的教育现状的关系分析透彻,在文件中理清轮岗与教育均衡发展的内在联系,让教师在最大限度上认同"教师轮岗政策"的价值理念。

总之,"教师轮岗政策"的出发点是理想化的,政策目标也是令人向往的,在实际运行中也取得了富有成效的结果,但是仍然存在一些政策执行失真的情况。从中我们也可以看出政府应该进一步完善各项政策配套措施,拓宽各方表达利益诉求的渠道,加大其他利益相关方介入政策制定和执行的力度。只有这样,这项政策才能真正落到实处,只有教师真正认同并接纳这项政策,才能保证政策执行结果不偏离政策目标。

参考文献

[1] [加]迈克尔·豪利特,M·拉米什.公共政策研究:政策循环与政策子系统[M].庞诗,等译.北京:三联书店,2006.

[2] [美]戴维·奥斯本,特德·盖布勒.改革政府:企业家精神如何改革着公营部门[M].周敦仁,等译.上海:译文出版社,1996.

[3] [美]弗朗西斯·C.福勒.教育政策学导论(第二版)[M].许庆豫,译.南京:江苏教育出版社,2007.

[4] [以]英博,等.教育政策基础[M].史明洁,等译.北京:教育科学出版社,2003.

[5] [美]詹姆斯·安德森.公共决策[M].唐亮,译.北京:华夏出版社,1990.

[6] 费孝通.学术自述与反思:费孝通学术文集[M].北京:生活·读书·新知三联书店,1996.

[7] 李艳姿.我国义务教育教师流动政策解读[J].教师,2013(8).

[8] 邵泽斌.流动的教育权:论我国城乡义务教育的"三元统筹"[J].社会科学战线,2014(8).

[9] 邵泽斌.我国义务教育管理体制的理论逻辑与政策思考[J].教育研究与实验,2013(3).

[10] 邵泽斌.用"社会学之眼"看教育政策[J].教育理论与实践,2009(34).

[11] 汪薇.教师轮岗政策执行研究——政策工具的使用效果角度[D].华东师范大学,2012.

[12] 袁振国.教育政策学[M].南京:江苏教育出版社,2000.

[13] 朱敏,吴新刚.对教师轮岗制政策失真现象的反思[J].教学与管理(中学版),2011(8).

附录一 城乡教师轮岗政策的中学教师调查问卷

老师您好：

  感谢您抽出时间填写问卷。

  我们正在进行市（县）域内初中教师轮岗政策的执行研究。希望您能支持、配合。本问卷采取无记名方式，结果仅供研究参考，不会给您本人带来任何不利影响，请根据您的实际情况作答。请您在您认为最合适的答案前划"√"。

  谢谢您的支持与配合！

第一部分：基本情况：

1. 性别：A. 男　B. 女
2. 婚姻情况：A. 已婚　B. 未婚
3. 年龄：A. 30 岁及以下　B. 30—40 岁　C. 40—50 岁　D. 50 岁及以上
4. 教龄：A. 5 年及以下　B. 5 年—10 年　C. 10—15 年　D. 15 年及以上
5. 职称：A. 初级　B. 中级　C. 高级　D. 其他
6. 学历：A. 中专（中师）　B. 大专　C. 本科　D. 研究生及以上
7. 您所学专业_____，您所教的学科_____（请填写）
8. 您的家庭所在位置：A. 城关地区　B. 镇所在地　C. 乡村　D. 外地
9. 您在当前学校工作了多少年？
   A. 1—3 年　　　　　B. 4—6 年　　　　　C. 7—9 年
   D. 10—14 年　　　　E. 15 年及以上

第二部分：对本县教师轮岗政策的理解：

10. 您了解本县教师轮岗政策吗？
    A. 非常了解　　　　B. 比较了解　　　　C. 基本上了解
    D. 不太了解　　　　E. 不了解

11. 您从哪些途径了解本县教师轮岗政策？（本题可多选）

    A. 教育局宣传　　　　B. 学校宣传　　　　C. 同事之间宣传

    D. 自己网上查询　　　E. 其他途径了解

12. 您清楚本县教师轮岗政策制定的程序吗？

    A. 非常清楚　　　　　B. 比较清楚　　　　C. 基本清楚

    D. 不太清楚　　　　　E. 不清楚

13. 您认为本县城乡教师轮岗政策制定程序合理吗？

    A. 非常合理　　　　　B. 比较合理　　　　C. 基本合理

    D. 不太合理　　　　　E. 不合理

14. 在制定教师轮岗政策过程中，县里征求过教师意见吗？

    A. 经常有　　　　　　B. 偶尔有　　　　　C. 没有

    D. 不太清楚

15. 您认为县教育局实施教师轮岗政策的主要目的是什么？

    A. 均衡城乡师资、促进教育公平　　　B. 提升薄弱学校办学质量

    C. 应付上级检查评比　　　　　　　　D. 搞政绩工程、形象工程

    E. 不清楚

16. 您认为本县教师轮岗政策依靠什么力量推进？

    A. 教育局的行政命令　　B. 教育局的宣传动员　　C. 学校领导的命令

    D. 学校领导的宣传动员　E. 广大教师的热情　　　F. 不清楚

17. 您认为县里教师轮岗政策的执行过程符合当初政策文本的规定吗？

    A. 非常符合　　　　　B. 比较符合　　　　C. 基本符合

    D. 不太符合　　　　　E. 不符合

18. 您认为轮岗到贵校的教师业务水平如何？

    A. 骨干教师　　　　　B. 一般教师　　　　C. 薄弱教师

    D. 不清楚

19. 您认为轮岗教师对贵校教育教学质量的提升有帮助吗？

    A. 非常有帮助　　　　B. 比较有帮助　　　　C. 一般

    D. 不太有帮助　　　　E. 没帮助

20. 县里在对教师轮岗政策效果进行评价时，对教师进行过调研吗？

    A. 经常有　　　　　　B. 偶尔有　　　　　C. 没有

D. 不太清楚

21. 您认同城乡教师轮岗政策能促进农村学校教育质量的提高吗？

  A. 非常认同　　　　　　B. 比较认同　　　　　　C. 基本认同

  D. 不太认同　　　　　　E. 不认同

22. 您或您所熟悉的参与轮岗的教师，参与轮岗后享受了教育局或学校当初的优惠政策吗？

  A. 享受了　　　　　　　B. 基本享受了　　　　　C. 基本没享受

  D. 没享受　　　　　　　E. 不清楚

23. 您认为参与轮岗的教师是出于什么目的？

  A. 热爱教育事业　　　　B. 为了提高农村教育质量

  C. 给农村教师传经送宝　D. 为了自己评职称着想

  E. 为自己将来发展着想　F. 说不清楚

24. 您愿意参与轮岗吗？

  A. 愿意　　　　　　　　B. 不愿意

25. 影响您的轮岗意愿的主要原因是什么？

  A. 路途远，生活不便　　B. 无法照顾家庭和孩子

  C. 工作难以开展　　　　D. 新环境的人际关系难以处理

  E. 不清楚

问卷到此结束，再次感谢您的大力支持！祝身体健康、工作顺利、万事如意！

附录二　教师轮岗政策的访谈提纲

访谈提纲一：针对教育局官员的访谈提纲

您好！我正在做一个课题调研，课题名称为：市（县）域内初中教师轮岗政策运行研究。因此需要县级教育部门在推进义务教育轮岗方面的实践案例，轮岗也就是我们常说的"教师交流""支教下乡"。访谈大约占用您四十分钟。为了消除您的顾虑，我对此次访谈不做任何录音，只做纸笔记录。同时在论文中一律采用化名。谢谢您的支持！

1. 请您简单介绍一下本县的师资配置情况。
2. 请问新沂市是哪一年开始实施教师轮岗的？当时推行教师轮岗的原因是什么？
3. 请问新沂市在推进教师轮岗方面具体出台了哪些政策？
4. 请问新沂市教师轮岗政策是如何制定的？同时，关于教育政策的制定，有没有程序性规定？教师轮岗政策的制定遵照了这些规定吗？
5. 请问新沂市在执行教师轮岗政策中做了哪些工作？比如，和其他部门的协调、对全县教师的宣传动员，以及争取上级政府部门的政策扶持。
6. 请问新沂市的教师轮岗政策取得了哪些成绩？
7. 请问新沂市的教师轮岗政策还存在哪些问题，产生这些问题的原因是什么？
8. 请问新沂市的教师轮岗政策是否有相应的配套政策，比如轮岗到农村的教师的交通补助，这些配套政策落实情况怎么样？
9. 请问新沂市在执行教师轮岗政策过程中，有哪些宣传方式或途径？
10. 请问新沂市是否举行过教师轮岗的总结或教师轮岗政策的评价活动？
11. 请问新沂市政府对本市教师轮岗有没有具体的指导建议或者考核指标？
12. 请问您对于本市的教师轮岗政策执行有没有建议？

访谈到此结束，谢谢您抽出宝贵的时间回答问题！

访谈提纲二：针对轮岗教师的访谈提纲

您好！非常感谢您能够接受访谈。我的研究课题名称是：县（市）域内初中教师轮岗政策运行研究。需要找参与过轮岗的老师谈一下新沂市教师轮岗方面的具体情况。我大概占用您半个小时的时间。为了消除您的顾虑，我对此次访谈不会做任何录音，只做纸笔记录。同时在论文中一律采用化名。

1. 请问市里在制定教师轮岗政策的时候，有没有举行过一些征求意见的活动，如听证会、征求意见箱、网络邮件等？
2. 您清楚市里有关教师轮岗的政策吗？您是通过哪些渠道了解的？
3. 您觉得市里出台教师轮岗政策时出于什么考虑？您认同吗？
4. 您觉得你们学校的领导对于教师轮岗的态度怎么样？支持还是反对？
5. 你们学校如何确定参与轮岗教师的人选？是学校选派还是自主报名？
6. 您是自愿参与轮岗的吗？
7. 您为什么会选择参与轮岗呢？
8. 您觉得轮岗对于均衡学校间的师资水平有帮助吗？为什么？
9. 您认为教师轮岗政策执行中最大的困难是什么？
10. 您在轮岗中最大的收获是什么？最大的困难又是什么呢？
11. 您对于本市的教师轮岗政策的执行有没有什么好的建议？

谢谢您愿意抽出时间接受我的访谈，再次感谢！

江苏省农村教师流动现状的政策考察
——以南京市为例

荣 丽 姚 菲 郑晓丽

(南京师范大学教育科学学院 江苏 南京 210097)

摘要：教育资源不均衡成为城乡教育问题的一个关键点。本研究以南京市为例，通过问卷调查的方法，从农村教师群体的基本情况、教师政策认知、教师流动行为、教师流动意愿、对教师流动政策的评价及建议五个维度调查农村一线教师对教师流动政策的认识。并且根据调查结果，从农村教师和学校两个方面对当下相关政策的制定及实施提出可行性建议。

关键词：教师流动；农村教师；政策；现状调查

一、研究概述

（一）研究问题

为实现城乡教育资源均衡发展，江苏省 2012 年颁布《关于进一步推进义务教育学校教师和校长流动工作的意见》，南京市于 2013 年提出了具体的实施细则。自实施细则提出至今已有一年多的时间，农村一线教师作为参与教师流动的群体，他们对教师流动政策有什么看法呢？本研究试图采用问卷调查的方法，以南京市为例，选取农村中小学（包括乡镇中小学以及村小）为实验点，对任职教师随机发放问卷，以便了解南京市教师流动的实际情况。此次调查的目的，旨在结合宏观层面上我国关于农村教师流动的政策导向及中观层面上江苏省的相关政策,力图从微观层面真实反映当前江苏省农村教师流动现状,并试图分析其背后的原因,根据农村教师的发展诉求,尝试对今后的政策制定及实施提出可行性建议。

(二)教师流动政策梳理

1. 国内相关政策

(1)国家政策。

2001年,《国务院关于基础教育改革与发展的决定》中提出了城乡教师"对口支援"的交流方式,要求援助地区的学校要为受援地区的学校培养、培训骨干教师。2003年,《国务院关于进一步加强农村教育工作的决定》中进一步提出:建立城镇中小学教师到乡村任教的制度。该《决定》中指出:"各地要落实国家规定的对农村地区、边远地区、贫困地区中小学教师的津贴、补贴。建立城镇中小学教师到乡村任教服务期制度。城镇中小学教师晋升高级教师职务,应有在乡村中小学任教一年以上的经历。适当提高乡村中小学中、高级教师职务岗位比例。地(市)、县教育行政部门要建立区域内城乡'校对校'教师定期交流制度。增加选派东部地区教师到西部地区任教、西部地区教师到东部地区接受培训的数量。国家继续组织实施大学毕业生支援农村教育志愿者计划。"2005年5月,教育部颁发的《关于进一步推进义务教育均衡发展的若干意见》中指出:"由于我国仍处于社会主义初级阶段,各地经济、社会发展不平衡,城乡二元结构矛盾突出,尽管近年来各地义务教育都有了新的发展,但城乡之间、地区之间、学校之间的差距仍然存在,在一些地方还有扩大的趋势,成为义务教育发展中需要高度重视的问题。"为了解决农村教师资源匮乏的问题,该《意见》中也指出:"要充分发挥具有优质教育资源的公办学校的辐射、带动作用,采取与薄弱学校整合、重组、教育资源共享等方式,促进薄弱学校的改造……并且要采取各种有效措施,建立区域内骨干教师巡回授课、紧缺专业教师流动教学、城镇教师到农村学校任教服务期等制度,积极引导超编学校的富余教师向农村缺编学校流动,切实解决农村学校教师不足及整体水平不高的问题。"2006年6月修订了《中华人民共和国义务教育法》(简称《义务教育法》),并从法律上进一步规定如何改善农村薄弱学校师资等问题。《义务教育法》第六条指出:"国务院和县级以上地方人民政府应当合理配置教育资源,促进义务教育均衡发展,改善薄弱学校的办学条件。"第三十二条指出:"县级人民政府教育行政部门应当均衡配置本行政区域内学校师资力量,组织校长、教师的培训和流动,加强对薄弱学校的建设。" 2010年1月,教育部出台《关于贯彻落实科学发展观进一步推进义务教育均衡发展的意见》,进一步指出:"要健全教师培养机制,加大对教师尤其是农村教师的培训力度,促进教师专业发展。健全城乡教师交流机制,推动校长和教师在城乡之间、校际之间的合理流动,鼓励优秀校长和骨干教师到农村学校和薄弱学校任职、任教,发挥示范、辐射和带动作用。建立完善城镇教师到农村学校任教服务期制度。"此外,2010年中共中央、国务院颁布的《国家中长期教育改革和发展规划纲要(2010—2020年)》中再一次指出:"建立健全义务教育均衡发展保障机制。推进义务教育学校标准化建设,均衡配置教师、设备、图书、校舍等资源",再一次强调了合理配置教育资源,加快缩小教育差距的重要性。可见,建立城乡教师有序流动机制,均衡配置教师资源,是我国基础教育发展政策上的强烈要求。

义务教育水平的高低,决定着一个国家国民的整体素质的高低,决定着一个国家的未来发展,决定着一个民族的荣辱兴衰。义务教育是国民教育的基础。《国家中长期教育改革和发展规划纲要(2010—2020年)》中指出:"建立健全义务教育均衡发展保障机制,推进义务教育学校标准化建设,均衡配置教师、设备、图书、校舍等资源。"义务教育均衡发展是针对义务教育中资源配置不均衡提出来的,体现的是义务教育的普及性和公平性原则。我国义务教育资源配置不均主要体现在城乡、区域以及学校之间。因此须将"缩小校际差距、城乡差距、区域差距"作为实现均衡发展的重要的措施。均衡发展是义务教育的战略性任务。推进义务教育学校标准化建设,必须健全义务教育均衡发展保障机制,均衡配置教师、设备、图书、校舍等各项资源。

(2) 地方政策。

为促进义务教育优质均衡发展,进一步加强义务教育学校教师队伍建设,江苏省根据国家和省《中长期教育改革和发展规划纲要(2010—2020年)》、《义务教育法》、《江苏省实施〈中华人民共和国义务教育法〉办法》和教育部《关于贯彻落实科学发展观进一步推进义务教育均衡发展的若干意见》等文件精神,于2012年11月

15日颁布了《关于进一步推进义务教育学校教师和校长流动工作的意见》。该《意见》对义务教育阶段教师管理制度、编制制度、教师和校长定期交流制度以及教师培训制度等有针对性地提出了相关措施。其中在教师和校长定期交流制度中,对交流条件、交流比例和交流时间等进行了规定。该《意见》中指出:"交流人员包括校级领导、中层干部、学科带头人、教学骨干等各种类型、各个层次的人员。在同一学校任教满6年、离法定退休年龄在5年以上的教师,在同一所学校任职满两届(一届任期一般为3—5年)的校长,须在县域内的义务教育学校间进行交流。各县(市、区)每年教师交流比例不低于符合交流条件教师总数的15%,城镇学校骨干教师交流比例不低于符合交流条件骨干教师总数的15%。"另外,对参与流动的教师的奖励机制也进行了说明:"城镇学校教师竞聘高级岗位、申报特级教师、申报县级以上骨干教师、学科带头人等称号,评选市级以上综合表彰奖励,均须有2年以上在农村学校或薄弱学校交流或任教的经历。职务评聘、表彰奖励等工作,要向长期在农村中小学任教的教师倾斜。"对于校长的交流制度,则是要求"有计划地选派城镇学校校长后备人选到农村学校或城镇薄弱学校挂职支教,选派农村学校校长到城镇学校挂职锻炼。义务教育学校校长提拔任用前,须有在农村学校或城镇薄弱学校3年以上的工作经历,或直接提拔至农村学校或城镇薄弱学校任职。加强义务教育学校,尤其是农村学校或城镇薄弱学校校长的任职培训、提高培训和专题研修,全面提高校长的业务素质和管理水平"。

南京市为进一步优化义务教育阶段教师资源配置,有效应对"择校热""小升初"招生工作等教育热点难点问题,切实推进我市义务教育优质均衡发展,根据国家及江苏省的文件精神,并结合其义务教育阶段学校的实际情况,于2013年4月8日提出了相关的实施细则。其中包括工作目标、交流的对象和比例、交流的形式、实施步骤、相关政策和责任分工等。另外交流的形式可以根据各区的实际情况进行选择。在试点期间,以多种形式诸如"帮扶交流"(鼓励和支持热点学校与非热点学校组成紧密合作的"办学共同体",在"共同体"内开展教师和校长交流)、"集团交流"(组建纵向如小学+初中,或横向如小学+小学、初中+初中联合的"学校集团",在"集团"内实行教师和校长定期交流制度)、"城乡交流"(城镇学校与农村学校互派教师和校长定期交流)等方式来有效推进教师和校长流动。在现阶段,有条件的区可将热点学校控制规模和学额后富余的骨干教师安排到非热点学校进行1—2年的交流;也可将非热点学校的新教师安排到热点学校进行 2—3 年的交流。义务教育学校教师和校长流动采取个人自愿交流和组织安排交流相结合的办法进行。参加交流的人员可根据自己的实际情况提出交流意向,经区教育行政部门批准后进行交流;未提出交流意向的,由区教育行政部门和学校统筹安排进行交流。该《意见》中对教师申报职称、评奖、校长提拔的条件予以说明,如下所示:

(1) 自 2014 年开始,义务教育学校教师申报中级职称时,有 1 年以上在薄弱学校或非热点学校交流任教经历者同等条件下优先;申报高级职称时,须有 2 年以上在薄弱学校或非热点学校交流任教经历;

(2) 自 2014 年开始,义务教育学校教师申报区级骨干教师、区级综合表彰奖励,均须有 1 年以上在薄弱学校或非热点学校交流任教经历;申报特级教师、市学科带头人以及市级以上综合表彰奖励,均须有 2 年以上在薄弱学校或非热点学校交流任教经历;已获得特级教师、市学科带头人称号的教师没有在薄弱学校或非热点学校交流工作经历的,必须安排交流 2 年以上,否则不能继续享受相关待遇;

(3) 自 2014 年开始,义务教育学校校长提拔任用前,须有在薄弱学校或非热点学校交流 3 年以上的工作经历;

(4) 对具有交流经历并在交流中完成任务好、示范带动作用发挥明显的教师和校长,在同等条件下,优先晋升教师高(中)级专业技术职务,优先聘用到高级岗位,优先提拔任用,优先评选授予特级教师、学科带头人、骨干教师以及其他综合表彰等荣誉称号。

2. 国外相关政策

(1) 日本的"教师轮岗制"和"特殊津贴制"。

这项制度始于二战后初期,目的是合理配置师资,同时提高教师的工作积极性和学校的办学活力。流动的地域采取就近原则,主要在同一市、街区之间,以及城乡不同类型学校之间流动,从而实现校与校之间的师资均衡,达到整体教育水平的均衡发展。到 20 世纪 60 年代初,这项工作已趋于完善并形成制度沿用至今。此外,日本义务教育阶段教师的工资高于普通公务员,还专门设有"偏僻地区津贴""单身赴任津贴"等,对相应的教师给予这种特殊的经济补助。当然,日本教师定期流动制也存在不足之处,例如过于程序化、僵硬、行政命令式和按部就班,不利于年轻的优秀教师脱颖而出等。近年来,在教师流动中还存在诸如长官意志、程序繁琐以及逐渐增加的人事行政诉讼等问题,这种行政上的、过于程序化的统一指令,也容易压制和影响青年优秀教师脱颖而出,使教师发展趋于模式化。①

(2) 美国的"教师补给政策"和"福利制度"。

美国的教师流动机制比较完备,实行"教师许可证制度",聘任权和用人权相分离,聘任教师的地方教育董事会或委员会融合学生、家长、教务长和校长的意见,使得聘任和解聘的程序都很正规。同时,为了有利于教师流动,在35个州建立证书互换制度,并且采取相应的福利制度。

(3) 法国的"教师统一分配政策"和"教育立法"。

在法国,国家把偏远地区、城市外围地区以及贫困地区作为"教育优先区"大力扶持。首先,提高教育优先区教师的工资待遇,并发放特殊津贴,以保证这些地区教师队伍的稳定性;其次,不但对原有教师进行政策性留用,还要继续增派教师到教育优先区,以确保教育质量。

(4) 韩国的"教师互换制"。

韩国规定每隔2—3年,韩国教师都要在本地城乡学校之间进行调动换班,这是为了保证城乡之间的教育质量一致。早在1967年,韩国还颁布了《岛屿及农村偏僻地区教育振兴法》,规定政府给予岛屿、农村偏僻地区的教师特殊津贴以鼓励教师的工作积极性并保持其稳定性。②

二、研究设计

(一) 研究思路

该研究的重点在于对目前江苏省农村教师流动的现状进行调查,因此首先

---

① 冯晖.日本"教师轮岗制"对我国基础教育建立"教师流动制"的启迪[J].湘潭师范学院学报(社会科学版),2006(1).

② 滕晓.城乡教师流动机制的实施现状及对策构建思考——以兰州市Y县为例[D].西北师范大学,2012.

将根据课题内容收集关于国内外农村教师流动的相关政策及文献。通过对政策的了解,明确农村教师流动政策实施的现实背景、原因及目的,并探究江苏省与其他省市关于农村教师流动的政策差别及其影响;其次,将根据理论知识和实际情况编制问卷,然后根据研究的便利性原则,以南京市为例,选取农村中小学(包括乡镇中小学以及村小),对任职教师随机发放问卷,以便了解南京市参与教师流动的实际情况。另外,根据实际情况对个别农村教师进行访谈,深入了解农村教师对江苏省教师流动政策的认识以及教师流动的实际情况。随后对回收的数据进行分析,完成该课题的论文报告,明确目前南京市农村教师群体的基本情况、教师流动行为、教师流动意愿、对教师流动政策的评价及建议等情况,并以研究调查过程中的事实为依据,尝试从农村教师和学校方面对现有政策制定及实施提出可行性建议。

(二) 研究方法

本研究主要采用三种研究方法:文献分析法、问卷调查法及访谈法。

1. 文献分析法

主要通过查阅中国知网、中文科技期刊、万方等专业期刊及学位论文数据库,用谷歌等搜索引擎,以及查阅相关图书,来获得课题所需要的文献,考察目前国内外关于教师流动的相关研究,从中整理出具有可行性和创新性的研究思路,并针对研究问题设计出初步的问卷和访谈维度。

2. 问卷调查法

本研究在文献分析和对政策解读的基础上,通过自编问卷的方式对目前江苏省南京市教师流动的现状进行收集整理并加以分析。该问卷主要分为基本情况、政策认知、教师流动行为、教师流动意愿、政策实施评价及建议等六个维度,共47题。

3. 访谈法

"访谈"是一种研究性交谈,是研究者通过口头谈话的方式从被研究者那里收集(或者说"建构")第一手资料的一种研究方法(陈向明,2000)。在本研究中,访谈法对其他方法起到补充作用。访谈法有助于研究者以个体农村教师为出发点,了解农村教师对流动政策的真实想法,从而有利于研究者深入分析农村教师流动现状背后的原因。本研究主要通过开放式访谈的方式收集相关资料,访谈对象包括普通教师、骨干教师、中层及校级领导等。

(三) 研究对象

本研究主要是关于农村教师流动的研究,因此须深入到农村学校中。为了提高研究的可行性,本课题将以南京市为研究对象,并从农村小学数量颇多的六合区、江宁区、雨花台区、溧水区、浦口区和高淳区中抽取江宁区和高淳区两个区为代表。另外,根据学校的类型和级别,发放问卷的学校包括完全小学和不完全小学、乡镇中小学和村小。此次问卷调查涉及了8所学校,其中江宁区有上坊中心小学、上坊中学和淳化中心小学,高淳区有淳溪中心小学、阳江中心小学、永东小学、新桥小学和沧溪中学。需要说明的是,由于南京市的城镇化水平较高,严格意义上的农村学校较少,本研究中的农村学校以乡镇中心小学居多。

在上述8所学校中,共发放问卷150份,回收有效问卷145份,有效率达96.7%。回收的问卷中,除缺失1人外,男性教师为43人,占样本总量的29.9%,女性教师为101人,占70.1%。年龄在25—45岁的居多,占71.8%,45岁以上的有33人,占样本总量的22.7%。教龄在7年以上的居多,占80%以上。另外,数据显示,农村教师的最高学历主要以本科学历为主,约占90%(详见表1)。所选样本有普通教师、班主任、教研组长、中层领导和校级领导,所占比例分别为53.5%、31.3%、6.3%、6.9%和2.1%。问卷对教师在现任学校的工作时间也进行了调查,其中3年以下的占总量的17.4%,3—6年的占18.8%,7—10年的占15.3%,10年以上的占48.6%。

(四) 研究过程

2014年4月中旬,小组成员开始广泛收集相关政策资料,梳理国家及省市关于教师流动的政策,并了解目前关于教师流动的研究的关注点和调查研究的视角。通过文献收集整理,我们发现目前关于教师流动的研究已有不少,但关注农村教师流动情况的研究并不多,少量涉及农村教师的研究主要也是通过城乡师资对比来反映其差异。另外,对农村教师在流动政策上的发展诉求研究甚少。因此初步设定本研究将采用问卷调查法和访谈法来收集数据,这样既能对目前教师流动的整体情况有所把握,又能深入了解农村教师的真实想法。6月中旬,问卷和访谈问题编制完成。研究者于6月23日、24日和30日三天分别在所选取的8所学校教师办公室随机发放问卷150份,并对数位农村教师进行了深入访谈。7月初,采用spss17.0,对问卷数据进行录入、整理和分析。7月中旬到8月底,完成调研报告。

表1 调查样本分布

	分类		样本容量	百分比(%)
样本学校	江宁区	上坊中心小学	29	20.0
		淳化中心小学	8	5.5
		上坊中学	36	24.8
	高淳区	淳溪中心小学	25	17.2
		阳江中心小学	29	20.0
		永东小学	6	4.1
		新桥小学	1	0.7
		沧溪中学	11	7.6
性别		男	43	29.9
		女	101	70.1
年龄		25岁以下	8	5.5
		25—35岁	53	36.6
		36—45岁	51	35.2
		46—55岁	26	17.9
		55岁以上	7	4.8
教龄		3年以下	13	9.0
		3—6年	9	6.2
		7—15年	47	32.4
		15年以上	76	52.4

(续表)

	分类	样本容量	百分比(%)
最高学历	中师(高中)	3	2.1
	专科	12	8.3
	本科	129	89.0
	研究生	1	0.7
有效样本总量		145	100

三、农村教师流动调查结果

(一)农村教师政策认知

本问卷采用五分法,即"非常了解""比较了解""一般""比较不了解"和"非常不了解"五个选项来调查农村教师对江苏省教师流动政策的总体了解情况(如图1所示),所占比例分别为2.07%、16.55%、54.48%、22.76%和4.14%,对流动政策不了解(比较不了解和非常不了解)的教师比了解(非常了解和比较了解)的教师多出七个百分点。农村教师对政策的了解主要依靠学校领导的宣传,占样本总量的69%,通过上级文件和自己阅读媒体相关报道了解相关政策的均为10.3%,受周围其他教师的影响的仅占到6.9%。

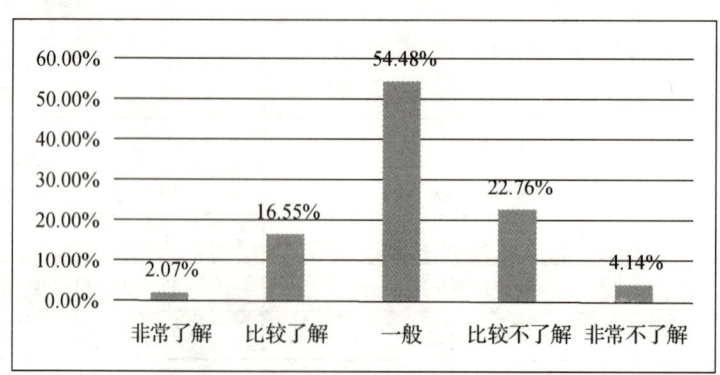

图1 教师流动政策的了解情况直观图

表2 农村教师职务与政策了解途径的相关性

		职务	了解教师流动政策的途径
职务	Pearson 相关性	1	−0.183*
	显著性（双侧）		0.028
	N	144	144
了解教师流动政策的途径	Pearson 相关性	−0.183*	1
	显著性（双侧）	0.028	
	N	144	145

通过数据统计分析发现,农村教师的职务与其对流动政策的了解途径之间存在显著的相关性。如表2所示,$p=0.028<0.05$,拒绝 Ho 假设,说明农村教师的职务在了解流动政策的途径上在 0.05 水平上具有显著性相关。而相关系数 $r=-0.183$,说明农村教师职务与其了解政策的途径呈负相关,而相关系数小于 0.3,说明二者相关程度弱,可认为基本不相关。

在江苏省和南京市教师流动的政策中,对参与流动的对象和比例、时间、形式、实施的步骤、流动过程中的责任分工以及流动后的奖励机制等方面都有所阐述。那么,农村教师群体最关注上述哪个方面呢? 首先,32.87%的教师最关注政策对流动对象和比例的规定;其次,是对流动形式的关注,占总量的 29.37%;再次,有 11.89%的农村教师最关心政策对流动时间的限制;最后,关注教师流动的实施步骤、教师流动过程中的责任分工以及流动后的奖励机制分别占 9.79%、6.99%和 9.09%。

根据统计数据分析发现,不同教龄区间的农村教师与教师流动政策的关注点在 0.05 水平上存在显著差异,$p=0.015<0.05$。也就是说,不同教龄的教师对政策的关注点存在差异。除教龄在 3—6 年的农村教师外,其他教师最关注流动对象和比例的规定;教龄为 3—6 年的教师最关注流动的形式和流动后的奖励机制;教龄在 7 年以上的教师比 7 年以下的教师更关注教师流动的时间限制,其中 7—15 年教龄的教师占其总量的 15.6%,15 年以上教龄的教师占 13.2%。

在被问及"您所了解的有关教师流动的实际情况与政策是否相符"时,除少数教师表示不清楚外,有 1.4%的教师表示实际情况与政策非常相符和非常不相符,30.6%的教师表示比较符合,9.0%的教师表示比较不符合,高达 57.6%

的教师表示实际情况与政策相符度一般(如表3所示)。

表3 教师流动实施情况与政策是否相符

		频率	百分比(%)	有效百分比(%)
有效	非常符合	2	1.4	1.4
	比较符合	44	30.3	30.6
	一般	83	57.2	57.6
	比较不符合	13	9.0	9.0
	非常不符合	2	1.4	1.4
	合计	144	99.3	100.0
缺失		1	0.7	
合计		145	100.0	

但是在对CH小学L校长的访谈中,笔者了解到政策实施的情况并不十分乐观。在L校长看来,实际的情况与政策基本不符合,主要表现在流动教师在数量上远不及政策所要求的15%。另外,L校长认为形成这种情况的原因主要有两个方面:一是对流动教师来说,参与教师流动对其生活的影响较大,尤其是城镇向农村流动;二是政府的强制力不够,导致实施效果不佳。如下是对L校长的访谈实录。

问:我们学校有参加流动的教师吗?

答:如果按15%的比例流动,有十几个教师,很难的。有调到城区的,一两个的,那直接是调动,调走。你们这个流动指的是什么?

问:我们这里的"流动"是指档案还在本校,只是人过去支教。

答:这个很少,我们这边教育局去年也实施了,但是很少,一两个,全区不超过50个人。

问:调到城区的教师是整个人的人事关系都调走了吗?

答:整个关系都走了,档案之类的,这个叫"调动"。去年人很少的,据我了解,大概不到10个人。

问:为什么政策已经颁布,但是却没有执行?

答:你要知道,流动带来很多问题。比如说从城区流动到下面学校,会带来一系列问题。如交通、生活各方面的问题。还有一个问题,如果政府没有很强硬的手段,光靠教育局的力量是很难达到效果的。

综上所述,农村教师群体中,对教师流动政策不了解的人数多于了解的人数,且"非常了解"和"非常不了解"所占的比例均比较少。农村教师主要依靠学校领导的宣传来了解教师流动政策,直接通过上级文件和凭借自己阅读相关报道来了解的教师较少,受其他教师影响所占的比例更小。不同教师对政策的关注点不同,但总体看来,农村教师对流动的对象和比例规定、时间限制、流动形式和奖励机制比较关注。且教龄不同的教师在政策的关注点上存在差异。在回收的问卷中,农村教师对教师流动的实施情况比较乐观,认为实际情况与政策规定虽有出入,但相差不大;但是在访谈中,大部分教师却认为目前教师流动实施状况并不好。

(二)农村教师流动行为与特征

1. 农村教师参加流动的次数

在问卷所调查的 145 名农村教师中,有 49 名教师参与或参与过教师流动,占总人数的 33.8%,96 名教师从未参与过教师流动,占总人数的 66.2%。35 名教师参与过一次教师流动,另外,有 8 名教师参与过两次教师流动,有 3 名教师参与过两次以上的教师流动。具体数据统计如表 4 所示。

表 4 农村教师参与流动次数统计表

	参与频次	人数	百分比(%)
有效	一次	35	24.1
	两次	8	5.5
	两次以上	3	2.1
	合计	46	31.7
	未参与过	97	66.9
	缺失	2	1.4
	合计	99	68.3
合计		145	100

2. 农村流动教师特征

(1) 性别特征。

在考虑性别对农村教师参与流动的影响时,如表5所示,在问卷所调查的43名男性教师中,有19名参与过教师流动,占男性教师总数的44.2%,占参加过教师流动总数的39.6%,略高于总体参与教师流动的平均数31.7%,占样本总数的13.2%,有24名男性教师没有参与过教师流动,占所调查男性教师总数的55.8%,占没有参与过教师流动人数的25%。在101名女性教师中,只有29名参与过教师流动,占女性教师总数的28.7%,占参与过教师流动人数的60.4%(有一位性别数据缺失),占总调查人数的20.1%,有72名女性教师没有参与过教师流动,占女性教师总数的71.3%,在没有参与过教师流动的人口中占75%,占总调查人数的50%。

表5 性别对参加教师流动的影响

		是否参与过教师流动		合计
		是	否	
性别	男	44.2%	55.8%	100%
	女	28.7%	71.3%	100%

(2) 年龄特征。

在所调查的145名农村教师中,参与过教师流动的49人中,25岁以下的只有一人,占2%;21名25—35岁的教师参与教师流动,占参与过教师流动人数的42.9%,同时占该年龄段教师人数的39.6%;17名36—45岁教师参与教师流动,占参与过教师流动人数的34.7%,占该年龄阶段教师人数的33.3%;7名46—55岁教师参与过流动,占该年龄段教师人数的14.3%,而该年龄段未参与教师流动的有19人,占该年龄段教师人数的73.1%,占未参与过教师流动人数的19.8%;在56岁以上的7名教师中,有3名参与过教师流动,占该年龄段教师人数的42.9%,占参与过流动教师人数的6.1%,而未参与过流动的人数占该年龄段教师人数的57.1%,占未参与过教师流动人数的4.2%。

(3) 婚姻状况。

在考察流动教师的婚姻状况时,高达79.2%的已婚并有未成年子女的教师及时参与流动;已婚且子女已成年的教师中,有 6 人参与流动,占流动教师人数的 12.5%,占该类人群的 26.1%;未婚的 18 名教师中,有 3 名参与教师流动,占参与教师流动人数的 6.3%;已婚、无子女的 11 人中,仅有 1 人参与流动,占流动人数的 2.1%。

(4) 居住地。

在考虑居住地对教师参与流动的影响时,如表 6 所示,参与流动的教师大多居住于城郊,居住地在城郊参与流动的 24 名教师占参与流动教师总数的 51.1%;居住在乡镇的参与流动的教师有 19 名,占参与流动教师总数的 40.4%。另外,参与问卷调查的 8 位来自农村的教师中,仅有一名参与流动,也就是说,居住地在农村的 87.5% 的教师没有参与过流动。来自市区的 17 名教师仅有 3 人参与流动,占该群体的 18.8%,该群体 81.2% 的教师没有参与过教师流动。居住地在农村和市区的教师参与流动的比重远低于总体参与流动的比重。

表 6 居住地与教师参与流动次数的交叉表

			是否参与过教师流动		合计
			是	否	
居住地	农村	计数	1	7	8
		居住地中的百分比	12.5%	87.5%	100%
		是否参与过教师流动中的百分比	2.1%	7.3%	5.6%
	乡镇	计数	19	43	62
		居住地中的百分比	30.6%	69.4%	100%
		是否参与过教师流动中的百分比	40.4%	44.8%	43.4%
居住地	城郊	计数	24	33	57
		居住地中的百分比	42.1%	57.9%	100%
		是否参与过教师流动中的百分比	51.1%	34.4%	39.9%
	市区	计数	3	13	16
		居住地中的百分比	18.8%	81.3%	100%
		是否参与过教师流动中的百分比	6.4%	13.5%	11.2%

(续表)

		是否参与过教师流动		合计
		是	否	
合计	计数	47	96	143
	居住地中的百分比	32.9%	67.1%	100%
	是否参与过教师流动中的百分比	100%	100%	100%

（5）教龄。

参与流动的42.9%的教师教龄为7—15年，49%的教师从教15年以上，但是参与流动的教龄在15年以上的教师在本组中的比例为31.6%，略低于总体比重，而教龄在7—15年的参与流动的教师占该组教师总数的44.7%，远高于各组均值；教龄在3—6年的教师中，33.3%的教师参与流动，和参与流动教师人数比例基本齐平。在所调查的教师中，有1名教龄在3年以下，占流动教师总数的2%，但是教龄在3年以下的教师中仅有一人参与流动，比重为7.7%，远低于总体比重。

参与流动的教师中，51%是一级教师，30.6%是二级教师，18.4%是高级教师。但在拥有高级职称的教师中，参与流动的比例高达52.9%，远远高于总体参与流动的比重。而参与流动的一级教师和二级教师在各自组内的比重分别为32.5%和32.6%，略低于总体比重中的33.8%。虽然参与流动的教师中，高级教师比重并不高，但一半以上的高级教师参与内部流动。

（6）任教科目。

任教科目与教师参与流动之间的相关关系，如表7所示，参与流动的教师中83.7%的教师任教语文、数学、英语科目，而且参与流动的比重为37.6%，高于教师总体参与流动的比重；虽然问卷所调查的历史、地理、政治教师仅有8名，但在这个群体中参与流动和不流动的人数分别为4人，比重分别为50%，高于教师总体参与流动的比；还有2%和6.1%的流动教师任教物理、化学、生物和音乐、体育、美术和信息技术等课程，而且这两类参与流动教师在各自分组内比重仍低于总体比重。

表7 教师流动与任教科目的交叉表

			是否参与过教师流动		合计
			是	否	
任教科目	语文数学英语	计数	41	68	109
		任教科目中的百分比	37.6%	62.4%	100%
		是否参与过教师流动中的百分比	83.7%	73.1%	76.8%
	历史地理政治	计数	4	4	8
		任教科目中的百分比	50.0%	50.0%	100%
		是否参与过教师流动中的百分比	8.2%	4.3%	5.6%
	物理化学生物	计数	1	8	9
		任教科目中的百分比	11.1%	88.9%	100%
		是否参与过教师流动中的百分比	2.0%	8.6%	6.3%
	音乐体育美术信息技术	计数	3	13	16
		任教科目中的百分比	18.8%	81.3%	100%
		是否参与过教师流动中的百分比	6.1%	14.0%	11.3%
合计		计数	49	93	142
		任教科目中的百分比	34.5%	65.5%	100%
		是否参与过教师流动中的百分比	100%	100%	100%

（7）教师职务。

关于参与流动教师职务状况，由于普通教师和班主任在所调查的总体中所占的比重较大，所以在参与流动的农村教师中，有50%的流动教师为普通教师，27.1%的流动教师为班主任。科研组长、中层领导和校级领导总数比较少，在参与流动的教师中，这三类群体中的比重分别为10.4%、10.4%和2.1%。

（8）参与态度。

本研究对农村教师参与流动的态度也进行了调查，如表8所示，63.8%的教师采取"听天由命"的态度，一切听从领导安排，不主动也不被动；19.1%的教师采取非常积极主动的措施参与流动；6.4%的教师采取比较积极的措施尽量争取流动；在所调查的参与流动的教师中，也有10.6%的教师尽量规避流动，实在没办法的条件下，才参与的教师流动。

表8 流动教师参与流动的态度

		频率	总体中的百分比	在流动教师中的百分比
有效	迫不得已去流动	5	3.4%	10.6%
	按照领导安排，不主动也不被动	30	20.7%	63.8%
	尽量争取	3	2.1%	6.4%
	非常积极主动采取措施	9	6.2%	19.1%
	合计	47	32.4%	100%
其他	没有参与过教师流动	97	66.9%	
	缺失	1	0.7%	
	合计	98	67.6%	
	合计	145	100%	

40%的教师表示会为了积极参与教师流动而采取一些措施，采取的具体措施中，最多的是为积极参与流动选择寻求其他关系网络和与其他流动教师交流，而有少部分教师为积极参与流动而与学校领导协商或者提前与结对学校协商。

(9) 流动类型。

62.5%的教师流动是从农村学校到农村学校，20.8%的教师流动是从农村学校到城市学校，16.7%的教师流动是从城市学校到农村学校。42.6%的流动教师流动时长在一年到两年之间，44.7%的流动教师流动时长在两年以上，12.8%的教师进行半年以下的短期流动。这也说明了教师参与流动主要是从事长期的教学工作，根据具体统计数据，97.9%的流动教师在流入学校从事长期的教学工作，只有2.1%的流动教师参与学校管理工作。

如图2所示，37.1%的没有参与流动的教师表示没有参与流动的原因是客观条件不满足；42.2%的教师表示由于没有得到相关信息没有机会而不能参加教师流动；14.4%的教师表示尽管自己条件满足，但是机会有限没有争取到名额；还有7.2%的教师表示是因为不愿意参加流动而想办法规避了教师流动。

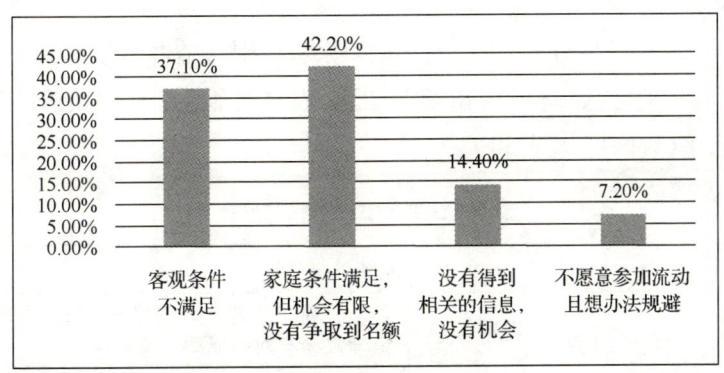

图 2　教师没有参与流动的原因

（三）农村教师流动意愿

1. 是否愿意参加流动

如果按照政策规定，可以参加教师流动，除去缺失的 4 份数据外，其他 141 位教师的数据显示，有 59 位（41.8%）的教师倾向于积极参加；有 21.3% 的教师表示会尽量规避或采取各种办法不参加教师流动；有 36.9% 的教师采取中立态度，"听天由命"，不主动也不被动。

2. 流动类型的选择

在可选择的两种流动类型中（从农村学校到城镇学校，从农村学校到农村学校），本研究受访的农村教师也表现出明显的倾向性。在向农村教师发放的 145 份问卷中，共有 125 个有效数据。对有效数据进行分析，共有 94 人，即超过 75% 的农村教师更倾向于参与从农村学校到城市学校的流动，而仅有 30 人，即 25% 的农村教师倾向于参与从农村学校到农村学校的流动，二者差异十分显著。

3. 是否愿意到城镇学校参与教师流动

与之相契合的是，在被问及农村教师是否愿意到城镇学校参与教师流动时，共收集到 141 份有效数据，4 份缺失数据，这 141 份有效数据显示，有 83 位，即 58.9% 的教师愿意到城镇学校；而仅有 10 位，即 7.1% 的农村教师选择了不愿意到城镇学校参与流动；另外还有 48 位，即 34% 的教师对于是否愿意到城镇学校流动的态度是"一般"。

通过 spss 相关性分析,采用卡方检验来看性别与是否愿意到城镇学校参与教师流动的相关性,如表 9 所示,数据表明,农村教师性别和到城镇流动的倾向在 0.01 水平(双侧)上显著相关。

表 9 性别与意愿的相关分析

检验统计量		
	性别	如果您现在任教于农村学校,您是否愿意到城镇学校参与教师流动
卡方	23.361[a]	71.000[b]
df	1	3
渐近显著性	0.000	0.000

按照相同的方法,双侧检验教龄与是否愿意到城镇学校参加教师流动的相关性,通过 Pearson 相关性分析表明,教龄与是否愿意到农村学校参加教师流动在 0.05 水平(双侧)上显著相关,即随着教龄的增长,农村教师对于到城镇学校参加教师流动这一行为有了不同的态度和想法(详见表 10)。

表 10 教龄与意愿的相关性分析

		您是否愿意到城镇参与教师流动	教龄
如果您现在任教于农村学校,您是否愿意到城镇学校参与教师流动	Pearson 相关性	1	0.193*
	显著性(双侧)		0.022
	N	141	141
教龄	Pearson 相关性	0.193*	1
	显著性(双侧)	0.022	
	N	141	145

*:在 0.05 水平(双侧)上显著相关。

4. 到城镇学校参与流动的原因

在了解农村教师对流动类型的整体倾向后,我们试图通过问卷调查和访谈等方式收集资料,分析产生上述结果的有关因素,因此,我们设置了关于"如果让您到城镇学校参与教师流动,您注重哪些因素"的多项选择题,并在选项后留白,让教师填写可能涉及的其他因素。在145份调查问卷中,缺失数据为4份,有效数据为141份。在我们给出的四个有利因素中,有50位,即35.5%的教师认为到城镇学校参与教师流动对评职称或晋级有帮助;有73位,即51.8%的教师选择了有利于自己未来专业发展;而选择提高待遇、改善生活和开阔自己视野的老师人数持平,各35人,所占比例为24.8%。

5. 不愿意到城镇学校参与流动的原因

对于农村教师而言,虽然大多数教师倾向于到城镇学校参与流动,因为到城镇学校流动对于自己未来的专业发展和评职称、晋级等有一定的帮助(见上述分析),但这一过程有利也有弊,其中的不利因素就是部分教师"不愿意到城镇学校参与教师流动"的原因所在。因此,在对到城镇学校参与流动的有利因素的有关数据整理分析以后,笔者也对"不愿意到城镇学校参与教师流动的原因"进行了统计。在145名受访教师中,缺失数据为8份,有效数据为137份,有66位教师选择了"离家太远,生活不便",占比为48.2%;有45位教师选择了"认为流动产生的实际作用不大",占比为32.8%;有41位教师选择了"年龄影响",占比为29.9%。

6. 是否愿意到其他农村学校参与流动

从农村学校到城镇学校参与流动,是大多数农村教师的流动倾向,而对流动期过后的"回流"问题,不同的农村教师表现出一定的差异性。虽然有接近70%的教师选择"按照规定时间回原学校",但也有接近20%的教师选择了"想办法留在城镇学校"这一项。这与如上所述的农村教师对流动类型的倾向,对到城镇流动的机会的把握都是一致的。

虽然本研究的调查对象为南京市的农村教师,但农村教师自身从所在学校向其他农村学校流动的意愿倾向也有较大差异。在145位受访者中,只有一个缺失数据,对144个数据的分析表明,只有29人愿意到其他农村学校进行流动,而有50名教师不愿意甚至非常不愿意到其他农村学校交流,这与愿意到城镇学校参加教师流动的比率产生了很大的反差(详见表11)。

表 11　是否愿意到其他农村学校流动

		频率	百分比	有效百分比	累积百分比
有效	非常愿意	1	0.7%	0.7%	0.7%
	愿意	28	19.3%	19.4%	20.1%
	一般	65	44.8%	45.1%	65.2%
	不愿意	42	29.0%	29.2%	94.4%
	非常不愿意	8	5.5%	5.6%	100%
	合计	144	99.3%	100%	
缺失	9	1	0.7%		
	合计	145	100%		

7. 到农村学校参与教师流动的有利因素

对愿意到其他农村学校参与教师流动的相关因素进行分析后显示，在145份问卷中，有139份有效数据，6份缺失数据，得到如下结果：有超过一半的教师认为到其他农村学校参与教师流动有利于个人经验增长和专业发展；有超过30%的教师选择到其他农村学校参与流动是因为对评职称或晋级有积极影响；有接近20%的教师选择去其他农村学校任教是因为教学压力相对较小。

相较于到城镇学校流动期结束后的"回流"意愿统计，到农村学校参加教师流动后的"回流"也有一定的不同。有126名教师，即88.7%的教师选择了按照规定时间返回原学校。

8. 不愿意到其他农村学校参与教师流动的因素

许多农村教师不愿意到农村学校参与教师流动是因为受限于一些实际情况。在发放的145份问卷中，有效数据为140份，缺失数据为5份，对有效数据进行分析后发现，有超过70%的教师选择了"交通不便，影响生活"，另外，分别有超过25%的教师选择了"适应新环境、新同事的压力""变化不大，无意义"这两个选项，这一结果对我们今后教师流动政策，尤其是农村教师向其他农村学校流动的政策制定，提供了一定的基础。

9. 流动时长的意向

有关参与流动的时长，在145位受访教师中，收集到了142个有效数据，其中,有57位,即40.1%的教师理想时长为半年到一年,有46位,即32.4%的教师理想时长是一年到两年,即有超过70%的农村教师认为流动时长在半年到两年以内是比较合适的。而倾向于流动时长为一个月以下、一个月到半年、两年以上的教师人数所占比例分别为10.3%、9.7%和7%。

而对于"流动时长为多久,教师流动的总体效果最佳",本研究共收集到143份有效数据,这其中有59人,即41.3%的教师选择的时间区间为"一年到两年","两年以上"的选择率也高达25.2%。

笔者将农村教师参与流动的理想时长与教师本人认为的流动总体效果最佳的时长这二者进行对比,有59人,即41.3%的教师认为达到教师流动的总体效果最佳是流动时长为"一年到两年";在被问及自己愿意参与流动的时长时,这一数据有了显著的变化,有57人,即40.1%的教师选择自身参与流动的理想时长仅为"半年到一年"。

(四)农村教师流动效果评价

在参与问卷调查的农村教师中,0.7%的教师对目前我市教师流动实施的总体效果表示非常满意,11.7%的教师表示比较满意,高达70%的教师认为其效果一般,12.4%的教师对总体效果表示比较不满意,5.5%的教师对总体效果表示非常不满意(详见表12)。

表12 对我市教师流动政策实施的总体效果的满意度

		频率	百分比	有效百分比	累计百分比
有效问卷	非常满意	1	0.7%	0.7%	0.7%
	比较满意	17	11.7%	11.7%	12.4%
	一般	101	69.7%	69.7%	82.1%
	比较不满意	18	12.4%	12.4%	94.5%
	非常不满意	8	5.5%	5.5%	100%
	合计	145	100%	100%	

在被问及"我市现行的教师流动可能产生的作用"时,12.41%的农村教师认为教师流动的作用利大于弊,24.83%的农村教师认为其作用是弊大于利,37.93%的农村教师认为其利弊各半,24.83%的农村教师对其可能产生作用不太清楚(详见

表13)。根据数据统计分析发现,农村教师对现行教师流动可能产生作用的看法与年龄、婚姻状况、职称均在 0.05 水平上显著相关 $p=0.14<0.05$,但相关强度并不高。另外,不同婚姻状况、职称的农村教师与其看法在 0.05 水平上存在显著差异。

表13 我市现行的教师流动可能产生的作用交叉制表

被访人员		利大于弊	弊大于利	利弊各半	不清楚	合计
职称	尚未评定	20.0%	0.0%	20.0%	60.0%	100.0%
	二级教师	6.5%	23.9%	47.8%	21.7%	100.0%
	一级教师	9.1%	28.6%	33.8%	28.6%	100.0%
	高级教师	41.2%	17.6%	35.3%	5.9%	100.0%

各个年龄阶段的农村教师对我市现行的教师流动可能产生的作用的看法存在一定的差异,尤其是25—35岁和36—45岁之间。25—35岁的农村教师认为利弊各半的比例较大,而36—45岁的农村教师则是认为弊大于利的比例较大。

18名未婚农村教师中,有9人认为教师流动的作用利弊各半;已婚、暂无子女的教师有11人,6人表示对其可能产生的作用不清楚;已婚、有未成年子女的教师有90人,37人认为其作用利弊各半,29人认为其作用弊大于利;已婚、子女已成年的教师有24人,9人认为利大于弊,"弊大于利""利弊各半""不清楚"的分别为5人。

通过交叉表可以看出,尚未评定职称的教师共5名,有3人表示不清楚;二级教师共46人,有22人表示其可能产生的作用利弊各半,11人表示弊大于利,10人表示不清楚,仅3人认为利大于弊;一级教师有77人,26人认为利弊各半,认为弊大于利和不清楚的均有22人,仅7人认为利大于弊;高级教师有17人,7人认为利大于弊,6人认为利弊各半,3人认为弊大于利,1人表示不清楚。

在回答"现行的教师流动最大的优点"时,26.95%的农村教师认为教师流动有助于帮助薄弱学校引入优质教师资源;25.53%的教师认为有利于促进教师个人的专业发展,优化教师结构;16.31%的教师认为有利于实现城乡教师资源均衡;14.89%的教师认为教师流动可以改变教师工作环境,有利于调动教师的工作积极性;10.64%的教师认为有利于帮助实现教师职称评定、评奖及提拔;还有5.67%的教师选择了其他。

不同性别和教龄的农村教师在此问题上在 0.05 水平上显著相关,教师的教龄与其也存在相关性。男性教师比较看重教师结构和城乡教师资源均衡,女性教师则更看重教师专业发展和薄弱学校优质教师资源的引进。

教龄在 3 年以下的 12 名农村教师中,5 人认为教师流动最大的优点是有利于促进教师个人的专业发展、优化教师结构,3 人认为其最大的优点是有利于调动工作积极性,2 人认为其有利于帮助实现教师职称评定、评奖及提拔,2 人认为其有利于帮助薄弱学校引入优质资源;教龄在 3—6 年的教师 9 人,其中 5 人认为教师流动有利于促进教师个人的专业发展、优化教师结构,2 人认为其有利于帮助薄弱学校引入优质资源,1 人认为其最大的优点是有利于调动工作积极性,1 人认为其最大的优点是有利于实现城乡教师资源均衡;教龄在 7—15 年的农村教师有 45 人,16 人认为教师流动最大的优点是有利于帮助薄弱学校引入优质资源,认为教师流动最大的优点是提高工作积极性、促进教师个人的专业发展和实现城乡教师资源均衡的各 8 人;教龄在 15 年以上的农村教师 45 人,其中 16 人认为其优点是帮助薄弱学校引入优质教师资源,认为有利于调动工作积极性、促进教师个人专业发展和实现城乡教师资源均衡的分别为 8 人,有 5 人认为教师流动最大的优点是帮助实现教师职称评定、评奖及提拔。

在 150 名农村教师中,有 43.36% 的教师认为现行的教师流动最大的问题是教师流动政策缺乏总体的规划与交流机制,23.08% 的教师认为教师流动最大的问题是教师对流动的积极性不够,19.58% 的教师认为教师流动最大的问题是不利于教师队伍的建设,9.79% 的教师认为教师流动最大的问题是学校对教师流动不够重视。

在 150 名农村教师中,除缺失一人数据外,20% 的教师认为目前南京市实行的教师流动制度能促进义务教育的均衡发展;26.9% 的教师则认为不能促进义务教育的均衡发展;而高达 52.41% 的教师表示对其不清楚。在对数据进行相关分析时,发现农村教师对流动政策是否能促进义务教育均衡发展的认识分别与学校、居住地、教龄相关。首先,不同学校的农村教师与流动政策是否促进义务教育均衡发展的认识在 0.01 水平上呈极其显著相关,$p=0.000<0.01$,$r=0.301$ 为低度相关(详见表 14)。淳化中心小学和阳江中心小学认为教师流动政策不能促进义务教育的均衡发展的比例高于认为能促进义务教育均衡发展的比例,而上坊中学和上坊小学则是认为教师流动政策能促进义务教育的均衡发展

的比例高于认为不能促进义务教育均衡发展的比例。其次,不同居住地的农村教师流动政策是否促进义务教育均衡发展的认识在 0.05 水平上呈极其显著相关,$p=0.013<0.05$。居住在市区的教师认为教师流动政策有助于促进义务教育的均衡发展比例较高,而生活在农村的教师则对其持相反态度。另外,不同教龄的农村教师对流动政策是否能促进义务教育均衡发展的认识在 0.05 水平上呈极其显著相关,$p=0.013<0.05$。教龄在 3 年以下的教师,3 人认为教师流动政策能促进义务教育的均衡发展,没有人认为不能,10 人表示不清楚;教龄在 3—6 年的教师,1 人认为能促进义务教育的均衡发展,2 人认为不能促进义务教育的均衡发展,6 人表示不清楚;教龄在 7—15 年的教师,3 人认为教师流动政策能促进义务教育的均衡发展,13 人认为不能促进义务教育的均衡发展,31 人表示不清楚;教龄在 15 年以上的农村教师,22 人认为教师流动政策能促进义务教育的均衡发展,24 人认为不能促进义务教育的均衡发展,29 人表示不清楚。

表 14 教师流动制度能否促进义务教育的均衡发展交叉表

被访人员		能	不能	不清楚	合计
教龄	3 年以下	3	0	10	13
	3—6 年	1	2	6	9
	7—15 年	3	13	31	47
	15 年以上	22	24	29	75
合计		29	39	76	144

40 题为多选题,笔者首先采用多重响应定义变量集,然后对数据进行分析。本题主要调查农村教师对教师流动政策实施效果总体看法。60.6%的教师认为教师流动政策有助于促进教育均衡发展;72.5%的教师认为该政策有利于促进教师自身发展;70.4%的教师认为有利于学校教育教学的进步;89.4%的教师认为容易造成农村学校的教师流失;71.1%的教师表示会影响正常的教育教学;63.4%的教师认为不利于教师队伍的建设。

在对学校教师流动的实施情况调查中,9.2%的教师表示本校参与流动的教师完全符合政策规定;44.4%的教师表示基本符合;41.5%的教师表示其情况一般;4.2%的教师表示基本不符合;0.7%的教师表示完全不符合。此问题旨在调查农村学校教师因流动政策而流失的情况。

在问卷调查中,对教师流动政策的效果也进行了调查,包括教师专业发展、教育教学质量以及学校管理工作三个方面。其中,教师流动政策对学校教师专业发展方面,37.32%的教师表示对此不清楚;35.92%的教师认为利弊参半;14.79%的教师则认为利大于弊;11.97%的教师表示弊大于利。

教师流动政策对学校教育教学质量的影响方面,35.92%的农村教师表示对其效果并不清楚;31.69%的农村教师认为教师流动政策对学校教育教学质量利弊参半;17.61%的农村教师认为利大于弊;14.79%的教师则认为弊大于利。

而在对教师流动政策对学校管理工作的影响的调查中,51.75%农村教师认为教师流动政策对该校管理工作的影响一般;认为"比较影响"或"比较不影响"的教师均有20.28%;分别有3.5%和4.2%的教师认为"非常影响"和"非常不影响"。以下是对淳溪中心小学某教师和永东小学某教师的访谈内容。

问:但是对于年轻教师来说,他们可能有一些交通、家庭方面的不便。

答:对,都要克服困难。交通方面呢,我们学校有补助。

问:那其他的呢?

答:其他方面的,个人生活方面的补助可能有一点。

问:那如果存在一些老师不想流动的话,可以吗?

答:不想流动就像我讲的,一是得不到锻炼,学不到多方面的知识,你的教学经验等于一直是这个模式。你"下去"之后,我们是大班额的情况,可以了解小班额是怎样教学的。我们学校都是大班额,每个班都是60多人。

问:一个班60多人,从一年级就是这样吗?

答:对,五六十人。一年级最少也有50多人。

问:是挺多的。

答:农村学校的学生很少,每个班就二三十个,甚至十几个。鉴于这样的情况,对教师提高他们的教学水平,是很有帮助的。

问:如果有的老师实在不想流动,可以吗?

答:不想流动,但是要看你的实际情况。

问:有没有具体原因,是吗?

答：对，家里如果有病人需要照顾，走不了，那可以理解。年轻人尽量地能参与就应该参与这个活动。

问：老师，您从业多年，经验丰富，如果让您对江苏省现行的教师流动政策提一些意见或建议，您有什么好的看法？

答：这么多年了，但是我的看法还是有点保守（摇头）。我觉得教育教学不太乐观。

问：您是指政策产生的效果并不大？

答：现行高考政策等，不能体现每个学生的整体素质，考试就是一张试卷。对整个教育状况我都觉得不太乐观。

……

问：根据我们了解的政策，流动过对教师晋级是有好处的？

答：各人的想法不一样。反正我觉得老师在谈论中都觉得没什么太大作用。有些老师不理解，可能就是领导啊（笑）……

问：这边的学校离镇上都比较近，是不是？

答：基本上都靠这边，就是淳溪镇。

问：这边的教师流动的话是不是要到更远的地方去？

答：对，要到更远的地方去。镇上的老师下来，对农村的小孩也不是多熟悉。一些老师来农村学校，像一些留守儿童他都不知道，还有这样的家长啊，（小孩）在家没人管。

四、结论与讨论

（一）对农村教师流动政策认知的片面性

该问卷调查中，对教师流动政策不了解的人数多于了解的人数，且"非常了解"和"非常不了解"的比例均比较少。农村教师主要依靠学校领导的宣传来了解教师流动政策，直接通过上级文件和凭借自己阅读相关报道来了解的教师较少，受其他教师影响的比例更小。不同教师对政策的关注点不同，但总体看来，农村教师对流动的对象和比例规定、时间限制、流动形式和奖励机制比较关注。

且教龄不同的教师在政策的关注点上存在差异。在回收的问卷中,农村教师对教师流动的实施情况比较乐观,认为实际情况比预期的要好,政策规定的符合的比例高于不符合的比例,但是在访谈中,大部分教师认为目前教师流动实施状况并不好。那么,从总体性来说,目前农村一线教师群体对流动政策的认识较为片面,主要表现在以下几个方面:第一,就问卷调查的总体性来讲,对流动政策非常了解的农村教师人数相对较少;第二,农村教师了解流动政策的渠道相对来说比较狭窄,主要是依靠学校的宣传,而较少教师能够主动地获取相关信息,了解政策的相关情况;第三,农村教师对政策的了解侧重点不同:一方面说明农村教师的实际情况各不相同,教师能够根据自身情况去了解政策的相关方面,但与此同时,也说明了农村教师对流动政策没有整体把握。对政策的参与者而言,如若不能完全了解政策,那么在实际的政策执行过程中,就会存在一些阻力,导致执行的结果产生偏差甚至是偏离。

(二) 参与流动的农村教师的多样性

参与流动的农村教师的多样性主要体现在教师的性别、年龄、婚姻状况、居住地、教龄、职称、任教科目、职位等方面。在所调查的145名教师中,约有三分之一的教师参与过流动,参与流动的教师群体中,大部分的教师参与过一次流动。尽管参与流动的教师以女性教师居多,但是男性教师参与流动的比例(44.2%)要高于女性教师(28.7%)。而参与流动的教师年龄构成中,42.9%的流动教师在25—35岁之间,34.3%的流动教师在36—45岁之间,二者占据流动教师总数的77.2%。考察流动教师的家庭状况时,已婚且有未成年子女和已婚且有成年子女的农村教师参与流动的比例远高于未婚或者已婚但无子女的教师。从居住地来看,参与流动的教师居住在乡镇和城郊的居多。流动教师教龄方面,教龄在7—15年以及15年以上的教师占流动教师总数的90%以上。从调查的结果来看,参与流动教师的教龄与政策对流动教师所作出的"教龄在6年以上的教师必须参与流动"的规定基本相符。参与流动的教师群体中,二级教师和一级教师居多,占流动教师总人数的80%以上。教师流动情况与任教科目之间没有相关性,通过比较发现,物理、化学、生物、音乐、体育、美术学科的教师参与流动的比重要小于其他科目教师。流动教师中一半为普通教师,因为普通教师群体相对于中层领导、科研组长等群体数量大,普通教师参与流动的比重略低于总体比重。因此了解农村流动教师群体，也就是政策执行的实际情况，才能做到有的放矢，根据政策参与者的不同情况，进行及时的调整。

（三）农村教师群体流动意愿的倾向性

在本研究中，农村教师群体分为两类，一类是参与过流动的教师，一类是未参与过流动的教师。对尚未参与过流动的农村教师而言，只有了解他们的真实想法，才能把握农村教师群体流动的实际情况，同时也有利于把握政策未来的走向。对参与过流动的教师而言，他们在整个流动过程中，体会到了政策的制定者所无法体会的感受。基于流动教师的切身体会，了解已经参与过流动的教师是否愿意再次参与流动，这样便于了解政策的执行情况。农村教师群体流动的意愿主要包括是否愿意参与流动、流动类型的倾向性和流动时长的倾向性等。

首先，在是否愿意参与流动方面，有41.8%的教师表示倾向于积极参与教师流动；有21.3%的教师表示会尽量规避或采取各种办法不参与教师流动；有36.9%的教师采取中立态度，不主动也不被动。但实际情况是，大部分农村教师是在中立的态度下参与教师流动的，这种参与流动的态度直接影响政策执行的效果。

其次，在可选择的两种流动类型中，本研究受访的农村教师表现出明显的倾向性。超过75%的农村教师更倾向于参与从农村学校到城市学校的流动，而仅有25%的农村教师倾向于参与从农村学校到农村学校的流动，二者之间的差异十分显著。从选择参与从农村学校到城市学校这一流动类型的意愿倾向来看，这是教师群体的整体意愿。实际上，农村教师在流动类型上以农村学校流向农村学校的类型居多，这与大多数农村教师的流动意愿相违背。农村教师群体流动意愿的倾向性在一定程度上体现了当前农村教师群体的诉求。

（四）农村教师流动实施效果的有限性

农村教师对教师流动政策的看法，并不能客观地反映出该政策目前实施的情况。因为农村教师个体在评价教师流动实施情况时，会结合自己对政策的看法以及周围的实际情况等多方面因素，这必然会受到很多主观因素的影响。实际上，调查农村教师对其效果的评价的目的就在于了解该政策对农村教师在实际的工作和生活中所起的作用。在参与问卷调查的农村教师中，高达70%的教师对目前我市教师流动政策实施的总体效果表示不满。另外,仅有12.41%的农村教师认为教师流动的作用利大于弊,可见现有教师流动政策的实施是不尽如人意的。在150名农村教师中,43.36%的教师认为现行的教师流动最大的问题是教师流动政策缺乏总体的规划与交流机制,23.08%的教师认为教师流动最大的问题是教师对流动的积极性不够,19.58%的教师认为教师流动最大的问题是不利于教师队伍的建设,9.79%的教师认为教师流动最大的问题是学校对教师流动不够重视。

在问卷调查中,对教师流动政策的效果主要包括教师专业发展、教育教学质量以及学校管理工作三个方面。其中,教师流动政策对学校教师专业发展和教育教学质量方面,仅有四分之一以下的农村教师认为是利大于弊。而在对教师流动政策对学校管理工作的影响的调查中,51.75%的农村教师认为教师流动政策对该校管理工作的影响一般。农村教师对流动政策的评价,尽管并不客观全面,但却会影响流动政策在农村教师群体中实施的力度和效果。

五、建议与对策

(一)重视农村教师群体的特殊性

每一个社会角色,都有其特殊的定位,如穿衣打扮、言谈举止甚至是品性人格。人们常把"教师"比喻成"太阳""蜡烛",教师是天底下最辉煌的职业,是为了学生的未来奉献自己的人。农村教师更是如此。但是社会所赋予每个人的角色并不是唯一的,在学校是教师,在家庭中是孩子的父母,这便需要社会个体不断地转换自己的角色。农村教师虽然在农村学校教书,却不表示其完完全全地扎根于农村。根据调查结果显示,居住在农村的农村教师很少。这种介于农村与城市之间的农村教师,在参与教师流动时考虑的因素就会更为特殊,生活的便利与否以及家庭因素等成了农村教师考虑是否参与教师流动的主要因素。这就意味着教师流动政策在针对农村教师群体时,要切实考虑其特殊的生活情况。在本研究中,农村教师多次提及流动政策对于生活的影响,笔者认为,只有消除农村教师的顾虑,才能切实改善农村教师对教师流动政策的认识和评价,提高教师流动政策的实施效果。

(二)提高教师对流动政策的认识程度

一项政策的实施,大体来说包括政策的制定、政策的实施以及政策实施的情况反馈和对政策的及时调整。在整个过程中,引导政策参与者提高对政策的认识是不可忽视的一环。根据调查显示,大部分农村教师对教师流动政策的认识并不是十分清晰,尤其是普通岗位的教师。且大部分农村教师是在被动的条件下参与流动,这并不利于教师流动意识的形成。因此,为从教师流动政策方向着手,实现城乡教师资源均衡、城乡教育均衡发展,须提高农村教师对流动政策的认识程度。目前农村教师主要是通过学校的宣传了解教师流动政策,除此之外,要鼓励教师自身不断学习政策,鼓励参与过流动或正在参与流动的教师多做工作总结,与学校管理层多交流,反映教师流动政策仍需改进的地方。同时主管部门和学校应定期向一线教师反馈政策实施的情况,不断深化一线教师对政策的认识程度,这也有利于及时对政策的不完善处予以修正。

(三)营造良好的农村校园文化

教师流动政策的目的是改善农村学校师资匮乏现象,提高教师教育教学能力。而实际上,要改变农村学校的现状,除了从硬件上改善以外,最重要的是提高农村学校的软件——校园文化。一所学校的校园文化,影响着学校学生对学校的认同感、教师对学校的归属感、学校管理层的处事方式,等等。在访谈中,有教师指出农村学校有其特殊的地方,学生大部分是留守儿童,这是城市学校很少见的。那么,如何教育这些留守儿童,使他们拥有快乐的校园生活?这不仅需要教师具备精湛的教育教学能力,更需要教师要充满对农村孩子的关爱。有研究者曾表示,教师流动政策如何保证"流动不流失"是一个不可忽视的问题。笔者认为,只有教师融入到校园文化中,真正热爱这所学校,才会从学生本身出发,通过参与教师流动获取适合学生和学校发展的教育教学方法。只有这样才不至于让教师流动政策流于形式。

(四)建立健全教师流动法律制度

目前教师流动政策主要采取个人自愿和组织安排相结合的方式。日本教师定期流动制已经实施了40多年,教师流动并不是个人行为,而是由政府主导、参与和调控,政府制定了相对完善的一整套制度,并且流动具有程序化、法律化和公开化等特点。教师流动政策对日本教育均衡的发展功不可没,由于是政府主导,因此在人员和资源上能够真正做到优化配置,平衡学校之间、地区之间的教育力量,并且在教师不断流动的过程中提高教师热情,提升教师队伍整体素质。因此,建立健全教师流动法律制度,有助于从宏观上把控教师流动政策的执行情况,对实现城乡均衡发展大有裨益。另外,国家应提高教育法律法规的地位,切实维护教育部门及其成员的权益。目前,教育法律法规在保障受教育者权益方面发挥着重要作用,但是与其他法律法规相比,在强制性上显得有些微不足道。因此,须将教师流动政策与法律制度相结合,从而体现教师流动的合法性和强制性,切实保障政策的实施力度。

参考文献

[1] 蔡健.教师流动政策的取向:从"被流动"到"要流动":基于文献的研究[J].教育学术月刊,2010(10).

[2] 顾明远.国家中长期教育改革和发展规划纲要(2010—2020年)解读[M].北京:北京师范大学出版社,2010.

[3] 韩淑萍.我国教育均衡背景下教师流动问题的研究述评[J].教育导刊,2009(1).

[4] 姜先亮.义务教育均衡视野下城乡教师流动问题研究——以江苏省连云港市海州区为例[D].河北大学,2013.

[5] 李星云.江苏省农村义务教育教师队伍流动的困难与对策研究——以B县为例[J].江苏教育学院学报(社会科学),2011(1).

[6] 彭小虎.社会变迁与教师流动[M].南京:南京出版社,2005.

[7] 滕晓.城乡教师流动机制的实施现状及对策构建思考[D].西北师范大学,2012.

[8] 邬志辉.中国农村教育评论:教师政策与教育公正[M].北京:北京师范大学出版社,2013.

[9] 谢延龙,李爱华.我国教师流动政策:困境与突破[J].当代教育与文化,2013(5).

[10] 薛正斌.教育社会学视野下的教师流动[M].兰州:甘肃人民出版社,2012.

[11] 杨爽.日本义务教育阶段教师流动制度研究:以北海道、岛根县、东京都三地为例.[D].东北师范大学,2014.

[12] 袁振国,田慧生.义务教育均衡发展报告(2010)[M].北京:教育科学出版社,2010.

[13] 周险峰,谭长富.教师流动问题研究[M].武汉:华中科技大学出版社,2013.

[14] 朱家存.教育均衡发展政策研究[M].北京:中国社会科学出版社,2003.

[15] 朱欣欣,楼世洲.我国促进城乡教师均衡流动的政策分析[J].当代教师教育,2013(1).

义务教育优质均衡发展政策实施现状评析
——以江苏省南京市建邺区为例

秦 伟 蒋兴梅 魏亚星 李 然

(南京师范大学教育科学学院 江苏 南京 210097)

摘要：义务教育是国民教育的重要组成部分，探究义务教育就不可避免地要考虑到均衡发展问题，而义务教育优质均衡发展实际上是教育公平的体现。本调研报告从微观层面出发，选取了南京市建邺区为研究对象，采用访谈的实证分析方法，主要涉及义务教育优质均衡发展政策的制定、校长轮岗、教师流动等热点教育问题，得出区域不均衡性、教师流动周期性短、个人觉悟参差不齐等结论，并提出合理性分配资源、实行轮回制流动、加强职业性培训等解决措施。

关键词：江苏省；义务教育；优质均衡发展

一、研究概述

(一) 研究的问题与背景

江苏省政府继2010年启动的义务教育优质均衡发展和改革示范区建设以来，2012年又陆续颁布了《县(市、区)义务教育优质均衡发展主要指标》、《江苏省义务教育学校现代化办学标准》，大力推进教育公平。2014年省教育厅基教处更是将义务教育均衡发展作为重点提出来，强调要重视弱势群体教育。同样，随着教育问题和百姓生活联系越来越密切，研究如何让每一个孩子都能在家门口"上好学"(也就是教育质量、环境设施、师资配备都优质的学校),成为教育领域的热点话题。义务教育优质均衡发展本质上是教育公平问题,当前的教育现状,尤其是择校热、教师流动、校长轮岗问题等更多地反映了教育的不公平,本课题旨在了解江苏省当前义务教育发展的现状和问题,并试图在此基础上寻求对策。

此次调研主要围绕义务教育优质均衡发展的主题,主要探究义务教育优质均衡发展政策的制定,义务教育优质均衡发展的举措,以及校长轮岗和教师流动的实际运行情况。本研究将重点从以上三个层面探析当前江苏省义务教育优质均衡发展的现状。

(二) 研究意义

义务教育问题是一项重大的民生问题,因此努力实现义务教育的优质均衡发展就成为目前我国义务教育发展的基本理念和战略选择。要进一步明晰校长轮岗、教师流动等促进义务教育优质均衡发展的措施实施情况。因此本研究无论是从学术上还是从实践意义上,都有重要意义。

(三) 研究思路与方法

本研究主要依据以下步骤展开:首先,通过查阅期刊、书籍等搜集有关江苏省义务教育优质均衡发展的文献资料,明确该课题研究的必要性和意义。其次,在对样本地区的情况做大致了解后,再结合相关文献及相关专家的建议设计了三份访谈提纲,分别为区领导版本、校长版本和教师版本。再次,在访谈提纲编制完成后,调查小组成员到样本地区访谈相关负责人,并征得访谈对象同意后,对访谈内容进行了录音。最后,在研究的基础上,得出本篇调查报告的研究结论,明确当前南京市建邺区义务教育优质均衡的总体发展情况及存在的问题,并针对问题提出解决策略。

本研究主要运用文献分析法和访谈法,在访谈实施之前,先用文献分析法通过查阅国内外关于优质均衡发展政策的已有研究资料,并对之进行分类、归纳、提炼和总结,梳理出符合研究需要的研究成果。根据这些资料,设计了三个不同版本的访谈提纲,进而依照方便取样原则,选择了江苏省南京市建邺区作为调查对象,分别访谈了1位区领导、2位校长、3位教师。从而进一步了解当前江苏省义务教育优质均衡发展的现状。

二、概念界定

(一) 义务教育

义务教育是指根据法律规定,适龄儿童和青少年都必须接受,国家、社会、家庭必须予以保证的国民教育。义务教育又称强迫教育和免费教育,具有强制性、公共性、免费性的特征。不同的国家,义务教育的年限是不同的,我国《义务教育法》规定的义务教育年限为九年,包括了小学和初中两个阶段。

(二) 义务教育优质均衡发展

均衡是指将差距控制在合理区间内或者处于相近水平。优质是指结果的高水平、高质量。失衡是指不均衡或失去平衡,教育的失衡则包括教育起点、教育过程和教育结果的不均衡。义务教育优质均衡发展是指以机会均等为基本前提,将一定范围内义务教育发展(经费投入、办学条件、人力资源)的差距控制在合理区间内,使其达到相近水平,并在保证教育过程公平的基础上,使所有的学校都能够逐步办成高水平的学校,让所有适龄儿童和少年都能平等地接受高质量的教育,实现教育结果的公平。可以说,义务教育的优质均衡是在资源均衡的基础上实现质量的优化,其价值取向是均衡、优质、特色、共性,优质均衡是合格的底线均衡和差异的特色均衡的统一。为了推进义务教育的优质均衡发展,发展的重心不在于单纯的"拔高",而应该是转向"兜底"。义务教育优质均衡发展需要优先考虑均衡,优先考虑一切学生,优先考虑被薄弱群体,制造"被优质"的教育和"被优质"的学校,但同时也导致"被薄弱"的教育和"被薄弱"的学校的优质教育无法成为真正的优质教育。[①]

三、访谈提纲的设计与实施

(一) 访谈提纲的设计

我们共设计了三个版本的访谈提纲,分别是:区领导版本、校长版本和教师

---

① 王维秋. 江苏省义务教育优质均衡发展初探:基于泰州方言区的调查研究[D]. 南京师范大学,2012.

版本。区领导的访谈提纲主要有 5 个维度,分别是:区教育基本情况、教育资源配置情况、政策的制定、政策的实施、政策实施的结果。每个维度下面又有一些具体维度,包括:学校总数、在校生数、教师总数、入学率、辍学率、升学率、特殊群体入学情况;教育经费、办学条件、师资力量;政策制定、政策的解读和转换、转换政策的影响因素(区特色、实际情况的考量);政策如何落实(经费的投入、分配)、落实中遇到的问题(学校间的差异、政策的倾斜、反馈的问题)、定期考察政策的落实情况(考核、学校汇报)、考察的标准(衡量体系)、区内校长和教师流动的情况;有没有达到最初的要求、需要进一步改善的地方、对区里的小学实施政策的情况进行排序。校长的访谈提纲主要有 3 个维度,分别是:学校的基本信息、政策的实施、政策实施的效果。每个一级维度下面有具体维度,包括:办学类型、办学形式、教师人数、学生人数、升学率;如何解读并落实区里的政策要求(如何理解义务教育优质均衡发展)、如何实施、硬件情况(教学实验设备、图书数、计算机数、运动场所、是否配备校园网、多媒体、图书馆、校舍面积、体育馆等)、软件(师资、教师学历构成、高级教师比例、师生比例、生源、校本课程、如何分班、有无校际合作、校长有无流动经历以及看法);自己学校的优势与不足、教育过程与评价、对实施情况的评价。教师的访谈提纲主要有 3 个维度,分别是:教师的基本信息、政策的解读、政策的实施。每个维度下面有具体维度,包括:年龄、性别、教龄、学历、职称、所教年级、流动/转岗情况、教师子女的上学情况;如何理解义务教育优质均衡发展以及学校的政策;生源、择校、分班、教师流动(有无流动经历以及看法)。

本研究遵循研究的伦理性原则,在访谈之前提前征得研究对象同意,为研究方便进行录音。为打消调查对象的顾虑,本研究对调查对象采用匿名处理,涉及的人名、地名均用字母代替。

(二)访谈对象

本研究课题是对江苏省义务教育优质均衡发展的现状调查,因此在调研前期,计划按照苏北、苏中、苏南三个地区的差异性进行抽样,但考虑到人力、物力、财力以及时间因素,本调研最后只选取了苏南的具有义务教育优质均衡发展特色的南京市建邺区进行了调研,首先对建邺区的教育局领导进行访谈,然后选取了该区两所差异性较大的初中,并对其校长、教师进行访谈。由于是在暑假进行调研，整个研究遵循方便取样原则进行。

本课题自 2014 年 5 月 9 日立项以来，前期收集资料、查阅文献以及访谈提纲的设计等历时一个多月，和访谈对象取得联系后，遵循方便访谈对象原则，共进行过 3 次访谈。第一次于 2014 年 7 月底对南京市建邺区教育局领导访谈，时间是晚上 7 点至 9 点。第二次于 2014 年 8 月 3 日对 X 中学校长和老师进行访谈，地点在 X 中学校长办公室和接待室，时间是中午 12 点至下午 4 点。最后一次访谈是在 2014 年 8 月 5 日，在 L 中校长办公室和教师办公室进行了访谈，时间是上午 10 点至下午 2 点。

为便于本报告撰写，对访谈对象进行如下编码：区领导标记为 F，X 代表优质中学，XH 代表 X 中学校长，XD 和 XZ 代表 X 中学的 D 老师和 Z 老师，L 代表相对薄弱中学，LL 代表 L 中学的校长，LW 代表 L 中学的 W 老师。

四、资料分析

（一）区领导眼中的义务教育优质均衡发展

南京市建邺区位于南京市的市中心，不仅经济发达，教育也走在全省前列，是江苏省义务教育优质均衡发展的示范区。义务教育阶段学校 20 余所，在校生近 2 万人，入学率和升学率达到 100%，同时存在特殊群体入学现象。

对于江苏省义务教育优质均衡发展目标的理解，区领导、校长、教师都认为这只是一个理念，一个只能无限接近而又无法达到的教育目标。就像 F 局长所说的"这是一个慢慢追求的概念，只是一个概念，其实我们要做的事就是'保底'，通过民办教育促进优质。政府提出的均衡是一个政治化的概念，为了达到一个政治的目的，根据政治上的正当性来做的，并且要在很短的时间内达到，是很不现实的。为了在很短的时间内达到，就要强扭某些东西。"之后，XH 校长也认为"认识到这件事情是非常重要的，另外从硬件的配备、师资的安排、流动、招生政策，以及学区、示教区的规划方面确实体现了优质均衡发展的动议，但是真正落实却需要一个比较长时间的过渡，而且绝对的均衡是永远不能达到的。现在也不可能有优质，真正的优质也是有差异的，这是个比较矛盾的命题，口号提出来出发点是好的，但是更像一个理念。但是政府有这样一个惠民的思路是正确的，要做成这件事情,只能有一个目标去努力无限地接近它,完全的均衡是做不到的,而且均衡了以后就不存在所谓的优质了,这是一个理想化的东西。"

在资源配置方面,建邺区都是执行国家标准,按照生均 750 元的标准发放教育经费,经费比较充足。比较有特色的是,建邺区的经费拨付是项目制的,比如学校的特色是体操,需要的资金按预算拨放,通过项目制来鼓励学校发展,因此建邺区的每个学校都有自己的特色。这一点在 XH 校长和 LL 校长那里都得到了证实。X 学校的特色是网络教学,L 学校的特色是抖空竹。并且建邺区每年的教育经费投入较大,在建邺区,无论是教育局领导、校长,还是教师都一致认为"校舍等硬件设施已经全部达到均衡了",而不均衡的资源主要体现在区域的不均衡、教师的不均衡、教育教学方法的不均衡、校长的办学理念,等等。当前随着经济发展,出现了老城区和新城区的不均衡,在建邺区,普遍是老城区的教育资源薄弱一些,教师主要是学校原有的老教师;而在新学校,不仅设施新,在教师引进方面也率先引进特级教师,成立学科带头人制度。在师资方面,建邺区最近几年都是通过统一考试招聘教师,每年大概招聘 120 人左右,教师的学历至少是本科,当然每年报考的博士、硕士也很多,所以师资方面整体比较均衡。除了国家政策外,学校有自己的招聘体系及政策,比如"教坛新秀""优青"等,另外区里也将本区教师分为五个层次,分别是种子教师、新手教师、能手教师、领衔教师、卓越教师。

关于政策的制定,建邺区严格执行国家的教育政策,区里的政策制定不会突破省市政策的框架,区里的政策就是在市政策的基础上进行的优化。比如不分重点校、重点班,当然考虑到区里的实际情况,在实际操作中对想要扶持的学校还是会有一些照顾的。至于是否会在学校特色上进行政策的修改,F 局长认为,在区的层面上没什么特色,公布的政策不会有不同,但是对一些新办的学校在招生上是有特殊的照顾的。在教师分配上,也会向新学校进行倾斜,比如现在着力打造的学校,校长就有优先选择权,也就是学校有了自主招聘权,这和校长的想法也是密切联系的。因为建邺区的经费是根据项目拨放的,比如学校的特色是体操,那么每年该学校体操的经费就会一次性拨付,通过特色化的项目来鼓励学校的优质发展,让每个学校根据校长的领导水平以及教师的专长,做不一样的事情,这也是优质均衡发展的一大体现。在访谈中,F 局长强调,"项目拨款与考试成绩无关,不同项目有不同的考评方式,每年的考评都非常复杂,有一系列的考核表。考核采用积分制,就像大学的积分制,做得非常细。这些都跟学校的绩效挂钩,跟学校的奖金挂钩,也跟学校以后的项目拨款挂钩,称为绩效考核。考核校长的绩效就是考核学校的发展水平、发展状况。每学年都有考核且考核得非常细。比如有多少教师今年被评为市优秀教学带头人的,教研组是否被评为市优秀教研组,或者学生平均分超过市平均分多少分。在开学的时候,会给每个学校布置任务,如学生基础较好,去年超过市平均分5分,那么今年的任务就是超过10分。基本是定30%的增量,如果达到了,就会加分,达不到就会扣分。而评分的表格由督导制作,每个区政府有督导,挂在教育局。"这种考评体系固然有其长处,但是笔者也担心这样考评是否会使好学校越来越好,薄弱学校越来越薄弱,导致不均衡性越来越大?

笔者这一猜想在后来与F局长的谈话中得到了证实。在建邺区,29所学校差距非常大。好的学校在全市排前五名,最薄弱的则是办学十分不理想。差异的关键性因素在于生源,这一点在之后的校长和教师们的访谈中也得到了证实,生源才是不均衡性的关键。如一个学校84%的学生都是流动人口子女,升入初中后,这些学生连26个字母都不认识。教育不仅仅是靠老师,家庭的付出对儿童的成长也是不可忽视的因素。科尔曼说过,"在进入学校之前,家庭的社会背景及经济地位已经决定了孩子在学业中能够取得的成就。"虽然教师的水平有高有低,但总体差不了多少,基本都是本科学历,并在同样的环境下工作,即使学校的氛围会有一些影响,但总体差距不大。比如流动人口子女,从来没人管,而家庭背景较好的孩子,通常在周末、假期都补课,很多孩子初一时就把初二的课程都学完了。

为了有效地促进义务教育优质均衡发展,就需要采取相应的解决措施,目前对于建邺区来说,比较有操作性、可行性的三个手段是:校长轮岗、教师流动以及名校带薄弱校捆绑式发展。建邺区的教师流动政策规定每年15%的人要流动,流动的条件是工作满6年后,在本区的学校内流动1年或1年半。校长流动一般是两任,建邺区做得比较好,校长、副校长、书记都要经常流动。每年教育局人事科会综合考虑每个学校的情况,不是随机的排号流动,而是个复杂的过程。教师流动需要人事部门的协调以及征得校长的同意,即使按照理想的方式流动也达不到理想的效果,因为一个人想改变一个学科或者说一个学校的状况是很难的,就算把一个优质学校的教师都调到薄弱的学校,这个学校也不一定能办好。

很多教师都会想办法往好的学校去,这是人之常情。校长轮岗也是教育局统一安排。也有校长自愿调到其他学校当副校长,当然校长也是出于各种考虑才去的,不是单纯地为了改变一个学校才去的。

但是从后期对校长和教师的访谈中了解到,大家都认为流动的周期过短,XH 校长还指出"优质均衡从出发点来看是好的,但是学校办学文化的积累和校长管理风格的形成,都需要时间去了解、调研、制定规划、实施、过程监控和调整,所以流动得过于频繁其实不太利于校长和学校的发展。同时,过于频繁地流动校长和教师,会让他们没有归属感。中国人家国概念比较强,过于频繁的流动会让他们没有单位组织人的概念,就像一个过客。刚到一个新环境,一方面别人不了解他,另一方面他也不了解这个学校原有的传统和文化,可能融入就需要一个过程。另外,中国人比较低调,比较不善于在公众场合坦诚地发表意见,这样有可能就将自己隐藏了,这样相互间熟悉了解的过程起码要 1—3 年,等到之后有明确规划想做点事情的时候就又要离开了。特别是校长,5 年内做一个校长,不太容易做出一个像样的教育品牌来,导致很多事情急功近利,每个人都要有自己的政绩,所以就不会去了解原来的基础,也不在乎以后的发展。还有的今年做事情,明年就要求出效果,但是教育是要长期积累才有效果的,教育是百年大计,不太适合这种过于频繁的流动。"在建邺区,校长轮岗和教师流动基本上都是按照区教育局的安排,教师和校长也基本是服从安排的,当然还有一些困难在下文需要继续分析。至于校长或骨干教师流动的效果,主要看校长个人情况。比如有一个副校长是副教授级特级教师,在江苏省很有名气,是"江苏人民教育家培养工程"培养对象。他到薄弱学校当"一把手",立马就有学生择校,冲着他的名气或者相信他能把学校办好。他就有资格把省里有威望的人请来跟他一起做科研。同样,教师的流动也要看个人的素养,有的教师流动之后可以带动整个团队的发展,有的人却一直都不能适应。有的教师在流动一年之后,学校的其他教师对他的评价都很好,说他对大家帮助很大,舍不得让他走,但是有的教师到新学校一年,都没有跟校长、其他年级组教师处好关系。至于第三种方式,采取名校带薄弱校捆绑式发展措施,X 中学做得比较出色。起初是南京市和建邺区教育局合作创办的一所公办初中,后来又发展出一个小学,然后又发展了不同的校区,到现在为止共有 6 个校区,每个学校都有校长、常务校长,各个学校财政独立,师资也逐渐实现独立、共享特色,有的是松散管理,有的是密集管理。而师资也可以在自己的捆绑式集团内流动。

　　当被问及建邺区的义务教育是否达到优质均衡发展,F局长的意思是"公民教育是达到保底,保底是随着社会的发展都能达到的,不只是建邺区,所有的地方都能达到,让没有学上的学生都有学上了,这是肯定的。流动人口子女在本地也是可以上学的,但是让到初中26个字母都认不全的学生与从幼儿园就开始学英语的学生比较,他们今后的发展肯定是不一样的"。还是验证了"优质均衡发展是一个口号,一个理念,真正要做好的是教育的保底,不让任何一个孩子失学"。

　　教育需要多样化的发展,因此要发动各方的力量,民办学校也是其中之一。在F局长看来"学校的发展要更多样化,多样化就是特色教育。比如有的儿童文化成绩一般,但他喜欢篮球、足球、绘画。我们现在评价所有的学校的好坏就是能有多少学生考上清华、北大。但是如果说我的学生都上职业高中,但是他们的动手能力很强,以后都有出路就行了。比如我去做园艺师,我的收入与中学教师一样,与国务院的部长收入差不多,靠专业能力吃饭。倒过来推,就不是所有的学生都必须考清华、北大,有的学生上一所园艺方面的技校,或是学习汽修,他就不觉得是一件丢人的事情。这个时候去评价初中,就不是说所有的学生必须考到重点高中。有的学生动手能力强的可以去学汽修,或是爱做饭的学生去学习烹饪。教育上的分流是要让每个人各安其位,各取所需。而不是说考察一个薄弱学校同样是看每年考上重点高中的人数有多少。这种体系下谈教育均衡本身就是有问题的。我们评价一个学校弱或强都是根据这个评价的,这个概念是有问题的,所谓的优质就是有问题的,我们所做的就是让每个人都享受到优质的生活,每个人都成为一个优质的社会公民,这才是有意义的优质"。由此可见,民办教育的发展也是促进义务教育优质均衡发展的有效措施,但是当前中国的教育环境,还不是民办学校生存的最好土壤,只有先做好教育上的分流,才能有民办教育、职业技术教育发展的空间,所以现在只能进一步观望,等到这个社会每个人可以有尊严的生活,学校发展才会多样化。而目前的民办教育虽然也是有一些发展的,但是在公办学校、绩效工资等背景下,还是很难有立足之地的。

　　纵观区领导的访谈结果,整个建邺区在义务教育优质均衡发展的政策上主要是严格按照国家的标准,不会出省市的框子,但是在实际操作中又会根据实际情况,根据每个学校的特色有所倾斜。而有效地促进义务教育优质均衡发展的手段——校长轮岗制度和教师流动制度情况究竟如何,下文还会结合两位校长和几位教师的访谈记录来揭示。

(二)校长眼中的义务教育优质均衡发展

本次调研共访谈了两位校长,分别是建邺区相对优秀的 X 中学的 XH 校长和相对薄弱的 L 中学的 LL 校长。两位校长治学风格各有特色,都是敬业爱岗、尊师爱生的好校长。X 中学和 L 中学都是建邺区的公办中学,也属于名校带薄弱校捆绑式发展的对口学校。差异性比较大的是 X 中学几乎每年都会学区生满额,但 L 中学学区生寥寥无几,80%以上都是周边的流动人口子女。这首先就体现了生源的不均等。由于生源的不均等,在教师人数、学生人数以及升学率等方面也存在不均等现象。比如 X 中学升学率在建邺区遥遥领先,而 L 中学的学生毕业后很少有继续读高中的。

校长们对义务教育优质均衡发展政策的理解同 F 局长有相同看法,即认为公办学校是为所有适龄的儿童提供一个受教育的机会,但是是否能受到优质教育这可能还需要社会的多方力量共同协作,所以到目前为止,这只是一个口号、一个理念。对老百姓来说,政府和学校能把学校办成社区范围内、学区范围内老百姓家门口的好学校,如果能实现,每个孩子都能就近入学,就近入好学,其实这就是教育均衡。目前的义务教育只是一种保底,做到保底教育,不让一个儿童失学就是最大的均衡。

关于政策的落实,每个学校都会按照国家的相关要求,落实相关的工作,包括硬件、师资、课程的相应配备。但是真正做到优质均衡,使教学课程均衡、能力均衡、业绩均衡是永远不可能达到的,现在更多的体现的是优质,尽可能保证施教区内的适龄儿童能够零拒绝,实现全纳教育,在校内不分重点班、实验班,平行分班就是很好的均衡。

学校在硬件方面,即教学实验设备、图书数、计算机数、运动场所、是否配备校园网、多媒体、图书馆、校舍面积、体育馆等方面不存在失衡,也就是 F 局长说的教育经费不是问题。而在软件方面,即师资、教师学历构成、高级教师比例、师生比例、生源、校本课程等方面存在严重不均衡。但正如前文所说,教育均衡涉及的一个话题,除了硬件的配置,还要努力争取到教育资金的倾斜。作为一个校长,要力所能及地做好义务教育宣传,要争取用教育行动得到行政主管部门的支持,如硬件上的支持,师资上的支持。LL校长认为"硬件的均衡只是最基础的均衡,真正的义务教育均衡主要应该是师资的均衡、教育教学方法的均衡和校长办学理念的均衡等。这样的均衡才是真正意义上的均衡,所以说学生选择学校,都是看中这个学校有多少优秀的老师,有多少他们认为能够信赖的校长"。关于教师的均衡,"冰冻三尺,非一日之寒",一下子把所谓好的学校的教师全放到所谓薄弱的学校并不现实。所以我们能做到的,可操作的,或者说长期努力做的工作,就是在一定时间内教师流动。关于教师流动,LL校长认为分为三种类型:一是刚性流动,二是发展性流动,三是特色性流动。刚性流动,是指学校建设需要某个教师去,责无旁贷。目前对建邺区的教师来说,教师不再是某个学校的,而是这个区域的,也就是说,你不是哪个学校的老师,而是整个建邺区的老师,哪个学校需要你,你都应该责无旁贷地积极参与教师流动工作。而发展性流动则有两层含义:一个是对于学校的发展,一个是教师个人的发展。建邺区领导曾经说过,"教师的流动,最后要实现双赢,即通过教师的流动既带动了学校的发展,又促进了教师的发展。最后关于特色性流动,比如一个学校搞课程需要一个很好的语文教师,如果这个学校没有,就需要从另外一个学校流动过来,他一个人就能带动一个项目,甚至带动一个学科。尤其搞艺术类的,这个教师排合唱团排得好,这时候学校需要这方面特色了,那么这个教师就可以流动过来,所以可以通过多管齐下的教师流动,来解决义务教育中的均衡中的最薄弱也是最核心的问题"。

在教师流动中还有个核心元素,就是校长。一个学校,房子再漂亮,或者说教师再多,都不是最重要的。一个学校办得好不好,从领导层的角度来讲,校长的办学思想很重要。但并不是说一个学校是靠一个校长办起来的。这对于积极主动参与校长轮岗的L中学的LL校长来说,感触颇深。L校长曾经在建邺区一个名校工作,后来因为工作的需要,就到了L中学。L中学的办学质量,没有完全能够达到像老百姓期待的那样。LL校长说:"我从一个所谓的名校就流动到这边来了。我觉得,作为校长,心里要有杆秤,要有一定的思想准备。凡是从所谓的名校流入到相对薄弱学校的教师或校长,第一,你要有能吃苦的精神,因为长期在名校工作,所以你的眼光是会不一样的,这时突然间把你放在薄弱学校之后,空间距离远了,在校时间长了,人心里的落差也大,所以要做好吃苦准备,这个吃苦,不仅仅是我为所办的学校吃多少苦,更重要的是你要能够迅速地把你原有的在名校工作的有些东西,把你工作的重点落实到实际工作中去。第二,你要有在基层工作的精神。校长和教师的流动一般都是从好的学校到薄弱学校,用你的办学理念和行为来影响老师,影响学校,乃至于影响学生和家长。那么这个时候,你必须把你在名校学到的好理念带到新学校来。比如,我刚来到这个学校,根本不熟悉,到这个地方可以讲是'两眼一抹黑'。但是我来了之后,我用了最关键的两个词——'信任'和'依靠'。我管理团队,我信任我的团队、信任我的教师,我相信他们行。这在教育学上叫'皮克马利翁效应',也叫'罗森塔尔效应'。你相信他们行,这种信任文化,就这样有意无意地带到我们管理中去了。第二,我把自己在原来的学校工作时的办学文化,也有意无意地移植到这个学校来。比如到 L 学校来,我的办学理念,得到了我们教育同行的认可,也得到我们的学生和教师的认可。因为有时候用人的教育意识去定义人的行为,就是你站得高,你做事才能看得远,你站得低,你做事就会看得近。对学生说,比如说毕业典礼、升旗仪式,像这种活动,让他们感觉到我们的教育事业就是个故事,是有温度的。第三,我觉得一个校长到一个学校来,就应该有创新精神,毕竟到一个新学校,都会面对一个新环境,都会面临一些挑战,那么这时候你就要针对这个学校做一些创新的工作,适合这个学校的。比如说我到这个学校,会利用晚上8:30这个时间,把学生在学校里一些好事、好的行为,在晚上 8:30 打电话告诉家长,其实上也是传递着教育的温度,让家长能够深刻地感受到孩子在学校中的变化,让他们晚上回家,能够在餐桌前和他的孩子有交流的话题。"

LL 校长津津有味地回忆自己任职一年 L 中学的变化,可以看出他是一个热爱教育事业、热爱学校、热爱每一个师生的博爱校长。LL 校长也认为,不热爱肯定不行,做任何事情,只有热爱心里才不会有落差,才不会觉得苦,才不会被曾经的光环、荣耀所干扰,没有热爱精神,做什么事情都觉得辛苦。像名校校长的流动,要把名校的办学文化、好的风气带到一个新学校来,才是至关重要的。LL 校长最后诚恳地说没准备流动期结束了再回到以前的名校,在 L 中学可以实现他的一些教育理念,丰富教育实践,并认为把薄弱学校办好才是最能检验自己办学能力的。同时他发表了自己对教师流动期限的看法,他认为一年或一年半的流动时间太短了,对于初中来说三年是最合适的,也就是 XH 校长口中的一个"轮回"。对于小学应该也是三年,因为六年时间确实又太长了,这无论从教师自身的角度出发还是从学校的角度出发都是不现实的。这让我不禁觉得一个人的从业素质、个人魅力无论在教师流动还是校长轮岗中都是至关重要的,否则教师流动也罢,校长轮岗也罢,最后只会流于形式,而发挥不了促进义务教育优质均衡发展的作用。

关于如何分班,XH 校长和 LL 校长都统一执行建邺区的平行分班政策,不分重点班。其中,X 中学的一个特色是分层教学。X 中学的分层教学是建邺区示范性的举措之一,主要是指学生在同样的行政班级,但数学和外语两门学科上课的时候是跑班的,即相邻的两个班,稍微优秀的学生集中在一起上课,学习稍微困难的学生在一起上课,两个班的学生每个学科是同样的老师教,因材施教。让优秀学生"吃得更饱一点"。因为一堂课时间有限,照顾不同层次的学生,教师备课是很困难的。相对集中后,中等以上学生会在完成中考任务后适当拓宽视野,增加一些思维的训练,包括课外阅读,社会实践活动,探究性学习稍微多一点。对于基础薄弱、学习有困难的学生,能够让他消化接受课本知识,顺利完成义务教育的教学目标,顺利完成中考学业。而判定分层标准的主要是分班考试,也就是一个学业水平的调研,如果遇到有特长的学生也会兼顾。前些年可以做得更细一些,现在要求不允许假期进行分班考试。行政班三年是不调整的,但是分层教学(A 层次、B 层次)每学期都会调整。行政班建成后有相对完整的班级建制。相邻的两个班级捆绑式分层,会考虑到学生特长、男女生比例。不一定刚入校时在最好的班级到毕业时发展最好,期间孩子的变化,教师的变动都会对班级造成影响。班主任不一定是固定的,一是女老师有的有生育问题,二是学科老师也需要做班主任,评职称需要。比较理想的是一轮一个班主任,师生相互间能比较了解,产生深厚的感情。而关于分层教学的一些改进,XH 校长也认为,目前的分层教学只有数学和外语两科,而比较理想化的是单科分层,不过目前从场地、人员、课表等方面很难做到,这也是以后努力的方向。至于 L 中学,恰好我们访谈的时候 L 中学的领导在开会讨论分班的问题,LL 校长的想法是分重点班是和自己的教育理念相矛盾的,更主张平行分班。而在后来对 X 中学教师 XZ 的访谈中,我们也明显可以看出分层教学目前存在的弊端,但对于那些稳在"提优班"的学生来讲还是比较好的,因为分层教学提倡的就是"好的学生能够吃得饱,吃得好"。同样的,"提优班"的学生也觉得很好,他们觉得老师教的东西,他们能够"吃"得下去。但是对于徘徊在培优和提优之间的一部分学生会比较吃亏。三年间,两个班之间人员会有变化,并且变化幅度会很大。这是根据考试结果来的。每一次考完试分班之后,教师都要对徘徊的学生做思想工作,还要安抚好家长情绪。特别是那些从"提优班"到"培优班"的，这个工作量还是蛮大的。还有一个弊端，对于"培优班"的学生来说，他们欠缺的不是智力，而是好的习惯，尤其是对待学习的态度。如果他稳定在"行政班"，会想着我还要拼一拼。有的学生到培优班之后，就"破罐子破摔"。"培优班"的纪律也不好，他就是不学。该学校在引导方面做得较好，"有的时候也需要跟学生斗智斗勇，这些小孩太聪明了。所以得把他们镇住，不然他下次更过分。但是你要对他们晓之以理、动之以情，他们也会很不好意思的。只要他们能够知道你是真心为他们好，你怎么说他们，他们也不会生气的"。

在区领导的学校特色环境下，X 学校除了有分层教学、选修课等，还有一个最大的品牌——数字化校园。X 中学是南京市的数字化校园示范学校，学校学生主动开展数字化学习，在网络环境下学习数学和外语，取得了很好的成绩。因此市里给每个初一学生配备了一台平板电脑，无偿使用，南京市独此一家。课堂上每个学生拥有一台平板电脑，有利于课堂教学的及时反馈，教师课堂可以关注到每个学生，及时了解学生的学习状态，及时地评价和反馈。2012 年开始做试验，2013 年取得了一定的成效，X 中学分层教学和数字化校园是 X 学校两大亮点。除此之外，体育和艺术特长也是很突出的，初一全体学生各有一门选修课，有人文的、理学的、艺术的，发挥个性特长的。初二年级有社团，每个学生都必须参加一个社团。初三从学业能力出发做学业分层的指导。比较理想化的分层不仅是数学和外语分层，物理、化学都能够分层，因为数学会影响物理的学习。数学和外语是捆绑进行分层的，如果把物理和化学也纳入，教室不够用，教师也不够用，受到很多硬件条件的制约。这让 XH 校长想学习北京十一学校李旭桂教师所做的教学改革，是最理想化的分层教学，但这需要三个条件：资金、场地、师资。纯粹公办学校的师资是按计划统一配给的，又属于热点学校，学生生源比较充足是很难做到的。

作为一个资深校长，又是女校长，XH 校长的感慨颇多，第一个便是校长管理和教学的矛盾。她认为做校长最好在教学一线。如果校长不在教学一线，对学生和班级状况不是很了解，只能通过其他老师来了解。但是老师没有特殊情况一般不会跟校长交流，校长只能自己去听课。一周去听一两节课，还是很难了解到学生的真实想法。像语文老师可以看看学生的随笔、周记等，了解学生的内心想法。观察学生每天作业状态、上课状态、早读状态来了解学生的学习情况。

管理层只能通过教代会、家长委员会、座谈会来从侧面了解学生和学生家庭情况。另外,XH校长说:"关于中国教育,有很多奇怪现象,幼儿园很少有男性教师,小学基本上都是女性教师,到了初中一半男老师一半女老师,到了高中女老师占三分之一。从性别上来讲,中国的教育是不完整的教育,因为性别会影响学校文化、学校管理。从管理上来说,我是刚柔相济,跟老师、学生打交道是温婉的,遇事是讲原则的;对学生家长很客气,比较有人性关怀,不隐瞒自己的观点,很坦诚。"如果轮岗的每一位校长都能像XH校长这样,坚持自己的教育理念和教育热情,那么义务教育会无限接近优质均衡。

而对于校际合作,XH校长坦诚地说"这只是一个起点而已,并没有落实,一定形式上的表现就是教师流动"。校际合作在建邺区叫作"联片教学"。有督学来挂牌,把一个片区的一个中学两个小学算一个教学片区,但是真实情况是相互之间各忙各的事,并没有多少机会真正坐在一起研讨。

另外,关于对当前建邺区以及X学校义务教育优质均衡发展的评价,XH校长说:"不存在学校不足的问题,我在做的管理工作和努力方向是尽可能发挥更好的资源给学生最适合的教育。如果说存在不足,一是场地限制,虽然说是优质均衡,但是从人均面积来说是不均衡的;二是人员限制,因为是新校,所以严格按照教育局人事局标准配置教师;三是绩效工资,绩效是按多劳多得,优质优酬,但是我们是人少活多,我们一个老师教两个班才满工作量,所以区域内的绩效工资是不好体现的,都是在校内体现。"这就又一次证实了义务教育优质均衡在很大程度上是一种口号,是一个理想目标,还有很长的路要走。对于特殊的学生也是不均衡的,教育公平最后的公平应该是使每个学生得到最适合他们自己的教育,我们现在做不到,以后也很难做到。但是这个目标值得我们努力去实现。

(三)教师眼中的义务教育优质均衡发展

三次访谈,共访谈了三位教师,其中X中学两位老师,分别是XD老师和XZ老师,L中学一位老师,是LW老师。其中XZ教师有一年的教师流动经历,其余两位XD老师和LW老师并没有参与过流动,但是对流动并不陌生。三位教师的年龄分别是29岁、37岁、49岁,29岁的LW老师的孩子上幼儿园小班,37岁的XD老师的孩子上幼儿园大班,49岁的XZ老师的孩子已工作三年。三位老师的学历分别是大学本科、硕士研究生、大学本科,所教的学科分别是美术、音乐、英语。

关于对义务教育优质均衡发展的理解，XZ老师认为，"作为一个普通的教师，我认为是一个比较好的事情，还是要提倡均衡发展，体现教育公平"。而处在L中学的LW老师认为"有户籍的问题，就是说流动人口子女比较多，大家都想接受到公平的教育。还有，一线城市人口流动比较频繁，发展优质均衡的教育也比较困难。但我觉得应该从学校本身出发，比如好的老师应该多进行流动。其实我觉得，生源才是最重要的，教师只是个辅助作用。老师的能力都是差不多的，至于学生后来发展得好或坏，其实都是因为学生原本的素质"。所以，在义务教育优质均衡发展问题上，教师都认识到了政策的惠民性，体现了对教育公平的重视与关注。但是在真正落实的时候，又要兼顾每个区每个学校的差异性。

教师访谈中最关键的问题是教师流动。关于教师流动，建邺区教育局的领导和X中学的校长都介绍过，要求每年流动15%，X中学目前已经有20多位教师参与流动了，流动时间短的有1年或1年半的，之前流动属于"柔性流动"不是"硬性"的，以后应该有3年的，都是在建邺区内流动。开始是指定的，以"帮扶"的形式，好学校带动差学校。教师流动也是校际合作的一部分，建立在政策的刚性和人性化安排的弹性基础上，一般来说本人也要愿意，坚决不愿意的话工作还是很难安排的。对于X中学来说，教师还是有这个觉悟的，基本上是支持教师流动政策的。区域内并不是所有学校的教师都这么认为。有的领导、教师不愿意去流入学校上班，觉得没有归属感。还有的在自己的学校待不下去，想换个环境，发现新环境要求很高，所以还是回到自己熟悉的环境。自己回来或不回来，这个选择需要三方同意。一是本人意愿，二是流入学校是否留任的意见，三是原来学校的同意。而作为三个教师中唯一有过流动经历的XZ老师，其对教师流动政策的解读比较深刻。XZ老师认为"不仅仅是教师流动，校长领导肯定也要流动，不流动肯定是不对的。老师也要流动，因为他在一个学校待久了肯定会产生职业倦怠。但这个时间，我觉得一年太短，起码得一轮。一轮是指初中、高中三年，小学六年。这样的话教师会有一种责任感。在学校也好，交流也好，这一届学生应该带完"。而关于教师流动的效果，XZ老师认为因人而异。"人都是有尊严的，不管派我到哪里去，或者因为家庭的需要，我要到哪里去。那我在这个学校，我要怎样好好去做三年。但是一年的话，人家领导怎么考核你。就像我流动的一年，说实话我还蛮自觉的，按时上班,按时放学。如果说我是刚工作没几年的或者是刚毕业的年轻教师,你去一年,人家如何考核你,你做得好或者不好,人家不好考核,全凭良心,反正教一年就走了。如果对于流动的教师没有任何约束的话,很可能让他找不到归属感。比如说,我到这个学校,我干得再好,他们把我当'客人',有些领导也不会重视我的存在。我流动的时候,人家领导对我很重视,就是评优也好,他们都会把我列在其中。作为这种薄弱学校,他们也希望名校的老师、校长给他们带来一些新鲜的理念,引领薄弱学校的教师在言行方面做好表率。但流动过去的教师不会想要融入,反正一年之后要走的,也会觉得孤单。"关于教师流动的时限,大多数教师都觉得过程短了。"我希望教师的流动在初中起码是三年。流动的三年应该有计划,三年内,我每个学科是不是都能轮流到,如果轮流不到,那能够轮流几门学科或者是有的学科我必须流动到。并不是说我想让谁流动或者等着对方派给我什么老师,我就安排什么课程。"对于教师流动的原因,区领导、校长和教师的回答基本一致,基本是遵循区教育局统一领导,个人一般会服从,当然也有拒绝的,XZ 老师属于比较配合流动的,在接到地方学校的电话后得知是学校派出去的,因为年龄超过 45 岁了,作为资深教师,如果不流动,会觉得是不服从领导安排,所以 XZ 老师很配合地流动了一年。当然在流动期结束后,对方学校要求 XZ 老师留下,XZ 老师觉得自己毕竟年龄大了,不想给对方学校添麻烦,因此还是回到自己以前熟悉的学校、熟悉的环境。像 XZ 老师这类孩子已经参加工作了,不需要为家庭考虑太多的,就会比较服从领导安排;另外两位年轻老师则表示,如果对方学校不远,自己孩子上学也方便的话,是不介意流动的。所以可以看出,制约教师流动的因素很多,这是个复杂的过程。

综合校长、教师对教师流动的评价,大家普遍认为教师流动有以下优点:一是可以消除教师的职业倦怠感,因为在一个学校待久了总会有点疲乏。同样教学时,可能感觉每年都是一样的,不需要再备更深的更有难度的课程。如果流动一下,到一个新环境,可能需要适应,就对教学投入更多。而且面对不同层次的学生,也得多些研究。还可以认识些更好的老师,相互交流,促进发展。二是自己的个人利益,比如评职称,方便自己的孩子上学,等等。而教师流动也存在弊端,比如:一是时间短,对学生发展不利。因为教师流动个两三年可能没什么,但是对于一个学生来说,频繁地更换教师,会对学生的发展造成影响。短短三年,可能会换好几个老师。这种更换不流动时已经存在,流动时存在率更大。二是对于家庭不方便。如果流动到很远的地方,离家比较远或是接送小孩不方便。三是教师心里会孤独,找不到归属感。毕竟换了一个学校、一个教育氛围,无论是人际关系还是学生特性,都和之前的学校不一样,如果过渡期处理得不好,会影响教师一年的教学,那么教师流动的作用也只能流于形式了。

在教师专业发展问题上,三位老师都说,在建邺区,单周是区里的教研活动时间,双周是市里的教研活动时间,形式有很多,有公开课、讲座、专题培训等。每个学校也都有自己的校本课程,如果没有,也会用别的形式代替。比如X中学的选修课,X中学的XZ老师说:"校本教材的话,我们应该还没有形成。我们的选修课,有的时候会搞一些名著欣赏、看英文电影学英语之类的。"提优班"学生一般会搞英语阅读,补充阅读材料。"提优班"和"培优班"一般都在阅读上面下功夫,还有些老师喜欢做阅读题和练习口语。"之前在采访X中学的XH校长时,她说了自己学校的一些特色,其中提到了关于自己学校的校本课程比较有亮点。"在校本课程方面,每个组应该要有自己的传统精品课程,再开创一些新的适合学生需要的课程,前期是我们能提供什么,现在要做的是学生需要什么?社会需要什么?学生关注什么?还有就是关于校本教材,去年提出的校本教材,已经有两三本付印成型了。今年提出让人们重新认识南京市,让世界了解南京市的文化底蕴和人文气息。南京市特别包容,说什么话的人都有,别人不会另眼相待。美术我们选的南京市的云锦,音乐我们选的"白菊"(南京市的京剧),历史叫新城故事(讲南京市的过去、现在和未来),文学教历史文化名人和南京市有关的诗、文、文人等,从这些角度看南京市更美的一面,更有底蕴的一面,有影响的一面。生物课上将南京市比较特有的野菜(茼蒿、枸杞头、菊花脑等)列入教学内容,去年我们学校获得'江苏省教育教学一等奖',这是很高的荣誉。"所以,在提倡义务教育优质均衡发展的政策下,优质有特色的校本课程也是体现优质均衡的一方面。

五、研究结论

(一)教育资源分配不均衡

在建邺区的调研结果显示,新城区和老城区在硬件设置和师资力量等方面都有显著的不均衡性。在当前的教育背景下,这种区域性的不均衡性只是微观层面的一个折射。综观整个江苏省,尤其是苏北地区、苏中地区,和苏南地区的教育资源不均衡性是显而易见的。再放大到整个中国,东西部的不均衡性更大。

(二)教师流动周期短

从区领导到校长,再到普通教师,普遍认为教师流动的时间太短,目前从建邺区的实施情况来看,教师流动期限一般是 1 年到 1 年半的时间,这种短期的流动可能只会流于形式,对真正促进义务教育优质均衡发展并没有太大的帮助。再者,教师流动都是在一个区内流动,流动的空间限制比较大,当然也要考虑到实际操作中的困难,如教师的家庭情况等因素的制约。

(三)个人觉悟参差不齐

访谈中的 LL 校长和 XZ 老师都是校长轮岗和教师流动的典型人物,而这两位教师都是有着强烈的教育使命感,教师的责任感,克服从名校流动到薄弱校的心理落差,依然带着对教育的热爱,对学生的热情,尽职尽责地做好每一天的工作。而从另外的访谈对象口中得知,很多流动的教师由于流动的时间短,所以会应付性地做每天的工作,甚至不配合对方学校的教学安排。

六、反思与建议

(一)反思

1. 调查对象虽具有代表性,但更多地体现为个案特色

此次调研的题目为"江苏省义务教育优质均衡发展的现状调查",我们是以南京市建邺区作为研究对象。虽然我们选取的研究对象涵盖了区领导、校长、教师三个维度,但是相对于整个南京市而言,由于南京市区域分布较广,所选取的研究对象仅能代表南京市一个区的现状,而对于偏远的区域来说,此次调研结果似乎并不能完全符合。此外,我们共选择了 7 位访谈对象,并不足以反映江苏省义务教育优质均衡发展的全貌。

2. 义务教育均衡发展理念获得广泛共识,但实现目标依然面临艰难挑战

调研报告内容的提炼也让我们对当前江苏省义务教育优质均衡发展的总体状况有了较为清晰的了解,仅在建邺区,就出现明显的两极差异性与不均衡性。老城区和新城区在设施、师资等方面都有区别。再比如研究的两个对象,X中学和L中学,是差异十分明显的两个学校,扩大到整个南京市,乃至整个江苏省,这种区域性的不均衡一定是存在的。当然建邺区根据每个学校的特色发放项目经费,鼓励每个学校发展适合自己的活动,这是重要的举措。总而言之,义务教育优质均衡发展的理念会越来越深入每个教育者心中,并督促他们坚定地践行自己的教育理念。

(二) 建议

从调研的结果来看,江苏省义务教育优质均衡发展已取得了长足的进步,虽然还存在着诸多问题,但是相信在区领导、校长以及一线教师们的努力下,现存的区域资源流动不均衡、教师流动周期短以及个人觉悟参差不齐等现实性困难和不足会得到改进。为此,需要巩固和完善相关教育均衡的政策,继续做好三个方面的工作。

1. 坚定地推进均衡发展,不断缩小义务教育学校间的差异

要想落实义务教育优质均衡发展政策,首先要保证资源的合理分配。综观目前的教育成效,硬件条件的不均衡性相对较小,而软性的尤其是师资方面的不均衡性差异较大。所以就目前来看,容易操作,成果显著的也只有教师流动和校长轮岗制,当然归根结底生源很关键,教育能做的,就是尽最大的努力,让所有的孩子接受最适合的教育。

2. 改善教师交流制度,延长教师流动时间

针对当前教师流动时间较短,出现短暂的、"临时"流动的现象,建议制定更加有针对性的激励措施,适当延长流动时间,最好是轮回制地实施教师流动政策,让流动教师可以完整地带完小学6年、初中3年一个轮回,这不仅是对教师、学校,更是对每一个学生负责。"十年树木,百年树人",实现义务教育优质均衡发展是一个漫长的过程。

3. 增强教师的专业发展意识,全面提升城乡教师整体素养

面对个人觉悟参差不齐的流动教师,教育部门应该在平时的教育教研活动中加强职业培训,比如开讲座、公开课,甚至是流动教师经验交流会。让每个教师都能充分发挥自身的作用,为教师流动政策、义务教育优质均衡发展政策尽自己最大的一份力。

参考文献

[1] 李坤.义务教育优质均衡发展问题研究——以江苏省为例[D].南京师范大学,2012.

[2] 王维秋.江苏省义务教育优质均衡发展初探——基于泰州方言区的调查研究[D].南京师范大学,2012.

[3] 杨启亮.底线均衡:义务教育优质均衡发展的解释[J].教育理论与实践,2010(1).

附录一　江苏省义务教育优质均衡发展区领导版访谈提纲

一、访谈前的准备：

1. 确定访谈的时间和地点

方便受访者为主

2. 协商有关事宜

尽量可以录音

3. 设计访谈提纲

××领导，您好，我们是南京师范大学教育科学学院教育学原理专业的研究生，现因为做课题调研，需要对您做一个访谈，接下来，我们想就关于××区义务教育优质均衡发展的问题和您聊一聊，在访谈的过程中您有权随时退出，而且不必对研究负任何责任，您只要根据实际情况来说就可以。访谈时间大约一个小时，为了研究的完整性和真实性，我们可能需要对访谈内容进行录音，我们保证对您提供的信息保密，如果在调研报告中需要引用您提供的材料，我们将对所有人名、地名采取匿名处理，请您放心！如果您没有其他意见，那我们现在开始好吗？

二、访谈提纲维度：

1. 区教育基本情况

学校总数、在校生人数、教师总数、入学率、辍学率、升学率、特殊群体入学情况

2. 教育资源配置情况

教育经费、办学条件、师资

3. 政策的制定

（1）政策制定

（2）政策的解读和转换

(3) 转换政策的影响因素（区特色、实际情况的考量）

4．政策的实施

(1) 政策如何落实（经费的投入、分配）

(2) 落实中遇到的问题（学校间的差异、政策的倾斜、反馈的问题）

(3) 有无定期考察政策的落实情况（考核、学校汇报）

(4) 考察的标准（衡量体系）

(5) 区内校长和教师流动的情况

5．实施的结果

(1) 有没有达到最初的要求

(2) 需要进一步改善的地方

(3) 对区里的小学在政策实施方面的情况进行排序

附录二　江苏省义务教育优质均衡发展校长版访谈提纲

一、访谈前的准备

1. 确定访谈的时间和地点

方便受访者为主

2. 协商有关事宜

尽量可以录音

3. 设计访谈提纲

××校长，您好，我们是南京师范大学教育科学学院教育学原理专业的研究生，现因为做课题调研，需要对您做一个访谈，接下来，我们想就关于××区××学校义务教育优质均衡发展的问题和您聊一聊，在访谈的过程中您有权随时退出，而且不必对研究负任何责任，您只要根据实际情况来说就可以。访谈时间大约一个小时，为了研究的完整性和真实性，我们可能需要对访谈内容进行录音，我们保证对您提供的信息保密，如果在调研报告中需要引用您提供的材料，我们将对所有人名、地名进行匿名处理，请您放心！如果您没有其他意见，那我们现在开始好吗？

二、访谈提纲维度：

1. 学校的基本信息

办学类型、办学形式、教师人数、学生人数、升学率

2. 校长的基本信息

年龄、性别、学历、目前职称

3. 政策的实施

（1）如何解读并落实区里的政策要求（如何理解义务教育优质均衡发展）

（2）如何实施

① 硬件：教学实验设备、图书数、计算机数、运动场所、是否配备校园网、多媒体、图书馆、校舍面积、体育馆等

② 软件：师资、教师学历构成、高级教师比例、师生比例、生源、校本课程

(3) 如何分班

(4) 有无校际合作

(5) 校长有无流动经历以及相关看法

4. 实施的结果

(1) 自己学校的优势与不足

(2) 教育过程与评价

(3) 对实施情况的评价

附录三　江苏省义务教育优质均衡发展教师版访谈提纲

一、访谈前的准备：

1. 确定访谈的时间和地点

方便受访者为主

2. 协商有关事宜

尽量可以录音

3. 设计访谈提纲

××老师,您好,我们是南京师范大学教育科学学院教育学原理专业的研究生,现因为做课题调研,需要对您做一个访谈,接下来,我们想就关于××区××学校××班级的义务教育优质均衡发展的问题和您聊一聊,在访谈的过程中您有权随时退出,而且不必对研究负任何责任,您只要根据实际情况来说就可以。访谈时间大约一个小时,为了研究的完整性和真实性,我们可能需要对访谈内容进行录音,我们保证对您提供的信息保密,如果在调研报告中需要引用您提供的材料,我们将对所有人名、地名进行匿名处理,请您放心！如果您没有其他意见,那我们现在开始好吗?

二、访谈提纲维度：

1. 教师的基本信息

年龄、性别、教龄、学历、职称、所教年级、流动/转岗情况、子女的上学情况

2. 政策的解读

如何理解义务教育优质均衡发展以及学校的政策

3. 政策的实施

(1) 生源、择校、分班(与校长回答的相似度)

(2) 教师流动(有无流动经历以及看法)

(3) 学生作业量(晚上做作业的时间)
(4) 学校组织考试的次数
(5) 教师专业发展(教师培训、深造,是否参与校本课程的编写,科研情况)

江苏省基础教育数字化学习现状的调查与分析
——以扬州地区为例

赵 静 郑婷婷 朱宝康

（扬州大学教育科学学院 江苏 扬州 225000）

摘要：数字化进程日趋成熟，信息化已经成为教育改革和教育现代化的关键。本文梳理了国内和国际上数字化学习的发展概况，并在扬州市三元桥小学和扬州市竹西中学进行数字化学习试点调查。通过调查，对数字化学习的开展提出相应的建议。

关键词：江苏省；基础教育；数字化学习

一、研究背景

随着信息技术的发展，数字化进程日趋成熟，人们的生活方式和学习方式发生着深刻变化。自20世纪80年代中后期计算机教育进入我国基础教育领域以来，基础教育数字化资源逐渐走入人们的视野，信息化已经成为教育改革和教育现代化的关键。一方面，社会各界力量纷纷投入并参与了数字化资源的建设，探索基础教育数字化资源体系的建立；另一方面，基础教育各类学校的教师、学生与家长也积极探索资源的实际应用，对提升基础教育的质量发挥了一定的积极作用。

《江苏省中长期教育改革和发展规划纲要（2010—2020年）》中明确提出："要建成更加先进的教育设施，数字化教育资源开发加快推进，全省教育基础信息数据库、教育基础信息系统、教育信息服务平台全面建成。"数字化学习，体现教育与教学与时俱进的原则，因此迫切需要加强研究，积极应对。2012年，江苏启动了"基础教育百校数字化学习"（简称"e"）试点，是迎接数字化时代挑战、推进教育创新、提高教育质量的有效途径，也是提高教育现代化水平、建设教育强省的战略选择。现有研究多集中于电子书包概念及发展现状的宏观介绍，其在学校课堂教学的实际应用调查研究屈指可数，且对于教学方式转变、教学过程优化等方面存在发展空间和价值，研究深度可进一步加强。本研究走进教学一线，以江苏省基础教育数字化学习两所试点学校——扬州市三元桥小学和扬州市竹西中学为研究对象，从数字化建设、师生使用情况、教学案例分析等方面进行调查研究，同时结合专业知识，深入分析其发展及存在问题，以期为数字化学习的优化与完善提供借鉴。

二、研究意义

（一）理论意义

随着数字化发展呈现多元趋势，数字化学习将开启一场教育变革，数字化学习是现代学习理念导向下的教育探索。本研究从技术和学习观念的结合角度来理解数字化学习的内涵，基于数字化学习的课堂环境，对师生实践进行分析，对现有管理模式、教学模式等进行探究，探寻数字化学习中的规律并加以梳理总结，为优化"数字化应用课堂教学实验"的相关政策提供理论支持，为指导师生充分利用新型学习模式提高教与学的效率提供方法指引。

（二）实践意义

在对数字化学习政策梳理和了解的基础，通过调查，客观反映数字化学习应用现状，思考与分析存在问题，如教师基于数字化的教学、学生基于数字化的学习、学校基于数字化学习的管理与建设等，有利于优化课堂教学、评价等过程，积极探索更科学合理的推进方式，更好地促进数字化学习优势的发挥，促进数字化学习的推广与应用。

三、研究思路和方法

（一）研究思路

1. 收集相关资料

包括新闻、政策文件、文献、相关学校网站等，学习研究相关文献，并进行资料的整理和分析，掌握数字化学习发展近况。

2. 编写访谈提纲和调查问卷，进行试测，并进一步修改

走访调研，包括问卷的发放与回收、访谈，做好相关材料的收集和汇总。进行数字化应用课堂的教学试听，与师生进行互动反馈。

3. 数据整理，讨论分析调查结果，撰写结题报告，修改完善

（二）研究方法

1. 文献法

通过对有关电子书包及其教学应用的新闻、报道、论文等文献资料进行检索，为进行文本研究提供有价值的参考，梳理数字化学习历史与发展，关注政府学校最新动态，文献检索贯穿整个研究过程。

2. 调查法

以发放调查问卷和访谈的形式调查电子书包应用课堂现状、师生使用感受等，使本研究建立在明确的调查数据之上，具有真实意义。

3. 案例分析法

选取电子书包应用课堂典型案例，进行分析，针对存在问题提出相应策略，并对数字化教学发展进行展望。

四、数字化学习研究概述

（一）数字化学习的含义

数字化学习是指在教育领域建立互联网平台，学生通过网络进行学习的一

种全新学习模式,又称为网络化学习或 E-learning。

数字化学习具有三个要素:

一是数字化的学习环境,也就是所谓的信息技术学习环境。信息技术的核心是计算机技术、通信技术和网络技术,数字化学习环境就是一个信息化的学习环境。整个数字化学习环境一般由设施、资源、平台、通讯和工具等组成。在这个学习环境中,知识的表征借助于计算机多媒体技术倾向多媒体化。信息处理智能化,管理人性化,现实场景虚拟化。

二是数字化学习资源。它是指经过数字化处理,可以在多媒体计算机上或网络环境下运行的多媒体材料。包括数字视频、数字音频、多媒体软件、CD-ROM、网站、电子邮件、在线学习管理系统、计算机模拟、在线讨论、数据文件以及数据库,等等。数字化学习资源是数字化学习的关键,它可以通过教师开发、学生创作、市场购买以及网络下载等方式获取。数字化学习资源具有切合实际、即时可信、可用于多层次探究、可操纵处理、富有创造性等特点。

三是数字化学习方式。新型的数字化学习模式有别于传统的学习模式。数字化学习环境下,学习者与教师的关系是对等的。丰富的学习资源使学习者可以自主学习,在线与其他学习者交流。利用数字化平台和数字化资源,教师、学生之间开展协商讨论、合作学习,并通过对资源的收集利用、探究知识、发现知识、创造知识以及展示知识的方式进行学习。数字化学习主要有以下几种途径:"① 资源利用的学习,即利用数字化资源进行情境探究学习;② 自主发现的学习,借助资源,依赖自主发现、探索性的学习;③ 协商合作的学习,利用网络通信,形成网上社群,进行合作式、讨论式的学习;④ 实践创造的学习,使用信息工具,进行创新性、实践性的问题解决学习。"①

(二) 数字化学习的特点

数字化学习改变了学习的时空观念,学习资源得以全球共享,虚拟课堂、虚拟学校的出现,现代远程教育的兴起,使学习不再局限在学校、家庭中,人们可以随时随地通过互联网进入数字化的虚拟学校里学习。从时间上说,只通过一段时间的集中学习不能获得足够一辈子享用的知识技能。人类将从接受一次性教育向终身学习转变。所以,数字化学习要求学习者具有终身学习的态度和能力。

---

① 李克东.数字化学习(上)——信息技术与课程整合的核心[J].电化教育研究,2001(8):46-49.

信息化时代,个体的学习将是终身的,个体的终身学习是指学习者根据社会和工作的需要,确定继续学习的目标,并有意识地自我计划、自我管理、自主努力通过多种途径实现学习目标的过程。当然,这要求教育必须进行深刻的变革,即教育的内涵和功能、培养目标、内容和途径要转向为人们终身学习提供条件。

同时,数字化学习要求学习者具有良好的信息素养。只有培养学生具备良好的信息素养,才能够理解信息带来的知识并形成自己的观点和知识结构。信息素养也是终身学习者具有的主要特征。

表1　1999—2011年数字化学习的国际发展概况

国家	时间	发展概况
新加坡	1999年	德明中学率先使用电子书包,成为第一个进入数字化学习时代的国家
新加坡	2010年	教育部、国家电脑局和科技公司合作开发电子书包、网络通信等数字化学习技术,在中小学大规模推广和使用该技术
法国	2000年	法国Havas出版公司出版电子书包,网络上有"法国学生有电子书包了"的新闻报道
马来西亚	2001年	马来西亚科学技术与革新部长埃温·埃宾表示,希望把最新的数码科技引入教育体系当中。吉隆坡及周边地区试验推广电子书包
美国	2003年	微软将电子书包列入重点发展项目
美国	2010年	加州学校分阶段使用电子书包
韩国	2013年	美国总统奥巴马宣布了一项名为"连接教育"的项目,旨在用5年时间让全美所有学校和图书馆,尤其是乡村地区的学校都能享受不低于100兆比特、最高可达1吉比特的稳定高速无线网络服务
日本	2010年	向学生发放语文、英语、数学电子教科书,并向义务教育阶段的学生免费发放
日本	2011年	松下和索尼推出Pin change电子书包,被中小学引进

与传统的学习方式相比,数字化学习主要有以下特点:① 学习是以学生为中心的,学习是个性化、能满足个体需要的;② 学习是以问题或主题为中心的;③ 学习过程是要进行通信交流的,学习者之间是协商的、合作的;④ 学习是具有创造性和再生性的;⑤ 学习是可以随时随地并持续终身的。

(三)数字化学习在国际上的发展概况

如表1所示,数字化学习的应用和普及在全世界都如火如荼地开展,并成为推进教育信息化的重要手段。全球新媒体联盟发布的 2010 Horizon 报告中也指出,电子技术将会对未来五年的学习科学技术产生巨大的影响,其中电子书包作为整合电子课本阅读器、虚拟学具以及连通无缝学习服务的个人学习终端,将渐入教育领域。①

(四) 数字化学习在中国的发展概况

表 2 数字化学习在中国的发展概况

中国台湾	2002 年	台湾当地政府在 2003—2007 年的 5 年内投入 40 亿元新台币启动并执行"数字化学习计划"。成立电子书包发展促进会,大力推广电子书包的教学应用
中国香港	2003 年	10 所小学推行电子书包,次年向更多学校推广
大陆/内地	教育部	《国家中长期教育改革和发展规划纲要(2010—2020 年)》中要求"加快信息化进程",并设立信息化技术标准委员会电子课本与电子书包标准专题组
	新闻出版总署	要求"大力扶植电子书包项目",将数字技术与教学深度融合
	教育技术协会	中国教育技术协会下发《关于合作开展"纵横信息数字化学习研究教学实验"课题研究的通知》
	北京	伯通科技公司生产"绿色电子书包",通过教育部认证,在北京 20 所学校率先试用
	上海	《上海中长期教育改革和发展规划纲要(2010—2020 年)》中提出"推动电子书包和云计算辅助教学发展,促进学生运用信息技术丰富课内外学习和研究";市教委召开"电子书包"数字化教材研讨会,旨在推广电子书包
	福建	省政协十届三次会议委员建议开展电子书包的普及和应用
	江苏	"e 学习"项目启动,百所学校试点
	广东	佛山市南海区启动"电子书包"项目,进入数字化学习新时期
	陕西	全省启动"电子书包"试点项目,农村地区也启动"校校通"等数字化学习项目

在中国(如表 2),数字化学习在台湾和香港地区起步较早,大陆/内地近几年刚兴起,尤其是随着教育部《国家中长期教育改革和发展规划纲要(2010—

---

① 胡卫星,张婷. 电子书包的系统构建与教学应用研究[J]. 现代教育技术,2011(12):120-123.

2020年)》和《教育信息化十年发展规划(2011—2020年)》两个指导性文件的颁布,教育数字化发展迫在眉睫,各省市正大力加快数字化进程,以数字化、信息化带动教育现代化,促进教育的创新与变革,而作为教育教学新技术的电子书包正逐渐成为教育数字化的重要环节与亮点。

我国数字化学习始于20世纪90年代。1994年,国家教委组织建设了中国教育科研和计算机网(CERNET),它是我国第一个全国性的计算机网络。此后,"现代化远程教育工程""西部高校校园网建设工程""农村中小学现代远程教育工程"等一系列工程相继实施,为我国教育信息化发展打下了良好基础。1999年,《面向21世纪教育振兴行动计划》与《"十五"科技教育发展专项规划》等文件出台,明确了教育信息化建设在未来我国教育发展中的重要位置。

2004年12月,CERNET2主干网开通。2006年7月,经过技术鉴定,该网整合了20所重点高校的计算、信息、存储等资源,聚合计算能力达到15万亿次,存储能力为150 TB,部署了生物信息学、图像处理、远程教育、流体力学、海量信息处理五大特色网格应用,形成了资源共享、配置灵活、跨学科、跨地域的高效网格环境,成为服务于教育、科研的大平台。该系统总体涉及的关键技术达到国际先进水平。数字化学习研究者余冬梅,在谈及我国教育的数字化发展时指出,我国数字化教育资源硬件建设已经接近或达到国际先进水平。

我国政府高度重视教育信息化建设,"十一五"期间成立了以教育部部长周济为组长的教育信息化领导小组,该小组主要负责组织协调全国教育信息化发展与管理方面的重大问题。2006年6月2日,教育部启动了"数字化学习港与终身学习型社会的建设与示范"教改项目,主要依托中央广播电视大学现代远程教育公共服务体系和相关试点高校开展理论与实践研究,并进行数字化学习型乡镇、社区和企业等典型应用示范。

2006年10月成立了以教育部科技司司长谢焕忠为主任的教育部教育信息化工作办公室,该办公室主要负责统一规划各级各类教育信息化共性问题,研究制定宏观规划和相关政策,推进教育电子政务、基础设施建设、资源整合共享、网络安全保障、标准化、信息技术研发与应用,重大项目审批与管理。该办公室的成立标志着教育部试图改变教育信息化建设分散管理、统筹无力的困难局面,对规范我国数字化教育资源建设起着重要的作用,有利于促进教育信息化的发展。

在数字化软件教育资源建设方面,我国开发了基础教育资源库、高等教育精品课程资源库、国家职业教育资源库、职业教育资源建设基地等各级各类教育资源,形成了一批优秀资源共享系统(如中国大学数字图书馆、数字博物馆、高校精品课程等),初步形成了资源整合的有效机制(如重点学科信息服务体系、中国高等教育文献保障体系、大型仪器设备资源共享系统等)。

数字化教育资源的应用已经初见成效。在远程教育与培训方面,建成了全国高校现代远程教育试点单位68所,启动了农村中小学现代远程教育工程(百亿工程),建成了全国职业学校远程评估信息系统。在我国,基于互联网的非学历职业教育和培训已经初具规模。视频会议、网上合作研究、网上阅卷、网上招生录取、网上就业服务、网络联合办学等一些应用系统发挥了网络的优越性,提高了工作效率。此外,我国基本建成了教育系统办公信息网,初步实现了教育行政部门和学校的政务信息交换,建成了一大批功能强、特色突出的专业网站(教育涉外监管信息网、高等教育学历认证网等)。

我国教育信息技术标准化建设成绩显著,主要表现在:"组建了全国信息技术标准化技术委员会教育技术分技术委员会(CELTSC),构筑了现代远程教育技术标准体系,推出了40余项标准,启动了标准化测评认证工作,为异构系统的互联互通和资源整合共享提供了可能。标准是数字化教育资源建设的依据,使数字化教育资源的建设有法可依。"[1]

"十二五"期间,在《国家中长期教育改革和发展规划纲要(2010—2020年)》中将"加快教育信息化进程"上升为国家战略,为未来十年我国基础教育数字化具体措施的制定奠定了基础和方向。数字化学习环境是实现数字化学习的基础,《教育信息化十年发展规划(2011—2020年)》发展目标是"基本建成人人可享有优质教育资源的信息化学习环境,基本形成学习型社会的信息化支撑服务体系,基本实现所有地区和各级各类学校宽带网络的全面覆盖"。[2]

(五)数字化学习在江苏省的发展概况

江苏省是全国教育强省,早在1993年,数字化教育就已在苏南地区进行试

---

[1] 王运武. 我国数字化教育资源现状及发展策略[J]. 中国教育信息化,2008(1):9-11.
[2] 教育部. 教育信息化十年发展规划(2011—2020年)[EB/OL]. http://www.edu.cn/zonb_he_870/20120330/t20120330_760603shtinl, 2013-03-28.

点。1999年,省政府出台《江苏省教育现代化实施纲要》,计算机等各种音像手段在教学领域中广泛运用。2005年,江苏省委省政府作出《关于加快建设教育强省率先基本实现教育现代化的决定》,要求各地制定教育信息化发展规划,加快教育信息化基础设施建设,推进现代信息技术在学校教育教学中的应用。高校要提高教育信息化技术装备水平,开发网络课程,开展网络教学,建设数字图书馆和数字化校园。中小学要加快实施现代远程教育"校校通"工程,加快建成校园网或计算机教室。"十一五"期间,江苏省多区域整体推进"数字化校园"建设工作,强调教学资源的建设与应用,促进全省基础教育数字化向纵深发展,取得了较好的成绩。

2012年3月,江苏省启动了"基础教育百校数字化学习"(简称"e")试点项目,旨在促进中小学教育教学模式和学习方式的转变,推动基础教育改革创新。江苏省开展基础教育百校数字化学习试点项目主要为了实现五个目标:优化课程形态、更新教材呈现方式、变革教育教学方式、创新评价体系、实现数字化管理。江苏"e学习"平台开通后,各试点学校在宽带网进校园、多媒体进教室的基础上,将做到试点班级学生"一人一机",推动网络进教室、到桌面,有线无线全覆盖。在优化课程形态方面,坚持幼儿园以游戏活动为主、小学以综合课程为主、初中以综合课程与分科课程相结合、高中以分科课程为主,建设多样化学习终端,探索突破时间、空间的数字化学习新模式。

2012年10月17日,江苏全省基础教育百校数字化学习试点工作会议在南京举行,正式启动了全省基础教育百校数字化学习试点工作,其中幼儿园20所、小学45所、初中36所、高中23所。各试点学校在宽带网进校园、多媒体进教室的基础上,将做到试点班级学生一人一机,推动网络进教室、到桌面,有线无线全覆盖。在优化课程形态方面,坚持幼儿园以游戏活动为主、小学以综合课程为主、初中以综合课程与分科课程相结合、高中以分科课程为主,建设多样化学习终端,探索突破时间、空间的数字化学习新模式。各试点学校健全组织,明确项目,落实人员,积极探索,取得可喜进展。

"截至2013年底,江苏省小学数字化建设进入新的发展阶段,小学的学生和计算机比例达8∶1,73.4%的小学建成校园网,苏南许多学校实现'班班通',省市教育部门加强了平台建设和资源建设。中小学教师信息化应用水平逐步提高,全省中小学99%以上的教师能够运用网络检索教学资源,运用多媒体技术进行课堂教学。"①

(六) 关于数字化学习的相关政策

1. 国家层面数字化学习相关政策

表3　国家层面数字化学习相关政策

时间	相关政策
1999年	《面向21世纪教育振兴行动计划》与《"十五"科技教育发展专项规划》等文件出台,明确了教育数字化建设在未来我国教育发展中的重点工程的位置
2000年	全国中小学信息技术教育工作会议召开,印发了《关于在中小学普及信息技术教育的通知》、《关于在中小学实施"校校通"工程的通知》和《中小学信息技术课程指导纲要(试行)》三个文件
2002年	教育部和香港"李嘉诚基金会"联合实施的"西部中小学现代远程教育示范工程"项目全面启动,该项目一期在西部12个省(市、自治区)的贫困县,建设了5 000个远程教育教学示范点;培训了5 000名一线教师和技术维护人员;启动了一个专门服务于本项目的IP频道,并投入运营
"十一五"期间	国家主要提出了"校校通"工程、"农村远程教育"工程、教师教育技术能力提升工程、教育资源建设等
"十二五"期间	《国家中长期教育改革和发展规划纲要(2010—2020年)》的第十九章提出"加快教育信息化进程",首次将教育信息化上升为国家战略
2012年	教育部印发《教育信息化十年发展规划(2011—2020年)》中明确指出,信息技术对教育发展具有革命性影响,必须予以高度重视,并将缩小基础教育数字鸿沟,促进优质数字化教育资源共享作为基础教育信息化发展的主要任务

纵观十几年来我国基础教育数字化政策发展历程,我国基础教育数字化跨入了全面、快速发展的新阶段,主要建设成果体现在以下几个方面:

(1) 以应用为重点,实现信息技术应用的普及与提高工作。

数字化教学应该在教学中充分应用和发挥现代数字教学载体的作用,利用多媒体设备和课堂教学软件来开展教学。通过"校校通""农村远程教育",加快

---

① 江苏教育.2013年江苏省小学数字化学习现场观摩研讨活动在常州举行[EB/OL]. http://www.ec.js.edu.cn/art/2013/11/4/art_4340_137968.html,2013-11-04.

西部地区、农村地区学校的数字化教学进程。

（2）教育教学资源建设的不断加强，探索并建立了资源共建共享的有效机制。

在课外充分利用网络资源，利用网络平台开展网络教学和教育研讨，实现资源共享，加强与不同区域之间的数字化学习沟通。

（3）通过宏观调控和政策倾斜等方式，避免了"数字鸿沟"的加剧。

教育发达的东部地区早期就逐步普及了数字化学习，国家对不同地区采取不同政策，加强了西部落后地区的数字化工程，让全国发展更加均衡。

（4）采取有力措施开好"信息技术"课。

数字化学习的基础是师生全面掌握好信息技术，不断更新的政策中一直强调了信息技术教育的重要性，也是为实现基础教育数字化工程做铺垫。

（5）充分认识教师的关键作用，不断加大对全体教师教育技术能力的培训力度。

新一代教师的教育技术能力相较于老一代教师更有利于开展数字化课堂，在新的教师培养中将教育技术作为非常重要的一部分。

（6）加强了对教育信息化的统筹规划和管理，建立健全可持续发展的保障机制。

数字化的引入，提高了学生学习的积极性，也提升了教师的教学效率，为学生的发展提供了良好的平台。

2. 江苏省数字化学习相关政策梳理

江苏省是教育数字化的先行地区，在多年的发展中积累了成功经验。随着我国基础教育改革的不断深入，江苏省作为教育大省、强省，在20世纪90年代，伴随着"科教兴省"战略的实施，拉开了教育数字化工程的宏伟帷幕，其教育数字化建设步伐也在不断加快。经过十几年的发展，江苏省教育数字化建设在诸多方面取得了突破性进展，对推进基础教育课程改革、扩大优质教育资源辐射面、更新教育理念等产生了显著的作用，已经具备在基础教育阶段实施数字化学习的坚实基础，启动数字化学习项目是江苏省基础教育的发展和江苏省教育信息化发展的必然要求。

表 4　江苏省数字化学习相关政策

时间	相关政策
1993 年	江苏省教委首次在《关于在苏南地区组织实施教育现代化工程试点的意见》中,响亮提出"实施教育现代化"的口号
1999 年	江苏省政府出台《江苏省教育现代化实施纲要》,为了实现将沉重的人口负担转变为人口资源,"纲要"提出教育教学条件应实现更高程度的现代化
2005 年	江苏省委省政府中小学要加快实施现代远程教育"校校通"工程,加快建成校园网或计算机教室
2007 年	江苏省政府办公厅颁布《江苏省县(市、区)教育现代化建设主要指标》;启动区域教育基本现代化评估工作,截至目前,已有两百多个县(市、区)通过验收
"十一五"期间	江苏省委省政府出台《江苏省教育信息化建设"十一五"规划》。多区域整体推进"数字化校园"建设工作,强调教学资源的建设与应用,促进全省基础教育数字化向纵深发展,取得了较好的成绩
2012 年	江苏省启动了"基础教育百校数字化学习"(简称"e")试点项目

江苏省不断更新完善的教育数字化学习政策(见表4),反映了时代的要求以及教育改革和发展的实际需求,是新时代推进教育发展的重要顶层设计,也是一个非常重大的行动,是我省推动基础教育改革创新,提升教育质量,提高基础教育现代化水平,推进义务教育优化均衡发展,加快建设教育强省的重要举措,对于促进基础教育又好又快地发展具有十分重要的意义。

五、关于数字化学习试点案例调查与研究

本研究主要以江苏省数字化学习试点——扬州市三元桥小学和扬州市竹西中学为例。

(一)三元桥小学数字化学习试点调查

2010 年 4 月,学校在全国率先进行"电子书进课堂"试点。目前,已多次进行电子书课堂教学展示活动;同时独立承担的国家"十二五"重点课题"电子书包应用课堂教学实验研究"已进入实施阶段;2012 年 9 月,新华社记者专程对试点情况进行了采访报道。2012 年,学校顺利入选江苏省"e学习"试点百所试点校,

具体实施主要从保障机制、实施环境、教学研讨几方面推进。

1. 数字化学习保障机制的建设

(1) 组织保障。

为了使数字化学习有条不紊地开展,明确各方职责,学校建立了以校长牵头、分管校长具体负责、相关部门参与的领导小组,并赋予其规划、指导、实施和协调四位一体的职能,成立"e学习"项目实验小组、专家指导组,明确职责、任务和目标要求,密切配合,确保数字化学习的顺利实施。

(2) 制度保障。

学校项目组先后制定了试点相关硬件管理制度、试点实验班学生自律公约、教室设备管理与使用规定、工作例会制度、培训学习考核制度、档案资料管理制度、成果奖励制度等;形成了《"e学习"试点工作三年规划》与《实施方案》。每学期开始、期末,学校都会召开由全体校长室成员以及全体实验组成员参与的专题会议:商讨计划、总结经验、排找不足,确保试点工作常态化、有效地进行。

(3) 经费保障。

一是把电子书包的相关费用列入年初预算,有计划地添置装备设施;二是积极筹措专项经费,为教师培训学习与项目实施提供经费支持;三是设立专项成果奖,奖励在项目推进中有突出业绩的教师。

(4) 技术保障。

一是选派教师积极参加电教馆、教研室组织的专项培训;二是聘请合作公司的技术人员做实地培训;三是加强专项的校本培训,使全体成员能熟练应用各种数字化设备。

2. 数字化学习实施环境的建设

(1) 初步建成教学环境。

建成覆盖全校的无线网络系统;试点班级一生一机,配备视频传输系统;试点班级学生家庭有终端,学生通过作业发布系统和评价系统及时获得指导与评价;初步建成运行平台。

(2) 不断充实资源。

搭建教师备课资源库系统平台、学生学习资源库系统平台,形成教学资源包。主要包括:一次输入,与出版机构合作直接输入苏教版教材及相关资源;二次开发,与数字软件公司合作,对苏教版教材进行二次开发,解决软件运行环境的障碍;三次开发,在扬州大学教育与科学学院的指导下,组织校实验组成员及骨干教师在使用中进行三次开发,通过连接省、市资源库,不断充实学校电子书包专题网站与教学资源库内容:通过教师上传电子教案、教学课件、辅导材料、作业试题等不断丰富教学资源,为后续教学提供基础材料,为学生个性化学习提供资源支持。

(3) 强化师资培训。

加强培训力度,转变教师观念,通过项目培训与学习研修,引导教师明确电子书包与传统教材的本质区别及优势,认识基于电子书包的课堂在学习方式转变、学习过程优化和学习能力提升等方面潜在的发展空间和发展价值,进一步提升教师的实施能力。

(4) 积极营造氛围。

认真关注试点工作可能给学生的学习及其家庭带来的影响,以及这些影响可能引起的家长顾虑和担忧,提前预测、提前告知、提前沟通,争取家长的理解和支持:试点前,及时召开试点班级学生家长会,告知家长"e学习"项目的意义与做法,征求家长的意见,取得家长的理解与支持。试点中,定期召开班级学生家长会,交流"e学习"中的表现及取得的成效,及时解答家长的疑惑,并给予相应的指导。充分发挥信息技术的优势,促进家校互动,为家长了解孩子的学业情况提供服务,让家长切实感受到数字化学习给孩子身心发展、学习带来的好处。

3. 数字化学习教学研讨的开展

学校借助数字化学习试点的优势,承担了国家"十二五"重点课题"电子书包应用课堂教学实验研究",结合学校数字化学习的特色"电子书包"(详见图1),使得数字化学习不再是理念上的实施,而是更加具体。在市电教馆,市教研室,扬州大学教科所教授,专家的指导与帮助下,学校正积极进行小学"e课堂"教学模式与评价模式的探索与总结,力求尽快能对以下两个问题给出答案:具备哪些基本要素的课堂才算是小学"e课堂"?怎样评价小学"e课堂"的教学质量?

试点以来、学校保持着几乎每周一节"e学习"研究课的频率,稳步推进试点工作的深入实施。上学期实验组共计开设试点课15节,覆盖语文、数学、英语、思想品德学科。同时,学校邀请扬州大学研究生设立专门课题,同步跟踪研究总结,请扬州大学教科所所长潘教授、市电教馆专家等定期参与,开设讲座、指导实践。

4. 数字化学习系统总体架构

该校数字化学习,以电子书包的使用为特色,首创双屏显示,由电子纸和液晶屏两部分组成,电子纸可以收藏所有课本内容,且带触摸手写功能,这样使得传统教材的优点最大限度地保留;同时加入了液晶屏,显示彩色多媒体课件内容。《环球科学》有调查表明,大脑更爱纸质书,书的厚度、书页的页角,有助于大脑形成一种直观的"意境地图",帮助人们更好地理解和记忆所读的东西,可见电子书包需要与传统教材相结合,有利于发挥各自优势。

其系统架构主要包括四个端口,校领导端、教师端、学生端、家长端,有效沟通多方关系,共同促进学生进步。

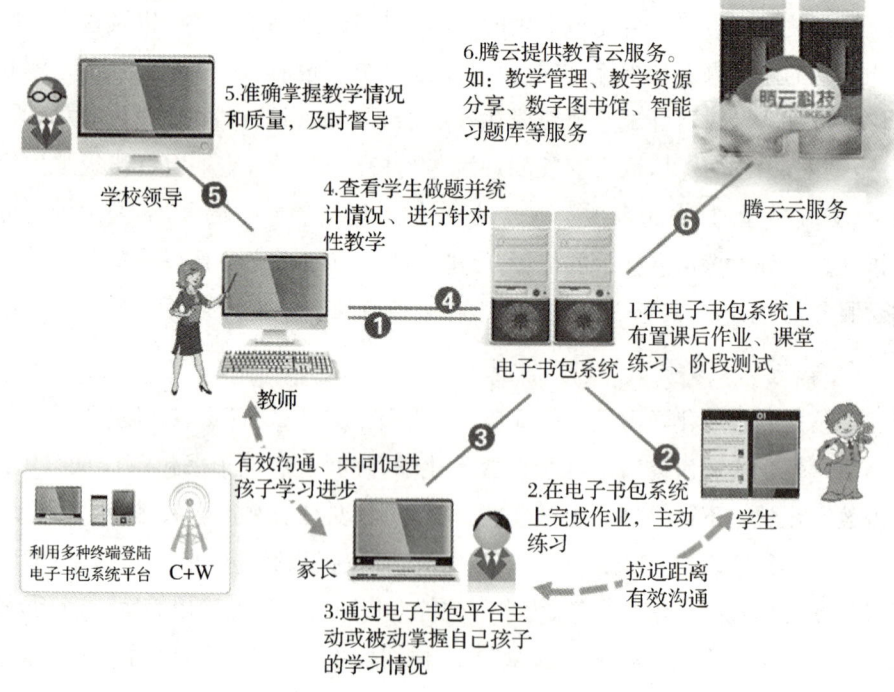

图1 电子书包系统总体架构

5. 数字化学习调查结果

由于试点班级师生数量有限,因此所有参与试点课堂的教师和学生全部参加问卷调查,共发放教师问卷 13 份,回收 13 份,学生问卷 43 份,回收 43 份,回收率达 100%,并给资料建立数据库,以 spss 软件进行分析。此外,就一些问题对师生进行个别访谈和口头调查,以期更全面地反映电子书包应用现状。

(1) 教师数字化学习调查结果。

试点班级的教师均选择有一定教龄的教师,其中 5—10 年教龄的达 69.2%,10 年以上教龄的达 30.8%,这些教师教学经验丰富,已经能较好地把握教学,再借助电子书包,事半功倍。

① 数字化学习的认同度。

数字化学习,对于教师教学的帮助方面,如促进教学目标的达成、促使教学活动多元、促进课堂互动、利于教学评价等方面,赞同率均达 90% 以上,均认为数字化学习提供了丰富的资源,便于及时反馈,促进了课堂的交互性,提高了课堂教学的有效性。

在电子书包的可行性方面,84.6% 的教师认为电子书包的应用是与时俱进的,但这并不意味着对传统教学的全盘否定;92.3% 的教师认为应将两者结合,取长补短。电子书包可代替传统课堂教师的一部分职能,但代替不了教师的肢体语言,代替不了教师与学生之间的交流,不能让信息手段局限了教学思路,为用工具而用工具,最终要让工具适应教学,促进教学效果的提升。

② 数字化学习的适应性。

有调查结果显示,数字化学习作为新兴的教育产物,教师对其还需要一定适应期。对相关软硬件操作的熟练性及面对大量资源的进一步选择需要花费时间和精力,导致有 23.1% 的教师认为"增加了我的备课量",这是需要引起注意的。信息手段运用于课堂,教师作为实践者,如何进一步增加认同感,提高使用的自觉性,一方面需要完善硬件,另一方面,也需要更新教师教学观念,增进对新信息技术的理解与支持。

同时,调查显示,数字化学习课堂教学中没有固定教学模式的教师达到了 45.5%,教学模式有时固定的为 36.4%,只有 18.2% 的教师认为自身的课堂教学具有固定的模式。就问卷中"数字化课堂教学,你对原有的教学模式做了怎样的改变?"这一问题,教师的选择反映出一定的问题。9.1%的教师选择完全改变以往的教学模式,27.3%的教师认为自身的教学模式有了很大的改变,而63.6%的教师仅仅是将原先的教学模式进行略微的调整。然而,与传统教材相比,电子教材有了巨大的改变,仅仅通过调整原有教学模式无法满足其需求。这一点充分体现在对"数字化学习课堂,您处于的状态是?"的调查中,只有9.1%的教师认为自身对于电子教材的使用得心应手,而81.8%的教师认为他们只是在勉强适应,54.6%的教师坦言电子教材教学模式是困扰他们的首要难题。同时,在对使用过电子教材教学的教师访谈中,一些教师回忆:"第一次上课时,完全上不下去,不知道如何处理,紧张得想哭。"分析上述现象产生的根源,主要归结于电子教材教学模式尚未建立与教师未受过相关专业的培训两个方面,最终导致教师的教学处于相对茫然的状态。

教学评价是教学过程中的重要环节,教学评价能够为教师的教学提供及时、有效的信息反馈,指导教学活动的进一步开展。教学评价体系的科学与否,直接影响教学活动的有效性。调查中发现,尽管采用了数字化教学等各种新的教学手段,但在教学评价方面存在着一定的滞后性。大部分教师仍然依据考试成绩结合课堂表现来评价一个学生的好坏,与先前的评价体系相比,并未发生显著的变化,无法满足采用电子教材教学的需求,学生沦为考试的机器,以分数论英雄,无法全面科学地评价学生,忽视了除学习成绩之外其他能力的评价,而这些能力往往对学生发展产生重要的影响。因此,科学的教学评价体系有待进一步完善。在对"您对目前的电子教材教学,最为困惑的是什么?"这一问题的回答中,很多教师提及评价体系成为困扰他们的一大难题。由此可见,一些教师已经意识到传统的教学评价体系中存在的问题,亟需建立一种新的评价体系,从而更好地指导电子教材教学活动的进行,新的教学评价体系的建立迫在眉睫。

(2)学生数字化学习调查结果。

试点班级选择中年级,一方面相对于低年级学生,中年级学生的操作理解能力较强,能更好地驾驭电子书包;另一方面,高年级的学生面临升学与毕业压力,选择中年级学生进行试点,可以更好地赢得家长的理解与支持。

① 数字化学习的认同度。

在对电子书包引领的数字化学习的态度喜好方面,88.4%的学生均表现出感兴趣,72.1%的学生认为电子书包提高了学习主动性,74.4%的学生赞同其增强了课堂参与性,可见作为新兴的电子产品,电子书包在学生这一块有较好的市场基础和推行的必要性。同时,仅有58.1%的学生认为提高了其创新性,这与一般理解上,数字化作为新兴产物有利于提高学生创新性,有一定差距。创新性人才的培养需要从孩子抓起,如何利用新技术手段促进学生创新能力的培养和提高,进一步提高学生的主观能动性,需要在实践中继续探索。

② 学习方式及呈现。

在电子书包使用方式的选择上,学生并没有很明显的倾向(详见表5),一方面,这与不同学生的自身特点和学习习惯等有关;另一方面,可见电子书包的使用并没有较完备的教学模式,师生的使用存在一定的随意性,这也会制约其效果的发挥。

表5 学生倾向使用电子书包方式

选项	教师指导下使用	与同学讨论使用	自主使用	不使用
百分比(%)	28.0	30.2	39.5	2.3

电子书包的构建方面,学生与教师出现了分歧,教师普遍认为双屏更有利于学生学习,而只有14.0%的学生倾向于双屏,53.5%的学生倾向于平板,其余32.6%倾向于笔记本。笔者通过进一步访谈发现,学生对于新事物有好奇心,长期"受制"于纸质教材,希望"摆脱",尽管纸质教材有其优点,但生动丰富的液晶显示屏更具有吸引力。当然,是否遵循学生意愿,需要进一步讨论。访谈中发现,对于电子书包的定位,学生并不十分明确,受到长期传统教材习惯的影响,电子书包在功能和外观上更像平时玩游戏用的平板电脑,有的学生并没有将其作为学习材料,而是将其视为有别于教材的"玩具",以至于在笔者提问改进意见时,学生指出"希望电子书包中多一些游戏"。这需要教师进一步引导,也需要开发商进一步改进,学生可以借助数字化快乐学习,但不等同于游戏。

课前预习是学生学习活动的重要组成部分,通过课前的准备,学生能够对即将要学习的新内容有初步了解,清楚学习内容的重难点,从而在课堂学习中能够有的放矢,因此,课前预习是培养学生良好学习习惯的重要一步。值得欣慰的是,调查数据表明,大部分的学生已经养成了课前主动预习的习惯。然而,课前预习并未取得理想的效果,实现预定的目标。面对"通过课前的自主预习,你能够理解课本内容的多少?"这一问题时,"一部分"(占45.7%)学生认为能够理解,其次分别是能理解"一大半""一点点"。数字化学习平台虽然为学生提供了丰富的学习资料,不存在"巧妇难为无米之炊"的困惑,但同时出现新的问题,一方面,学生预习的方法存在着一定的问题,尚未找到适合自身的学习方式;另一方面,学生的预习缺乏科学有效的指导,处于自我探索的阶段,这一点充分体现在问卷对"老师指导过你们的预习吗?"这一问题的回答中,60.0%的学生选择"有时指导"这一选项,25.7%的学生选择"经常指导",11.4%的学生则认为教师很少指导课前预习。由此可见,教师对学生的课前预习缺乏系统有效的指导,对学生的课前预习未给予足够的重视,未能采取适当措施指导学生课前预习活动,导致预习收效甚微。

6. 典型案例

本案例由三元桥小学窦康平老师提供。

3B Unit 7 *On the Farm* 案例设计及反思。

(1)教学过程。

Sing a song: Old Macdonald Had a Farm

Step 1. Warm up

① Greetings

T: Good afternoon, boys and girls. Shall we begin our class?

S: Yes.

② Free talk

T: What's your name? How old are you? Can you introduce your classmates to me? Nice to meet you. Is this/that …?

T: Look at the screen. What's this? What are these? What's that over there? What are those?

Step 2. Presentation

揭题

① T: There are so many animals. Where are the animals?

S: On the farm.

T: So today we'll learn Unit7 *On the Farm*.

T: Mike and Liu Tao are on Liu Tao's grandpa's farm, too. What do they see on the farm? Let's watch a cartoon, then find out the answers.

T: Please Open your e-book. Let's watch and choose.

T: Now finish your exercise.

Let's check the answers.

We can see animals and fruit on the farm.

② T: Well, What animals can you see?

S: Pigs and cows.

T: Good! Do you like pigs and cows?

S: Yes, they are so lovely!

T: Let's enjoy a chant.

What are these? What are these?

Oink, oink, they're pigs.

What are those? What are those?

Moo, moo, they're cows.

T: Open your e-book, and read a chant. Try to follow the rhythm.

③ T: We know there are pigs and cows on the farm. And what fruit can you see?

S: Apples and pears.

T: Great! Now, let's read another chant, then fill in the blanks.

Apples, apple.

Are these apples?

Yes, yes.

They are apples.

Pears, pears.

...

④ All right. All of you know the dialogue well. This time, open your e-book, turn to page 2 and 3, read the passage after the e-book. Pay attention to your pronunciation and intonation.

a. Read after the e-book.

b. Let's read.

T：Now, please read in groups. You can choose the way you like to read.

Step 3. Consolidation

Make a story.

T：Today, we are on the farm. Then where are you going? You can choose one picture to discuss with your partners. If you meet the words you can't express, you can use your e-book to search. E. g. e-dictionary, google, baidu…

Enjoy some pictures.

T：At last, let's enjoy some beautiful pictures.

T：We should love animals and plantings. We should love nature.

Please write down the words or search some pictures on the Internet, then send them to the microblog.

Step 4. Homework

① Level 1：听录音，把文中的故事读给父母听。

Level 2：完成你的小故事，读给朋友听。

② 传"保护动植物，热爱大自然"的英文文字、大自然的图片至你的微博。

(2) 教师关于数字化学习的教学感受。

本课是数字化学习在英语课堂教学中的一次尝试与探索。数字化素养是未来人才要具备的最重要的素质之一，和英语的听说读写能力同样重要。培养学生良好的信息素养是本课的另一教学目标。基于网络环境进行教学是数字化课堂的基本要求。本课实现了基于互联网的教学。在本课教学中，结合教学内容有机融和了一些网络工具与手段的使用，如有道词典的运用、微博的运用等，有效训练与培养了学生运用网络资源学习的能力和意识。同时，数字化课堂强调学生的自主性学习与个性化学习。本课作业部分设计的分层作业，让学生根据自身

情况进行选择作业,给学生自主性学习提供了支持,满足了学生个性化练习的需求。(扬州市三元桥小学窦康平老师)

(二)扬州市竹西中学数字化学习试点调查

1. 数字化学习环境建设

学校主要从硬件环境和软件环境两方面建构数字化学习环境建设,硬件环境整合现有校内信息化教学资源、智能终端配备到人、建立高速全覆盖无线网络;软件环境包括省数字化教学资源平台、省信息服务平台、开发"优教 e 学"平台。

"优教 e 学"是其数字化学习建设的一个特色,开发了专门的网站,沟通课内外学习,优化管理课堂与教学,沟通学习资源与区域资源,整合师生、家长、公众等多方优势,教师利用平台进行备课、研课、发布多种教学资料,学生利用其资源自主探究学习,师生在平台上互动,过程性资料积累为个性化的数字档案袋,实现时时处处可学习,种种活动有记录,教学评估及时化、数字化与多维化。

2. 数字化学习教学模式的探索

该校数字化学习教学模式主要依托合作学习,一方面,进一步发挥合作学习的优势;另一方面,减少师生的适应期,探索得以尽快掌握数字化学习的方法。拓展合作学习的参与面,着眼于课堂中教师教学与学生学习的方式的根本转变和课堂教学效率和效果的提升,既关注师生之间的学习合作,更突出学生之间的学习合作,还兼顾学生校外的学习合作,从"教与学之前的合作""教与学之中的合作"和"教与学之后的合作"三个阶段的不同学习特性出发,紧密结合现代网络和信息技术,通过人人合作和人机互动,建立起"多元合作"架构下的"多元 e 合作"教与学的新模式。

主要包括:① 教与学之前的合作;② 教与学之中的合作;③ 教与学之后的合作;④ 数字化远程合作。

教与学之前的合作主要从师师合作、生生合作和师生合作三个方面展开:教师形成学习共同体,进行有规范成体系的备课;学生养成课前预习和整理问题的习惯,挖掘学生自主学习能力,开展小组合作学习;教师对其预习进行管理与评价。

教与学之中的合作主要依托终端和网络,学生小组合作学习,教师多样化评估,关注个人成长和小组合作,整体评价。

教与学之后的合作,教师在智能终端设备和"优教 e 学"系统发送课后作业,学生完成个性化作业,系统汇总,教师从个人评价、综合评价、阶段评价等多面展开。同时,数字化学习的平台丰富了学生的课后学习,让学生充分利用碎片时间答疑解惑,开展新颖的数字化活动,学生进行实验制作、探究等,在此过程中,家长、社会也积极参与。

数字化学习远程合作,借助"e 学习"云平台,包括微格教室、网络环境、网络技术等的支持,还与高邮车逻中学、高邮甘垛镇初级中学、上海洛川学校、温州第十四中学、新疆新源县喀拉布拉镇中学等学校等建立合作关系。

3. 数字化学习情况访谈

(1) 学生访谈。

学生访谈采用了集体访谈的形式,在竹西中学数字化学习试点班级中随机选取了 12 名同学,在竹西中学电教中心会议室进行访谈,并对访谈内容进行整理。

① 被访谈人基本情况。

姓名:试点班级 12 名同学

身份:竹西中学学生

访谈日期:2014 年 6 月 13 日

② 访谈目的。

了解竹西中学试点班级学生在数字化学习过程中的学习方式、学习态度的改变与收获。

③ 访谈内容。

问题一:学校开展了哪些与"e 学习"相关的活动?

朱同学:我们班级是学校"e 学习"试点班级,课堂上我们用平板电脑上课,老师通过手机、电脑就可以给我们每个人"指点迷津";现在还开通了网络学习平台,我们有时候在活动课就可以自己去学习。

裴同学：因为学校开展了"e学习"，自从有了"e学习"，平时不敢、不愿说出口的话、问的问题，现在我可以在"e学习"的网络平台上自如地和老师、同学交流，对于我来说，自在多了。

问题二：您觉得"e学习"和传统学习方式相比有什么优势？给你们的学习带来了哪些变化？

刘同学："e学习"用平板电脑上课，课堂上大家不用再翻看厚重枯燥的书本，学习的乐趣多了不少，以前课堂上大家都很少举手，现在大家可以在平板电脑上"举手"，总是能看到举起的小手图标。大家更热爱学习，和老师的互动也越来越多。

周同学：比如生物课要求我们课前花时间找资料、预习，我们其实没有足够时间，预习变得很不现实，而事实上，找资料的过程就是学习的过程，不可或缺。现在上课用平板电脑，可以在课上完成搜索资料、小组交流、学习展示的环节，上课效果比看书预习好了很多倍！

张同学："e学习"改变了以往的教学模式，使我们能在任何时候预习、学习、复习课堂知识，与老师和同学们在网络世界中交流。书本上的黑白画面如今已变成了一幅幅生动的动画，这让我们有更多的时间去思考、去讨论、去真正领悟学习的快乐。

④ 访谈总结。

数字化学习使学生学习和探究课程内容的方式具有多层次性。数字化学习，给学生提供了个性化学习的可能，学生可以通过多媒体技术完整呈现学习内容与过程，自主选择学习内容的难易、进度，并随时与教师、同学进行交互。在现代教育技术手段所构造的教学环境下，学生可逐步摆脱传统的教师中心模式，学生由传统的被动学习变为独立的主动学习，在学习中包含更多的主动获取知识、处理信息的过程，有利于因材施教。在网络的帮助下，同学们通过互相协同、互相竞争或分角色扮演等多种不同形式来参与学习，这对于问题的深化理解和知识的掌握运用很有好处，而且对于认知能力的发展、合作精神的培养和良好人际关系的形成也有明显的促进作用。

(2) 教师访谈。

① 被访谈人基本情况。
姓名:陈老师、居老师
身份:竹西中学老师
访谈时间:2014 年 6 月 13 日
② 访谈目的。
了解教师在数字化学习中课堂模式、教学方式的改变。
③ 访谈内容。

问题一:您感觉在数字化学习开展后,您的课堂模式和教学方式有哪些改变?

陈老师:通过建立数字化课堂教学模式,学生可以利用各年级数字教学资源平台搜索信息,进行研究性学习;同时利用平板电脑与其他小组成员进行广泛的合作探索,并将课堂以外的信息资源和智力资源引入学习中。学生的自主学习、合作学习、选择学习、人机互动得以充分体现,利用多媒体网络实现教师的引导与学生的自主探究相结合,促进新型教学方式的实现。

居老师:数字化学习的试点,带来了全新的备课模式。数字化校园平台和较为完备的"e 学习"平台让教师及时、深入了解学生的学情,为教师和学生架起了沟通的桥梁。数字化学习是师生共同开发课程、丰富课程的过程,课程变成动态的、发展的,教学真正成为师生有个性化的创造过程。信息化、网络化的课堂,教师不再只是知识的传授者,同时也是学习者,师生互动产生的新知识的比重将大大增加。

问题二:您觉得竹西中学的数字化教学目前存在哪些需要关注的问题?

陈老师:首先,由于电教设备中的子设备和子系统种类多样,直接造成了应用系统难以进行总体的统一规划和控制,并导致各个多媒体设备间缺乏关联应用,不能很好地进行统一控制和操作。其次,因为显示、录播等子系统、硬件设备越来越多,使管理和使用难度越来越大,并给维护带来难度。其三,复杂的设备系统组成对操作者的要求较高,由于各个多媒体教学设备各有独立的操作方式,这就需要使用者花费较长时间熟悉其操作方法,造成"想用,但却不好用或用不好"的问题。

④ 访谈总结。

数字化的内容和网络的应用将帮助教师在教与学的方法上发生革命性的变化。为使这些变化给所有的学生带来更多受教育的机会,数字化的内容和网络的应用二者都必须分别按照高质量的标准进行评估(包括学习科学的基础知识和教学效率、材料要完好,内容要全面,且适用于所有的年级和所有的学科领域,并具有激励或调动学生积极性的作用)。然而,数字化学习作为一个比较前沿的新生事物,必定会存在有待解决的问题,只有在实践中不断思考,数字化学习才能够越来越完善。

(3) 家长访谈。

① 被访谈人基本情况。

姓名:谈先生,蒋女士

身份:竹西中学学生家长

访谈时间:2014年6月13日

② 访谈目的。

了解作为学生学习参与者的家长,对数字化学习的了解程度、参与程度和家长教育模式的改变。

③ 访谈内容。

问题一:您孩子所在班级开展数字化学习后,您对孩子学习的参与情况如何?

谈先生:我儿子所在的班级是全校唯一的"e学习"试点班,孩子非常期待、非常兴奋!孩子经常和我们分享新的课堂模式和他们的上课心得,最重要的是,我们家长也可以体验到课堂情况。"人人通"是我们家长了解孩子在校学习情况的平台,我们通过手机、电脑就能掌握他们学习的课堂知识,更有助于我们对孩子的家庭辅导。

蒋女士:在家里,孩子和家长可以共同体验。数字化学习让学生时时处处能自我学习。由于两代人的知识结构不同,通过"e学习""人人通"平台这样全新的方式,可以更好地促进家长和孩子的交流与沟通。

问题二:学校实施数字化学习,您觉得目前存在的问题有哪些?

谈先生:数字化学习整体是有助于学校教育和家庭教育更好结合的重要平台,但是目前也存在一些让我们家长担忧的问题。一方面,长时间接触电子设备,孩子们的视力会受到一定的影响;另一方面,担心孩子独立思考的机会减少,偶尔有孩子会在用于交流学习心得的网络平台上传送答案,这样不仅没有达到提高教学效率的目的,反而不利于学习。当然这是极少的现象,但是我们也不能忽视。

④ 访谈总结。

由于两代人的知识结构不同,数字化学习的方式可以更好地让家长掌握新知识,更好地促进家长和孩子的交流和沟通。家校合作是全面提高教育质量的重要途径,通过数字化教学,学生的学习情况、教师知识的传授更全面、直接地呈现在家长面前。网络知识现在已经普遍应用于各行各业各领域,网络教学也是家庭教育改革和创新的方向。与此同时,网络时代的发展也会存在不利的一面,家长在配合学校工作的同时,也应该积极发现问题,和学校共同解决问题,目的都是促进孩子健康快乐地成长。

六、反思与讨论

(一) 增加研究方法,拓宽地域、视角

由于数字化学习处于起步与探索阶段,实践应用不成熟,研究方法多停留在理论层面,易使研究流于"纸上谈兵",理论研究与实践应用脱节,且缺乏详细的个案分析,使研究泛泛而谈,导致在教学中不同学科在应用上缺乏针对性的指导。可加强理论在实践中的应用与指导,进行实证调查的评价与反馈,或通过比较研究,与传统教材进行比较实验,分析利弊。另一方面,数字化学习涉及领域广,需产学研多方协同合作研究,已有研究的学科视角不平衡,不利于多角度思

考完善，易造成认识的不全面。且数字化学习的试验研究多集中于发达地区，中西部等欠发达地区明显薄弱，应加强地区间合作交流，探索适应地方特色的数字化学习试点工作，因地制宜，分步推进，避免区域差距的扩大，促进教育的公平性。同时针对我国数字化学习研究和试点多集中于基础教育阶段，与欧美等发达国家推广重点放在高校形成对比，高校潜在市场价值值得思考。

（二）规范相关标准，探索模式构建

数字化学习相关软硬件在理念、构建、模式、管理等一系列流程上缺乏统一的标准，不同的研究者根据自己的认知与思考，提出不同的观点与建议，无法集思广益，易造成开发平台良莠不齐，且不同版本规格的软硬件间不兼容等问题，制约数字化学习的发展和推广。国家层面已加大投入力度，多次召开会议，需要各方在政府宏观调控的基础上进一步强化共同标准意识，研究制定并尽快落实与完善标准体系。且现有研究多属于描述性研究，针对现状进行报道，缺乏专业性、深入性研究，导致研究中基于数字化环境的教学模式、管理模式、评价模式等的探索与分析寥寥无几，然而，优秀的教学模式是连接教学理论与教学实践活动的桥梁，相关模式的缺乏将会导致教师教学随意性的增强，尤其不利于一些新手教师的成长。一线师生对于电子书包仍停留在新鲜好奇阶段，研究并没有切实有效地指导其教学，亟须学者探索适应教学实际的模式，避免研究的"形式主义"。此外，数字化学习全新的构建与操作方式，师生是否适应，如何真正助力教学与学习，值得进一步深入研究与思考。

（三）针对对象特点，把握目标定位

针对数字化学习前景与发展，业界存在不同看法，一方面依托多媒体网络等优势，有利于解决现代教育中困扰多年的"书包超重""资源浪费"以及传统课堂模式下学生被动等问题，有利于实现课堂环境的转变，利用多媒体，促进学生多感官参与；有利于师生角色的转变，改变了以往知识的单向传播，通过媒介的交互性提高学生自主性，有利于个性化学习的"私人定制"以及协作学习更好地展开，从而有利于创新现有教学模式和管理模式，更好地利用数字信息化，促进学生全面发展。尤其新的平台和终端的建设对数字化学习有引领作用。但另一方面，除了上文所提到的规范标准的制定，还存在这样一些现实问题:(1) 软硬件方面的开发维护以及成本问题,相关专业人员的培训。在实际操作中,普通教师面对智能终端出现的故障往往无所适从。(2) 师生心智发展的影响,受传统教学模式习惯的影响,师生均难以转换角色,学生由于自律能力差,更容易产生依赖、沉迷等后果,且一定程度上对于师生情感交流、真实情境的人际交往和传统文化的继承与发展存在的影响,需要进一步探索。(3) 对数字化学习的认识上,有研究过夸大信息技术手段的作用,过分使用或依赖媒体传递大量信息,往往会增加学生负担,适得其反。应坚持终端始终作为教学辅助工具,不可取代教与学本身。正如教育专家熊丙奇所说,"任何现代技术,都是服务于教育教学的工具,过分强调工具的重要性,而不是改变教育理念、教育评价体系,就可能变调"。

(四)增强数字化认同感,提高师生信息素养

家庭和学生对数字化学习的内涵、价值和条件等方面的知识了解太少,他们甚至将上网查资料就等同于数字化学习的全部。对数字化学习本身的认知不足导致了许多群体的数字化学习在深度和广度上都不够。任课教师也可以在学科教学中对学生进行数字化学习的教育,从信息技术与学科整合的角度引导学生如何利用数字化学习来提高学习效率和效果,当然教师本身的示范作用也是非常重要的。除了课堂教学之外,图书馆可以加大数字图书馆的宣传力度,让全校师生充分体验数字图书馆的学习功能等。通过充分的认知和体验,让师生从心理上接受和认同数字化学习的新理念、新方法。① 只有从心理上彻底接纳,数字化学习对于基础教育来说才会是一件快乐的事情,而不是一种额外的负担。

同时,数字化学习能力是一种终身学习的能力,在信息化时代,数字化学习是实现终身学习的有效途径。数字化教育对于学生的素质要求较高,其关键在于学生自主发掘资源,主动地学习。现实是大部分学生不能转变传统的学习习惯,不能很好地适应数字化教育方式。学生在数字化学习能力方面尚存在许多缺陷,比如获取信息困难、筛选有用信息困难、使用信息处理工具困难等等。学

---

① 雷静,赵勇,保罗·康威.1∶1 数字学习的现状、挑战及发展趋势[J].中国电化教育,2007(11):19-24.

校可以通过《计算机文化基础》和《现代教育技术》这两门必修课程加大学生计算机和网络应用技能的训练。数字化教育对教师的要求也比较高,教师不仅要具备传统教师的能力,同时也要拥有数字化教学的素养,我们仍需要加强对教师的数字化培训。

(五) 提供学习资源,构建互动学习环境

数字化学习是一项系统工程,其最核心的要素是数字化学习资源。没有系统的、充足的数字化学习资源,数字化学习就只能停留在表层的网络搜索。学校要提供专门的数字化学习资源平台,其中集成学生在校学习阶段的主要课程资源以及与课程学习相关的拓展资源,以增强数字化学习的针对性。也就是说,学生能够在这个数字化学习资源平台上找到一种归属感,因为这个平台能够提供他们想要的学习资源。

数字化学习是一个互动的过程,包括学习者与知识的互动、学习者与教师的互动、学习者与学习者之间的互动。学校的公共机房要更加优化软件、资源、人文环境等方面的条件,以吸引更多的学生到机房学习,把学校的公共机房打造成学生数字化学习的理想环境。学校可以为学生开辟专门的数字化学习空间,或者在学校公共机房中划出一定数量的机房作为学生数字化学习的专用场所。在这种专门的数字化学习场所里配备专门的指导教师团队,负责解决学生在数字化学习过程中遇到的知识和技术方面的难题。

正如上海师范大学冯珍珍老师所说的,"对教育数字化实践进行反思,可以给我国的教育数字化发展提供一些有益的借鉴和思考。如果我们遵循教育规律,'善用'计算机数字技术,那么我们完全可能实现一场富有成果的'教育数字化革命';如果丢失宝贵的教育智慧,在教学与教育上任意'滥用'计算机数字技术,那么,教育数字化运动也可能演变为一种'教育数字化灾难'。"[①]

七、结语与致谢

本研究的难点是保证数据抽样调查的信度和效度,由于是自编问卷,缺少

---

① 冯珍珍.教育数字化发展的新趋势及其反思[J].教育发展研究,2012(Z2):116-120.

常模比较,且参与试点教学的师生人数有限,不可能进行大规模样本调查,有机会还可进一步扩大调查范围,涉及更多不同地区、不同类型、不同生源的学校。另外,电子书包进课堂本身是教育信息化的一种新的尝试,尚处于起步阶段,仍须进一步探索,在课程、教材、教学、评价、管理等领域进行改革和创新,力求建成较为完备的数字化平台和丰富的数字化教育资源,探索并构建起新的教学模式,期待形成较为成熟的数字化学习的学校实施的整体解决方案。同时,数字化学习作为教育发展的必然趋势,为了能更好地发展与推广,促进教育资源的合理分配,进一步加强统筹规划,开发整合多种有效资源,减少学校自主开发的盲目性,同时建设共享平台,促进学校间、专家教师间的交流与合作,保证教育的公平性。

感谢江苏省教育学研究生创新与学术交流中心提供契机和支持,感谢南京师范大学李政同学在修改结题时与我们分享经验。

感谢调查学校的积极配合,尤其是扬州市三元桥小学校长李德超和管理电教的王微老师的倾情帮助,还提供了大量材料,帮助我们发放问卷,将教师的课例与我们分享探讨,邀请我们试听试点班级的课程。有的学校由于期末考试临近,校务较忙,使得这次的调查范围比预期有所减少,但我们仍然表示感谢。

感谢调研组所有成员投入充分的热情和努力,我们称自己为"打满鸡血的数字化调查小队",各种分工有条不紊地进行,使调查研究得以顺利进行。不足之处还请大家进一步指正。谢谢!

参考文献

[1] 冯珍珍.教育数字化发展的新趋势及其反思[J].教育发展研究,2012(Z2).

[2] 胡卫星,张婷.电子书包的系统构建与教学应用研究[J].现代教育技术,2011(12).

[3] 江苏教育.2013年江苏省小学数字化学习现场观摩研讨活动在常州举办[EB/OL].http://www.ec.js.edu.cn/art/2013/11/4/art_4340_137968.html,2013-11-04.

[4] 教育部.教育部印发《教育信息化十年发展规划(2011—2020 年)》[J]. 中国教育信息化,2012(8).

[5] 教育部.教育信息化十年发展规划(2011—2020 年)[EB/OL]. http://www.edu.cn/zonb_he_870/20120330/t20120330_760603shtinl,2013-03-28.

[6] 雷静,赵勇,保罗·康威.1∶1 数字学习的现状、挑战及发展趋势[J]. 中国电化教育,2007(11).

[7] 李克东.数字化学习(上)——信息技术与课程整合的核心[J].电化教育研究,2001(8).

[8] 王运武.我国数字化教育资源现状及发展策略[J].中国教育信息化,2008(1).

[9] 张迪梅."电子书包"的发展现状及推进策略[J].中国电化教育,2011(9).

[10] 卜忠飞.江苏扬州:深入挖掘数字化校园内涵建设[J].中国信息技术教育,2008(8).

附录一　访谈提纲

1. 贵校已在哪些科目开设数字化学习实验?
2. 贵校开设数字化课堂的频率如何?师生反应如何(是否接受与适应)?
3. 贵校数字化学习有哪些特色(课堂教学模式探索情况,典型课例的搜集)?已开展了哪些具体的实验?在优化课程形态、教材呈现方式、教育教学方式、评价体系建设及数字化管理几个方面,贵校目前开展了哪些具体工作?制定了什么样的试点方案?
4. 贵校一般选择哪种教师任教(老教师/新教师)?为什么?
5. 贵校数字化学习投入(软件/硬件现有情况),取得成果如何?以及存在哪些困难或需要改进的地方?或者遇到了哪些问题,是如何解决的?
6. 师资培训是怎么开展的?教学研讨情况如何?
7. 现有数字化学习的教学模式、评价模式、管理模式等进展情况如何?
8. 学校间的互动沟通如何?
9. 请贵校提供一些典型案例、课堂实录或师生心得体会。

附录二 调查问卷

一、教师数字化教学情况调查问卷

尊敬的老师：

您好，为了了解教师的数字化课堂实践情况，诚邀您参与本次问卷调查，您的真实作答，将为数字化课堂的完善提供宝贵依据。本问卷不要求出现真实姓名，填写内容会进行保密。感谢您的配合。

• 基本信息：

1. 性别（　　）

　A. 男　　　　　　B. 女

2. 教龄（　　）

　A. 1年以下　　　B. 1—5年　　　　C. 5—10年　　　D. 10年以上

3. 任教年级（　　）

　A. 一年级/二年级　B. 三年级/四年级　C. 五年级/六年级

4. 数字化教学任教科目（　　）

　A. 语文　　　　　B. 数学　　　　　C. 英语　　　　　D. 思品

• 问卷共24道题目，1—23题为选择题，请将选项填在题号前，24题为开放题，请在横线上直接作答。

1. 您对江苏省数字化学习政策（　　）

　A. 了解　　　　　B. 一般　　　　　C. 不了解

2. 您对数字化课堂的特征（　　）

　A. 了解　　　　　B. 一般　　　　　C. 不了解

3. 您对数字化课堂操作（　　）

　A. 熟悉操作　　　B. 一般　　　　　C. 存在困难

4. 数字化课堂中，我的课程设计更多元（　　）

　A. 符合　　　　　B. 一般　　　　　C. 不符合

5. 数字化课堂中,我的教学目标更易达成(　　)

A. 符合　　　　　B. 一般　　　　　C. 不符合

6. 数字化课堂,增加了我的备课量(　　)

A. 符合　　　　　B. 一般　　　　　C. 不符合

7. 数字化课堂,我能更好地分析掌握学生的学习情况(　　)

A. 符合　　　　　B. 一般　　　　　C. 不符合

8. 数字化课堂,我能更好地分析掌握不同班级的学习情况(　　)

A. 符合　　　　　B. 一般　　　　　C. 不符合

9. 数字化课堂,我能更有针对性地进行个别辅导(　　)

A. 符合　　　　　B. 一般　　　　　C. 不符合

10. 数字化课堂,我的教学活动更多元(如小组讨论、作品展示等)(　　)

A. 符合　　　　　B. 一般　　　　　C. 不符合

11. 数字化课堂,更有利于课堂互动(　　)

A. 符合　　　　　B. 一般　　　　　C. 不符合

12. 数字化课堂,更有利于课后辅导,如作业检查批改、资源分享等(　　)

A. 符合　　　　　B. 一般　　　　　C. 不符合

13. 数字化课堂,更有利于学习评价(　　)

A. 符合　　　　　B. 一般　　　　　C. 不符合

14. 数字化课堂,有利于提高学生学习兴趣(　　)

A. 符合　　　　　B. 一般　　　　　C. 不符合

15. 数字化课堂,有利于提高学生学习自主性或探究性(　　)

A. 符合　　　　　B. 一般　　　　　C. 不符合

16. 数字化课堂,有利于提高学生学习能力(　　)

A. 符合　　　　　B. 一般　　　　　C. 不符合

17. 数字化课堂,有利于提高学生信息素养(　　)

A. 符合　　　　　B. 一般　　　　　C. 不符合

18. 数字化课堂,学生适应情况(　　)

A. 较快适应　　　B. 一般　　　　　C. 不适应

19. 使用数字化学习,使您的备课、办公更有效率(　　)

A. 很符合　　　　B. 比较符合　　　C. 一般

D. 比较不符合　　E. 不符合

20. 数字化课堂推广的可行性(　　)

A. 可行　　　　B. 一般　　　　C. 不可行(原因)

21. 数字化课堂与传统课堂,您更倾向于(　　)

A. 数字化课堂　　B. 两者结合　　C. 传统课堂

22. 数字化课堂教学,您原有的教学模式?(　　)

A. 完全改变　　B. 较大改变　　C. 改变小

23. 数字化学习课堂,您所处的状态是?(　　)

A. 很适应　　　B. 较适应　　　C. 不适应

24. 以下两题为问答题,没有选项,请根据使用情况作答。

(1) 你认为电子书包还有哪些需要改进或完善的地方?

(2) 电子书包对您教学观点、方式、评价等方面有哪些影响?

(3) 您对目前的电子教材教学,最为困惑的是什么?

感谢您的配合与支持,祝一切顺利!

二、小学生数字化学习情况调查问卷

亲爱的同学:

你好,数字化学习逐渐融入我们的学习。

我们想对你进行数字化学习情况进行调查,问卷不要求出现真实姓名,填写的内容也会帮你保密。请同学们认真填写,谢谢。

如果你有不懂的地方,请举手问老师。

祝大家学习进步,天天快乐!☺

- 基本信息:

1. 年级(　　)

A. 一年级/二年级　B. 三年级/四年级　C. 五年级/六年级

2. 性别(　　)

A. 男　　　　　B. 女

- 问卷共20道题目,1—19题为选择题,请将选项填在题号前,20题为开放题,请在横线上直接作答。

1. 相对于传统教材,数字化学习使你对学习的兴趣(   )
   A. 兴趣增加   B. 没改变   C. 兴趣减小
2. 你喜欢数字化学习课堂吗?(   )
   A. 喜欢   B. 无所谓   C. 不喜欢
3. 在数字化学习课堂中,我上课参与比以前更积极主动(   )
   A. 同意   B. 不确定   C. 不同意
4. 在数字化学习课堂中,我与老师或同学的互动(   )
   A. 增加   B. 没变化   C. 减少
5. 数字化学习使我的自学能力(   )
   A. 提高   B. 没变化   C. 下降
6. 数字化学习使我的操作探究能力(   )
   A. 提高   B. 没变化   C. 下降
7. 数字化学习使我的创新/创造能力(   )
   A. 提高   B. 没变化   C. 下降
8. 数字化学习使我的学习负担(   )
   A. 增加   B. 不确定   C. 减少
9. 整体而言,数字化学习对我的学习帮助(   )
   A. 帮助大   B. 不确定   C. 帮助小
10. 你觉得数字化学习课堂内容(   )
    A. 内容丰富,能满足学习需求
    B. 不确定
    C. 内容不丰富,不能满足学习需求
11. 以下情况,你更倾向于怎样的数字化学习?(   )
    A. 在老师的指导下按部就班
    B. 与同学讨论问题时运用
    C. 自己主动使用进行自学
    D. 不使用数字化学习
12. 你担心数字新媒体的使用会导致视力下降吗?(   )
    A. 担心   B. 无所谓   C. 不担心
13. 平时上网,在可以自由选择的情况下,你更倾向于(   )

A. 学习　　　　B. 玩游戏　　　C. 其他

14. 你能适应数字化学习课堂吗？（　　）

A. 适应　　　　B. 不确定　　　C. 不适应

15. 通过课前的自主预习，你能够理解课本内容的多少？（　　）

A. 全部　　　　B. 一部分　　　C. 都不理解

16. 老师指导过你们的预习吗？（　　）

A. 有时指导　　B. 经常指导　　C. 很少指导

17. 本题为问答题，没有选项，请根据使用情况作答：

(1) 你认为数字化课堂还有哪些需要改进或完善的地方？

(2) 你心目中理想的数字化课堂是怎样的？